Politik gestalten – Kommunikation, Deliberation und Partizipation bei politisch relevanten Projekten

Reihe herausgegeben von
F. Brettschneider, Stuttgart, Deutschland
A. Vetter, Stuttgart, Deutschland
A. Bächtiger, Luzern, Schweiz

AF167743

Großprojekte aus den Bereichen Energie, Verkehr und Stadtentwicklung stoßen immer wieder auf Protest von Teilen der Bevölkerung. Stets artikulieren lokale Bürgerinitiativen ihren Unmut. Umwelt- und Naturschutzverbände springen ihnen bei. Und in der Regel werden die Konflikte auch von Parteien aufgegriffen, teilweise für Wahlen instrumentalisiert. Die Legitimation von Großprojekten beruht nicht nur auf gesetzlich vorgeschriebenen, formalen Rechtsverfahren, sondern sie bedarf auch einer frühzeitigen und dialogischen Bürgerbeteiligung. Das Gleiche gilt nicht nur für Großprojekte, sondern auch für andere politisch relevante Vorhaben: etwa die Integration von Flüchtlingen, für nachhaltige Kommunalentwicklung oder für Gesetzesvorhaben. In der Reihe sollen politik- und kommunikationswissenschaftliche Arbeiten zum oben genannten Themenfeld versammelt werden. Im Mittelpunkt stehen Fragen der Kommunikation, der Deliberation und der Bürgerbeteiligung – aus nationaler und aus international vergleichender Perspektive. Die Reihe richtet sich aber nicht nur an ein wissenschaftliches Publikum, sondern auch an Praktiker aus Politik und Verwaltung. Neben wissenschaftlichen Erkenntnissen werden sie daher auch Handlungsempfehlungen und Praxisbeispiele enthalten.

Weitere Bände in der Reihe http://www.springer.com/series/16100

Frank Brettschneider
(Hrsg.)

Gesetzgebung mit Bürgerbeteiligung

Online- und Offline-Formate
in Baden-Württemberg

 Springer VS

Hrsg.
Frank Brettschneider
Institut für Kommunikationswissenschaft
Universität Hohenheim
Stuttgart, Deutschland

ISSN 2524-4744
Politik gestalten – Kommunikation, Deliberation und Partizipation bei politisch relevanten Projekten
ISBN 978-3-658-24143-8   ISBN 978-3-658-24144-5   (eBook)
https://doi.org/10.1007/978-3-658-24144-5

Die Deutsche Nationalbibliothek verzeichnet diese Publikation in der Deutschen National-
bibliografie; detaillierte bibliografische Daten sind im Internet über http://dnb.d-nb.de abrufbar.

Springer VS

Verantwortlich im Verlag: Jan Treibel

Springer VS ist ein Imprint der eingetragenen Gesellschaft Springer Fachmedien Wiesbaden GmbH
und ist ein Teil von Springer Nature
Die Anschrift der Gesellschaft ist: Abraham-Lincoln-Str. 46, 65189 Wiesbaden, Germany

Vorwort

Frank Brettschneider

Zahlreiche Bürgerinnen und Bürger wünschen sich mehr Mitsprachemöglichkeiten auf allen Ebenen des politischen Systems – über das Wählen von Landtags- und Bundestagsabgeordneten sowie von Gemeinderäten hinaus. Auf der kommunalen Ebene finden sich inzwischen zahlreiche informelle Beteiligungsverfahren. So können Bürgerinnen und Bürger ihre Sichtweisen bei Bau- und Infrastrukturprojekten, bei Vorhaben der Stadt- und Quartiersentwicklung sowie beim Erarbeiten von Luftreinhalteplänen oder Mobilitätskonzepten einbringen.

Auf der Landes- und der Bundesebene sind solche Mitsprachemöglichkeiten hingegen deutlich seltener zu finden. Zwar gibt es Konsultationen bei der Entwicklung des Stromübertragungsnetzes im Rahmen der Energiewende, beim Bundesverkehrswegeplan und bei Infrastrukturvorhaben von Bundesländern (etwa im Straßenbau). Ein Bereich ist jedoch bislang weitgehend von der informellen Bürgerbeteiligung ausgeklammert: die Gesetzgebung des Bundes und der Länder. In Rheinland-Pfalz, Sachsen, Thüringen und Nordrhein-Westfalen fand eine solche informelle Beteiligung bei einzelnen Gesetzesvorhaben bereits statt – etwa in Rheinland-Pfalz beim Transparenzgesetz oder in Nordrhein-Westfalen beim Landesmediengesetz und bei der Novellierung des Hochschulgesetzes. Sie bilden aber Ausnahmen.

Baden-Württemberg geht hier einen anderen Weg. Seit 2011 können Bürgerinnen und Bürger Gesetzesvorhaben der Landesregierung kommentieren, bevor sie im Landtag beraten werden. In der 15. Legislaturperiode (2011-2016) war dies zunächst bei ausgewählten Gesetzesvorhaben möglich. In der 16. Legislaturperiode wurde die partizipative Gesetzgebung auf alle Gesetzesvorhaben ausgeweitet. Mit der partizipativen Gesetzgebung ermöglicht die Exekutive den Bürgerinnen und Bürgern, nicht-organisierten Betroffenen sowie den Verbänden, im Rahmen der repräsentativen Demokratie freiwillig und in einem transparenten Verfahren Gesetzesvorhaben zu kommentieren bzw. diese inhaltlich mit zu entwickeln. Die

Exekutive macht anschließend deutlich, wie diese Kommentare und Anregungen in den Gesetzentwurf eingeflossen sind, der dem Landtag zur Beratung und Entscheidung vorgelegt wird. Dieses Vorgehen verfolgt das Ziel, dass die Exekutive der Legislative einen qualitativ hochwertigen Entwurf vorlegen kann, der auch von breiten Teilen der Öffentlichkeit akzeptiert wird.

Parallel zur üblichen Verbändeanhörung werden die Bürgerinnen und Bürger dafür online über ein Beteiligungsportal des Landes konsultiert. Außerdem kommen verschiedene Face-to-Face-Formate zum Einsatz. Mit dieser partizipativen Gesetzgebung beschäftigt sich der vorliegende Sammelband.

Frank Brettschneider geht in seinem Beitrag *Partizipative Landesgesetzgebung: Nutzung und Wirkung informeller Beteiligungsverfahren in Baden-Württemberg* unter anderem der Frage nach, wie Online- und Face-to-Face-Formate mit dem Gesetzgebungsverfahren in der 15. Legislaturperiode verknüpft wurden. Auch untersucht er, welche quantitativen und qualitativen Ergebnisse die partizipativen Verfahren hervorgebracht haben. Ferner nimmt er die Sicht der Exekutive und der Legislative auf die Beteiligungsverfahren in den Blick. Sechs Gesetzesvorhaben wurden detailliert analysiert. Außerdem wurden Mitarbeiterinnen und Mitarbeiter in den Landesministerien ebenso befragt wie Landtagsabgeordnete. Zudem wurden Plenarprotokolle und weitere Dokumente gesichtet. Sein Fazit: Die partizipative Gesetzgebung hat sich bewährt. Das Beteiligungsportal dient in erster Linie dazu, Transparenz herzustellen. Die Face-to-Face-Formate führen hingegen zu substantiellen Verbesserungen an Gesetzentwürfen. Sie hinterlassen einen partizipativen Fußabdruck und führen mitunter zu einer größeren Akzeptanz der Vorhaben. Die repräsentative Demokratie wird durch den kombinierten Einsatz von Face-to-Face-Beteiligung und Online-Beteiligung bereichert.

Das Online-Beteiligungsportal des Landes Baden-Württemberg ist – neben der Face-to-Face-Beteiligung – seit 2013 eine tragende Säule der partizipativen Gesetzgebung. Hier können Bürgerinnen und Bürger Gesetzesvorhaben der Landesregierung kommentieren. Ferner können sie sich über Bürgerbeteiligung informieren. Der Erfolg einer solchen Beteiligungsplattform hängt unter anderem von ihrer Usability ab. In seinem Beitrag *Das Beteiligungsportal des Landes Baden-Württemberg: Eine Analyse der Nutzerfreundlichkeit* untersucht *Philipp Maxhofer* die Usability des Beteiligungsportals. Dafür hat er User-Tests, eine User-Befragung und eine Heuristic Evaluation miteinander kombiniert. Im Mittelpunkt standen unter anderem die Merkmale Learnability, Efficiency, Memorability, Errors und Satisfaction. Sein Fazit: Die Nutzerfreundlichkeit des Beteiligungsportals ist durchwachsen. Mit der Behebung einiger Probleme, Komplexitätsreduktionen und einer generellen Umstrukturierung ließe sich die Usability mit verhältnismäßig geringem Aufwand auf ein sehr gutes Niveau heben. Dies würde sich vermutlich in einer häufigeren Nutzung niederschlagen. Auch dürfte die Zufriedenheit der Nutzer dann größer sein – was wiederum eine wiederholte Nutzung wahrscheinlicher machen würde. Aber bereits jetzt wird das Beteiligungsportal relativ häufig genutzt. Seit seinem Start wurden bis März 2017 auf ihm 3.705 Kommentare zu 43 Gesetzentwürfen abgegeben. 1.685 dieser Kommentare untersucht *Isabel Rackow* in ihrem Beitrag *Die Diskurs-Qualität von Online-Kommentaren in der partizipativen Gesetzgebung: Eine Analyse des Beteiligungsportals Baden-Württemberg*. Die Qualität dieser Beiträge hat sie anhand zahlreicher Kriterien der Deliberationstheorie beschrieben und bewertet: u. a. Konstruktivität, Bezugnahme, Rationalität, Gemeinwohlorientierung und Respekt. Ihr Fazit: Die Online-Kommentare weisen in der Regel eine hohe Qualität auf und liefern somit den jeweiligen Ministerien einen entsprechenden Mehrwert. Als Schlüsselkategorie stellt sich dabei der konkrete inhaltliche Bezug eines Kommentars heraus. Immerhin 53 Prozent aller Kommentare weisen einen solchen konkreten inhaltlichen Bezug zum Gesetzentwurf auf. 14 Prozent der Kommentare hatten hingegen noch nicht einmal mit dem Thema des Gesetzentwurfes zu tun, von seinem konkreten Inhalt ganz zu schweigen. In ihnen haben Nutzer vor allem ihre allgemeine Unzufriedenheit mit der Landesregierung zum Ausdruck gebracht.

Alles in allem werfen die Beiträge ein positives Licht auf die partizipative Gesetzgebung in Baden-Württemberg. Sie wird daher anderen Bundesländern zur Nachahmung empfohlen. Förderlich wäre dort eine Einbettung der partizipativen Gesetzgebung in eine umfassende Beteiligungsstrategie, wie sie in Baden-Württemberg in der „Politik des Gehörtwerdens" formuliert und durch zahlreiche Maßnahmen umgesetzt wurde. Dabei geht es nicht um direkt-demokratische Elemente, sondern es geht um Verfahren der informellen Beteiligung, bei der Bürgerinnen und Bürger sowie nicht-organisierte Betroffene die Exekutive und die Legislative mit Anregungen versorgen, sie also „beraten".

Inhalt

Autoren

Prof. Dr. Frank Brettschneider, Universität Hohenheim, Institut für Kommunikationswissenschaft, frank.brettschneider@uni-hohenheim.de

Philipp Maxhofer, Account Manager, HP Inc., philipp.maxhofer@gmx.de

Isabel Rackow, Projektmanagerin, Daimler Financial Services AG, isabelrackow@gmx.de

Partizipative Landesgesetzgebung
Nutzung und Wirkung informeller Beteiligungsverfahren in Baden-Württemberg

Frank Brettschneider

Zusammenfassung

In Baden-Württemberg können Bürgerinnen und Bürger Gesetzesvorhaben der Landesregierung kommentieren, bevor sie im Landtag beraten werden. Dies ist parallel zur Verbändeanhörung online über ein Beteiligungsportal möglich. Außerdem kommen verschiedene Face-to-Face-Formate zum Einsatz. Diese partizipative Gesetzgebung hat sich bewährt. Das Beteiligungsportal dient in erster Linie dazu, Transparenz herzustellen. Die Face-to-Face-Formate führen hingegen zu substantiellen Verbesserungen an Gesetzentwürfen und mitunter zu einer größeren Akzeptanz der Vorhaben. Dies sind einige Ergebnisse der empirischen Untersuchung der partizipativen Gesetzgebung in der 15. Legislaturperiode des baden-württembergischen Landtags. Dabei wurden sechs Gesetzesvorhaben detailliert untersucht. Außerdem wurden Mitarbeiterinnen und Mitarbeiter in den Landesministerien ebenso befragt wie Landtagsabgeordnete. Zudem wurden Plenarprotokolle und weitere Dokumente analysiert.

Schlüsselbegriffe

Gesetzgebung, Bürgerbeteiligung, Online-Beteiligung, Face-to-Face-Beteiligung, Verwaltung, Abgeordnete, Transparenz

© Springer Fachmedien Wiesbaden GmbH, ein Teil von Springer Nature 2019   1
F. Brettschneider (Hrsg.), *Gesetzgebung mit Bürgerbeteiligung*, Politik gestalten –
Kommunikation, Deliberation und Partizipation bei politisch relevanten Projekten,
https://doi.org/10.1007/978-3-658-24144-5_1

1   Einleitung

Nach der Landtagswahl 2011 hatte sich die neue, grün-rote Landesregierung vier zentrale Ziele gesteckt. Eines davon lautete: Baden-Württemberg soll zum „Musterland demokratischer Beteiligung" werden (Bündnis 90/Die Grünen und SPD 2011, S. 2). Die Landesregierung wolle „mehr Bürgerbeteiligung auf allen Entscheidungsebenen" (ebd.) ermöglichen. Dies hat sie unter anderem in der Präambel des Koalitionsvertrags verankert. Im Folgenden wurden zunächst die organisatorischen Voraussetzungen geschaffen. Ministerpräsident Winfried Kretschmann berief Gisela Erler zur Staatsrätin für Zivilgesellschaft und Bürgerbeteiligung im Staatsministerium Baden-Württemberg. Ihre Stabsstelle entwickelte zahlreiche Ansatzpunkte für mehr Bürgerbeteiligung.

Zunächst war man dort jedoch mit der Vorbereitung und Durchführung des Volksentscheids zur Beteiligung des Landes an der Finanzierung von „Stuttgart 21" beschäftigt. Es folgten Initiativen für mehr direkte Demokratie auf Landes- und auf kommunaler Ebene (vgl. Haug und Schmid 2014) sowie der Aufbau und die Förderung von Netzwerken für mehr Bürgerbeteiligung.

Ein Kernstück der Arbeit war die Entwicklung der Verwaltungsvorschrift zur Intensivierung der Öffentlichkeitsbeteiligung in Planungs- und Zulassungsverfahren (VwV Öffentlichkeitsbeteiligung). Sie ist am 27. Februar 2014 in Kraft getreten. Darin heißt es:

> „Augenhöhe, Transparenz und die Einbeziehung von Bürgerideen sind das Ziel einer stärkeren Öffentlichkeitsbeteiligung. Die Öffentlichkeitsbeteiligung bei Planungs- und Zulassungsverfahren soll die Qualität der Planungen und ihrer Durchführung weiter verbessern sowie Lösungswege und Alternativen bei Konflikten aufzeigen. Sie soll die Entscheidung der Behörde mit vorbereiten. Wegen der Vorbildfunktion des Landes stellt diese Verwaltungsvorschrift spezifische Anforderungen an das Land als Vorhabenträger auf."

Mit der VwV Öffentlichkeitsbeteiligung sowie dem dazugehörigen Planungsleitfaden verpflichtet sich das Land Baden-Württemberg, in seinen eigenen Zuständigkeitsbereichen systematisch mehr Bürgerbeteiligung zu praktizieren. Adressaten sind die Landesbehörden als Vorhabenträger oder als Genehmigungsbehörden. Dies betrifft vor allem Infrastrukturmaßnahmen in den Bereichen Straßenbau und Hochwasserschutz. Zudem sollen Landesbehörden bei privaten Vorhabenträgern darauf hinwirken, dass diese sich freiwillig an die in der VwV Öffentlichkeitsbeteiligung formulierten Prinzipien halten (vgl. Arndt 2014).

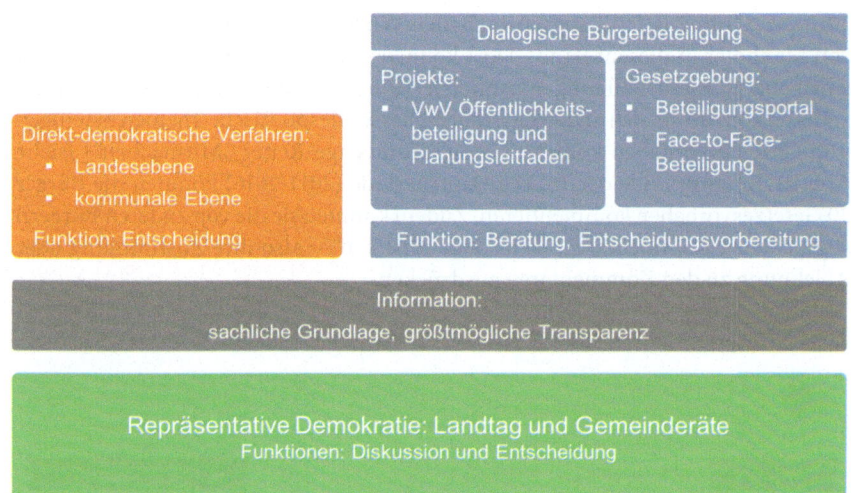

Abb. 1 Bausteine einer vielfältigen Demokratie in Baden-Württemberg

Alle diese Bausteine ergänzen die repräsentative Demokratie (siehe Abb. 1). Damit trägt die Landesregierung Forderungen aus der Bevölkerung Rechnung. Zahlreiche Umfragen zeigen, dass sich eine große Mehrheit der Bevölkerung mehr politische Mitsprachemöglichkeiten wünscht (vgl. u. a. Bertelsmann Stiftung und Staatsministerium Baden-Württemberg 2014; Baden-Württemberg Stiftung 2015). Wissenschaftliche Studien beschäftigen sich mit zwei Aspekten: Zum einen untersuchen sie die Akzeptanz und den Gebrauch von direkt-demokratischen Verfahren – vor allem auf kommunaler Ebene (vgl. u. a. Vetter et al. 2015; Münch et al. 2015). Zum anderen untersuchen sie Bürgerbeteiligung und ihre Wirkungen bei Bau- und Infrastrukturprojekten. Zudem gibt es inzwischen eine ganze Reihe von Leitfäden für Bürgerbeteiligung und Kommunikation (vgl. u. a. Klages und Vetter 2011; Nanz und Fritsche 2012; VDI 2014). Solche Ansätze finden sich mittlerweile überall in Deutschland – mal stärker entwickelt, mal weniger stark entwickelt. Auf der kommunalen Ebene sind sie teilweise schon lange gelebte Praxis.

Ein Aspekt wurde bislang jedoch noch nicht untersucht: die *partizipative Gesetzgebung auf Landesebene*. Das hat einen einfachen Grund: Informelle Beteiligungsverfahren bei der Landesgesetzgebung wurden bislang in keinem Bundesland systematisch eingesetzt. Baden-Württemberg hat hier eine Vorreiterrolle übernommen. Auf Initiative der Exekutive konsultiert das Land Baden-Württemberg Bürger im Vorfeld von Gesetzesvorhaben. Ein wichtiger Baustein ist dabei seit März

2013 das „Online-Beteiligungsportal Baden-Württemberg" (siehe dazu den Beitrag von Maxhofer in diesem Band). Dort können sich Bürgerinnen und Bürger zum einen über Bürgerbeteiligung informieren (Homepage-Reiter „Informieren"). Zum anderen können sie sich an Diskussionen über landespolitische Themen beteiligen und Gesetzesvorhaben kommentieren (Homepage-Reiter „Mitmachen") (siehe Abb. 2). Bis zum Ende der 15. Legislaturperiode (2011-2016) konnten die Bürger 30 Gesetzesvorhaben kommentieren. Zudem konnten sie die von anderen Bürgern abgegebenen Kommentare „liken" oder „disliken" – also ihre Zustimmung oder Ablehnung zu den Kommentaren ausdrücken.

Abb. 2   Das Online-Beteiligungsportal Baden-Württemberg

Quelle: Mitmachen-Seite des Beteiligungsportals: https://beteiligungsportal.baden-wuert-temberg.de/de/mitmachen/. Zugegriffen: 1. September 2018.

Die partizipative Gesetzgebung ruht aber nicht nur auf der Säule *Online-Beteiligung*. Daneben gibt es traditionell die verbindliche *Anhörung der Verbände* – also die Mitwirkung verfasster Akteure. Und bei einigen Gesetzesvorhaben wurde die Online-Beteiligung mit einer *Face-to-Face-Beteiligung* nicht-verfasster Akteure kombiniert. Diese Face-to-Face-Beteiligung erfolgte beispielsweise in Workshops – mit vom Gesetzesvorhaben betroffenen Bürgerinnen und Bürgern, teilweise aber auch mit zufällig ausgewählten Bürgerinnen und Bürgern, den sogenannten „Zufallsbürgern".

Die partizipative Gesetzgebung auf der Basis von Online-Beteiligung und von Face-to-Face-Beteiligung ist Gegenstand der vorliegenden Studie, die der Verfasser zusammen mit der Bertelsmann Stiftung durchgeführt hat. Im Mittelpunkt stehen folgende Aspekte:

1. *Verknüpfung partizipativer Elemente mit dem Gesetzgebungsverfahren:* Welche Beteiligungsverfahren – Online und Face-to-Face – wurden in Gesetzgebungsverfahren von der Exekutive in Baden-Württemberg in der 15. Legislaturperiode (2011-2016) angewendet? Und wie wurden die partizipativen Elemente mit dem Gesetzgebungsverfahren in der repräsentativen Demokratie verknüpft?
2. *Nutzung der Beteiligungsverfahren und Qualität der Ergebnisse:* Wer hat an den Beteiligungsverfahren teilgenommen? Welche quantitativen und qualitativen Ergebnisse haben die partizipativen Verfahren hervorgebracht?
3. *Sicht der Exekutive auf die Beteiligungsverfahren:* Wie sind die Ministerien, die das Verfahren jeweils fachlich betreut haben, mit den Ergebnissen umgegangen? Ist im Gesetzentwurf, den die Exekutive für die Legislative vorbereitet hat, ein partizipativer Fußabdruck erkennbar? Welchen Nutzen sehen die Mitarbeiter der Fachministerien – und wie schätzen sie den mit der Beteiligung verbundenen Aufwand ein?
4. *Sicht der Legislative auf die Beteiligungsverfahren:* Wie wurde im Landtag von Baden-Württemberg mit den Ergebnissen umgegangen? Und wie stehen die Vertreter der Legislative, die Abgeordneten des Landtags, zur partizipativen Gesetzgebung?

2   Das Studien-Design

Die Forschungsfragen lassen sich nicht mit einer einzigen Untersuchungsmethode beantworten. Daher wurden in der vorliegenden Studie mehrere Methoden miteinander verknüpft (siehe Abb. 3). Das Kernstück der Studie bildet eine detaillierte Betrachtung von vier partizipativen Gesetzgebungsverfahren. Die Online- und die Face-to-Face-Beteiligung wurden für folgende Gesetzgebungsverfahren analysiert:

1. Psychisch-Kranken-Hilfe-Gesetz
2. Nachbarrechtsgesetz
3. Erneuerbare-Wärme-Gesetz
4. Hochschulrechtsänderungsgesetz (incl. Verfasste Studierendenschaft und Promotionsordnung).

Die vier Gesetzgebungsverfahren wurden um zwei weitere Verfahren ergänzt, die Besonderheiten aufweisen:

1. BEKO, die Beteiligung zum Integrierten Energie- und Klimaschutzkonzept: Dieses Verfahren bildet aus mehreren Gründen eine Referenzgröße, da hier unterschiedliche Herangehensweisen miteinander verknüpft wurden.
2. Nationalpark Schwarzwald: Hier geht es nicht in erster Linie um die Bürgerbeteiligung *im* Gesetzgebungsverfahren zur Einrichtung des Nationalparks, sondern vor allem um die Bürgerbeteiligung *nach* Einrichtung des Nationalparks. Sie ist im Nationalpark-Gesetz verbindlich vorgeschrieben.

Die vier plus zwei Vorhaben wurden ausgewählt, weil sie a) abgeschlossen sind und b) weil sie aus unterschiedlichen Themenbereichen und Zuständigkeiten stammen.
Zur BEKO und zur Beteiligung im Gesetzgebungsverfahren zur Einrichtung des Nationalparks Schwarzwald liegen bereits ausführliche Dokumentationen vor (BEKO: Scheel und Wist o. J.; Nationalpark: Staatsministerium Baden-Württemberg o. J.). Im Mittelpunkt stehen die anderen vier Gesetzgebungsverfahren. Zu allen sechs Verfahren wurden folgende Methoden eingesetzt (siehe Abb. 3):

1. *Analyse der Online-Kommentare im Beteiligungsportal des Landes Baden-Württemberg:* Es wurde untersucht, wie viele Kommentare zu den Gesetzesvorhaben verfasst wurden. Auch wurde untersucht, ob sich diese Kommentare a) auf das konkrete Gesetzesvorhaben bezogen haben, b) auf den Themenbereich des Gesetzesvorhabens, aber nicht auf das Gesetzesvorhaben selbst, oder c) ob es sich um allgemeine Kommentare gehandelt hat (siehe dazu auch den Beitrag von Rackow in diesem Band).
2. *Standardisierte schriftliche Befragung der Mitarbeiter/innen aus den federführenden Fachministerien:* Der Fragebogen bestand aus drei Themenblöcken: Art und Qualität der Online-Kommentare aus Sicht der Mitarbeiter/innen, Umgang der Mitarbeiter/innen mit den Kommentaren, Einschätzung des konkreten Online-Beteiligungsverfahrens.
3. *Persönliche Leitfaden-Interviews mit den Mitarbeitern/innen der federführenden Ministerien:* Nach der Rücksendung der schriftlichen Fragebögen wurde mit

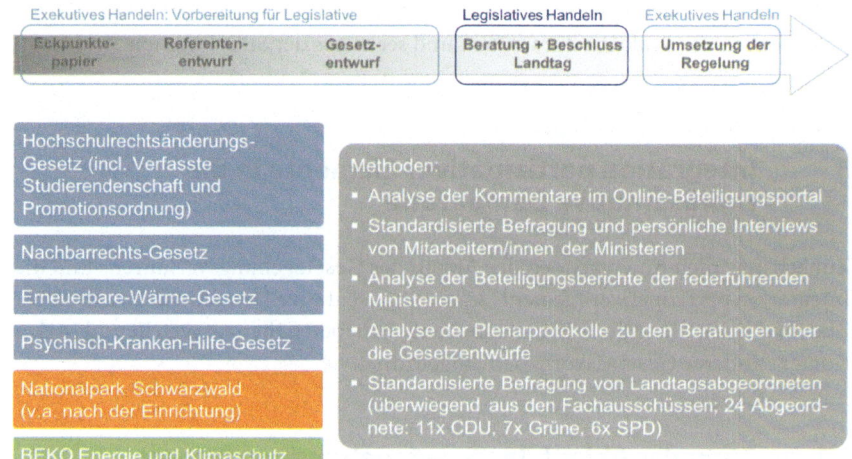

Abb. 3 Untersuchte Fälle und eingesetzte Methoden

den Mitarbeitern/innen der federführenden Fachministerien persönliche Leitfaden-Interviews geführt. Darin wurden die Angaben aus den Fragebögen vertieft
und um die Face-to-Face-Beteiligung erweitert.

4. *Analyse der Beteiligungsberichte der federführenden Ministerien zu den Gesetzesvorhaben:* Die Ministerien sind verpflichtet, zu den eingegangenen Kommentaren
eine Sammelstellungnahme zu verfassen. In einigen Fällen wurde darüber hinaus
eine ausführliche Analyse der Beteiligungs-Aktivitäten vorgelegt.

5. *Analyse der Plenarprotokolle zu den Beratungen über die Gesetzentwürfe:* Hier
wurde untersucht, ob die Fachminister/innen oder die Abgeordneten in ihren
Reden im baden-württembergischen Landtag auf das Beteiligungsverfahren
Bezug genommen haben.

6. *Standardisierte schriftliche Befragung der Landtagsabgeordneten:* Unter anderem
wurden die Abgeordneten gebeten, die Bedeutung verschiedener Informationsquellen über die Sicht der Bürgerinnen und Bürger zu bestimmten Gesetzesvorhaben
einzuschätzen. Auch wurde abgefragt, ob die Abgeordneten die Kommentare
aus dem Online-Beteiligungsportal nutzen und wie sie sie bewerten. Zudem
ging es um den richtigen Zeitpunkt für die informelle Beteiligung der Bürger
an Gesetzgebungsverfahren sowie um das Verhältnis von Online- und von Face-to-Face-Beteiligung. Geantwortet haben 24 Abgeordnete, die überwiegend in den
Fachausschüssen tätig sind, die sich mit den hier untersuchten Gesetzesvorhaben

beschäftigt haben. Von den 24 Abgeordneten stammen elf aus der CDU-Fraktion, sieben aus der Fraktion der Grünen und sechs aus der SPD-Fraktion.

3   Integration partizipativer Elemente in die repräsentative Demokratie

Zunächst werden im Folgenden der Ablauf des Gesetzgebungsverfahrens und die Integration partizipativer Elemente in die repräsentative Demokratie beschrieben. Zudem werden die sechs hier untersuchten Vorhaben näher vorgestellt und in den Kontext anderer Gesetzesvorhaben eingeordnet.

3.1   Formaler Ablauf des Gesetzgebungsverfahrens

Grundsätzlich gibt es zwei Möglichkeiten, wie ein Gesetzentwurf dem Landtag von Baden-Württemberg vorgelegt werden kann: Der Gesetzentwurf kann von einer Fraktion oder von mindestens acht Abgeordneten eingebracht werden, oder er kann von der Landesregierung vorgelegt werden. Der Ablauf nach der Vorlage des Gesetzentwurfes im Landtag ist identisch. Zunächst findet die Erste Beratung im Plenum statt. Hier werden die Grundsätze des Gesetzentwurfs vorgestellt und diskutiert. Sodann wird er an einen Landtags-Ausschuss überwiesen. Der Ausschuss gibt nach seiner Beratung eine Empfehlung ab. Diese Empfehlung dient als Grundlage für die Zweite Beratung. In der Zweiten Beratung werden die Grundsätze aus der Ersten Beratung nochmals aufgegriffen. Auch werden Einzelbestimmungen oder Änderungsanträge diskutiert. Gelegentlich wird in der Zweiten Beratung auf eine Aussprache verzichtet. Dies ist vor allem dann der Fall, wenn sich alle im Landtag vertretenen Fraktionen in der Sache einig sind. Die Zweite Beratung endet mit einer Abstimmung über den Gesetzentwurf.[1] Bei mehrheitlicher Zustimmung wird das Gesetz durch den Ministerpräsidenten ausgefertigt und anschließend im Gemeinsamen Amtsblatt des Landes Baden-Württemberg veröffentlicht.

Die *Beratung und der Beschluss über den Gesetzentwurf* sind Sache der Legislative. Davor und danach ist die Exekutive am Zug (siehe Abb. 4). Auf das Inkrafttreten des Gesetzes folgt das umsetzende Verwaltungshandeln. Dieses Handeln wird hier

---

1   Bei Haushaltsgesetzen und bei verfassungsändernden Gesetzen findet noch eine Dritte Beratung statt.

nicht näher untersucht. Im Mittelpunkt steht vielmehr das Verwaltungshandeln in der *Vorbereitung* eines von der Landesregierung eingebrachten Gesetzentwurfs.

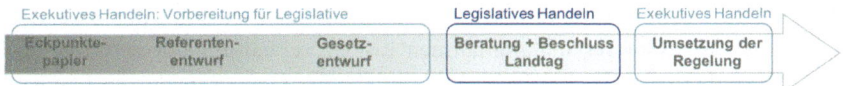

Abb. 4   Exekutives und legislatives Handeln

Oft, aber nicht immer, geht dem förmlichen Teil des Gesetzgebungsverfahrens ein *Eckpunktepapier* voraus. Darin beschreiben die beteiligten Ministerien die Ziele des Gesetzesvorhabens sowie wesentliche Umsetzungsvorschläge, aber noch keine Details der gesetzlichen Bestimmungen. Das Eckpunktepapier wird im Landeskabinett besprochen und beschlossen. Dieser Beschluss dient als Grundlage für das Handeln der Verwaltung im förmlichen Teil des Gesetzgebungsverfahrens. Wie dabei innerhalb der Exekutive vorzugehen ist, legt die Verwaltungsvorschrift der Landesregierung und der Ministerien zur Erarbeitung von Regelungen fest (VwV Regelungen 2010, Punkt 5).

Der förmliche Teil des Gesetzgebungsverfahrens beginnt mit der Ausarbeitung eines *Referentenentwurfs* durch die Verwaltung. Die Ausarbeitung liegt in der Hand eines federführenden Ministeriums. Das federführende Ministerium ist auch dafür verantwortlich, gegebenenfalls weitere Ministerien in die Ausarbeitung einzubeziehen. Der fertige Referentenentwurf wird im Landeskabinett beraten und beschlossen.

Nach dem Beschluss des Referentenentwurfs durch das Landeskabinett beginnt eine förmliche *Anhörung von Verbänden*. In der Regel sind dies die kommunalen Landesverbände (Städtetag, Gemeindetag, Landkreistag), der Industrie- und Handelskammertag und der Handwerkertag, die Gewerkschaften, Naturschutzverbände sowie weitere verfasste Akteure. Mitunter kontaktiert das federführende Ministerium bei einzelnen Referentenentwürfen über 100 Verbände. Die VwV Regelungen legt in Punkt 5.3.2. das Vorgehen fest:

> „Den anzuhörenden Stellen ist Gelegenheit zu geben, zu den Regelungsentwürfen … in angemessener Frist schriftlich oder mündlich Stellung zu nehmen. Die Frist beträgt in der Regel sechs Wochen."

Zeitgleich mit der Einleitung des Anhörungsverfahrens muss das federführende Ministerium den Referentenentwurf an den Landtagspräsidenten und an die Geschäftsstellen der Fraktionen des Landtags schicken. Ferner muss der Referentenentwurf auf dem Beteiligungsportal des Landes Baden-Württemberg veröffentlicht werden. Nach Ende der förmlichen Verbändeanhörung sichtet das federführende Ministerium die Kommentare der Verbände, und es verfasst dazu eine zusammenfassende Stellungnahme. Gegebenenfalls wird der Referentenentwurf auf der Basis der Anhörung sowie weiterer Stellungnahmen aus der Verwaltung überarbeitet. Das Ergebnis ist dann der *Gesetzentwurf.* Über ihn berät und entscheidet das Landeskabinett, bevor es den Gesetzentwurf in den Landtag einbringt.

Diese Form der Gesetzgebung in der repräsentativen Demokratie sieht zwei Stellen vor, an denen Bürgerinteressen explizit in die Gesetzgebung einfließen können. In beiden Fällen handelt es sich um mittelbare Einflussmöglichkeiten: Zum einen können Bürgerinteressen auf dem Weg der förmlichen Verbändeanhörung in den exekutiven Teil des Gesetzgebungsprozesses eingebracht werden. Voraussetzung ist, dass die Bürger in entsprechenden Verbänden aktiv sind und dort für ihre Sichtweise Mehrheiten finden. Zum anderen können Bürgerinteressen über die von ihnen gewählten Repräsentanten in den legislativen Teil des Gesetzgebungsprozesses einfließen. Voraussetzung ist, dass die Landtagsabgeordneten die Bürgerinteressen zutreffend wahrnehmen und aufgreifen.

In Baden-Württemberg bestehen darüber hinaus weitere Möglichkeiten, im Verlauf des Gesetzgebungsprozesses Bürgerinteressen einzubringen. *Die Beteiligung findet auf Seiten der Exekutive statt.* Die Funktion der Beteiligung ist, dass die Verwaltung der Legislative einen nicht nur fachlich, sondern auch aus Bürger-Perspektive gut vorbereiteten Entwurf vorlegen kann. Diese Ansatzpunkte werden im Folgenden dargestellt. Sodann wird geklärt, was unter *partizipativer Gesetzgebung* als Erweiterung der repräsentativen Demokratie verstanden werden kann.

3.2   Partizipative Gesetzgebung

In Baden-Württemberg wird eine informelle Beteiligung der Bürgerinnen und Bürger sowie nicht-organisierter Betroffener an zahlreichen Stellen des Gesetzgebungsprozesses praktiziert. Dabei gibt es sowohl Online- als auch Face-to-Face-Beteiligung.

Informelle Beteiligung vor dem Verfassen eines Eckpunktepapiers ist eher ungewöhnlich. Offenbar sehen es die politischen Ministeriumsspitzen als ihre ureigene Aufgabe an, alleine die Richtung eines Gesetzesvorhabens zu definieren. Dementsprechend ist auch keine Online-Beteiligung vor dem Verfassen eines Eckpunktepapiers vorgesehen. Erst nach dem Beschluss des Eckpunktepapiers durch das Landeskabinett kann es auf dem Online-Beteiligungsportal des Landes zur Kommentierung freigegeben werden. Und dennoch gibt es Fälle, in denen die Exekutive bereits vor dem Verfassen des Eckpunktepapiers Bürgerinnen und Bürger, nicht-organisierte Betroffene sowie Verbände konsultiert hat. Diese Beteiligung erfolgte dann aber stets Face-to-Face in Form von Arbeitsgruppen. Dies war unter anderem beim Psychisch-Kranken-Hilfe-Gesetz der Fall, auf das später noch eingegangen wird. *Informelle Beteiligung zwischen Eckpunktepapier und Referentenentwurf* als frühzeitige Bürgerbeteiligung kommt häufiger vor. Dabei kommt das Online-Beteiligungsportal des Landes zum Einsatz. Hier werden ausgewählte Eckpunktepapiere nach dem Beschluss durch das Landeskabinett hochgeladen. Auf dem Beteiligungsportal heißt es dazu:

> „Die Bürgerinnen und Bürger sollen die Möglichkeit bekommen, gleich zu Beginn des Verfahrens – also noch bevor alle Details festgezurrt sind – das Vorhaben zu bewerten und ihre eigenen Vorschläge einzubringen. Die Ergebnisse der Bürgerbeteiligung werden durch die Verwaltung sorgfältig ausgewertet. Sie werden ins Netz gestellt und damit öffentlich gemacht. Außerdem werden sie in die Ausarbeitung des … Referentenentwurfs … einbezogen."[2]

Neben der Online-Beteiligung kann hier aber auch eine Face-to-Face-Beteiligung stattfinden. In verschiedenen Formaten – etwa an Bürger- und an Verbändetischen, wie bei der Beteiligung zum Integrierten Energie- und Klimaschutzkonzept – werden hier Eckpunkte diskutiert, präzisiert und weiterentwickelt. Für Verbände ist es reizvoll, bereits vor der förmlichen Verbändeanhörung auf Gesetzesvorhaben Einfluss nehmen zu können. Und für Bürgerinnen und Bürger sowie für nicht-organisierte Betroffene ist dies eine gute Gelegenheit, ihre Sichtweisen zu einem Zeitpunkt einzubringen, zu dem noch keine Details entschieden sind. Für die Exekutive bietet diese Beteiligung die Möglichkeit, bereits frühzeitig zu erkennen, welche Aspekte sie bei der Erarbeitung von Details beachten sollte.

Informelle Beteiligung zwischen Referentenentwurf und Gesetzentwurf findet zeitgleich mit der förmlichen Verbändeanhörung statt. Face-to-Face-Beteiligung ist in dieser Phase des Gesetzgebungsprozesses die Ausnahme. Stattdessen steht die Beteiligung über das Online-Beteiligungsportal im Mittelpunkt. Bürgerinnen und Bürgern soll so die Möglichkeiten gegeben werden, den konkreteren Referentenentwurf zu kommentieren. Erneut werden die Kommentare von der Exekutive gesichtet und in einer zusammenfassenden Stellungnahme dargestellt und bewertet. In der Stellungnahme macht die Verwaltung auch deutlich, welche Kommentare sie aufgegriffen und in den Gesetzentwurf eingearbeitet hat. Diese Stellungnahme wird

---

2   https://beteiligungsportal.baden-wuerttemberg.de/fr/mitmachen/lp-15/ewaermeg/gesetzgebungsverfahren/. Zugegriffen: 1. September 2018.

dem Gesetzentwurf ebenso beigefügt wie die Stellungnahme zu den Kommentaren aus der förmlichen Verbändeanhörung.

Was also kann unter *partizipativer Gesetzgebung* verstanden werden? Weder in der Politikwissenschaft, noch in der Rechtswissenschaft gibt es dazu bislang eine Definition. Anders ist dies beim Partizipations-Begriff. In der Politikwissenschaft versteht man unter politischer Partizipation die freiwilligen Handlungen der Bürger mit dem Ziel, politische Sach- und Personalentscheidungen auf verschiedenen Ebenen des politischen Systems zu beeinflussen oder unmittelbar an derartigen Entscheidungen mitzuwirken. Damit werden solche Handlungen ausgeschlossen, die zwar politische Bedeutung erlangen können, die aber nicht intentional auf das Herbeiführen bzw. Beeinflussen von Entscheidungen abzielen. Auch jene Handlungen, die das politische System den Bürgern vorschreibt, sind nicht in dieser Definition enthalten (vgl. u. a. Kaase 1992, S. 339; Barnes et al. 1979; Jennings et al. 1990).

In der Soziologie umfasst Partizipation „alle Formen der Einflussnahme auf die Ausgestaltung kollektiv verbindlicher Vereinbarungen durch Personen und Organisationen, die nicht routinemäßig mit diesen Aufgaben betraut sind" (Renn 2005, S. 227). Und in der Rechtswissenschaft definiert Haug (2014, S. 231) „Partizipationsrecht" als die „Summe aller Normen, die natürlichen und juristischen Personen unabhängig von deren subjektiven Rechten die mit Rechtsfolgen verbundene Möglichkeit einräumen, hoheitliche Sach- oder Personalausnahmeentscheidungen zu initiieren oder zu beeinflussen, ohne dabei hoheitlich oder beruflich zu agieren".

Demnach sind für alle Partizipations-Definitionen vier Komponenten wesentlich: das Partizipations-Subjekt, die Partizipations-Tätigkeit, das Partizipations-Objekt und die Partizipations-Bereitschaft (vgl. ebd., S. 224). Im Einzelnen bedeutet dies: Das Partizipations-Subjekt ist der „Bürger". „Als Partizipationstätigkeit ist hier ein aktives Bemühen um Einflussnahme erforderlich, weshalb ein bloßes ‚Sich-Informieren' über Ereignisse des politischen Zeitgeschehens noch nicht ausreicht" (ebd.). Die Partizipations-Tätigkeit bezieht sich auf das Partizipations-Subjekt, auf „‚politische Entscheidungen', also Meinungsbildungs- und Klärungsprozesse in öffentlichen und allgemeinwohlbezogenen Angelegenheiten" (ebd.). Und die Partizipationsbereitschaft „besteht in der Freiwilligkeit, wodurch Tätigkeiten im Rahmen eines verpflichtend auferlegten Engagements ausgeschlossen sind" (ebd., S. 225).

Überträgt man diese Komponenten auf die „partizipative Gesetzgebung", so lässt sich festhalten:

- Bürgerinnen und Bürger, nicht-organisierte Betroffene sowie Verbände sind die Partizipations-Subjekte.
- Das Kommentieren von Gesetzesvorhaben sowie das Entwickeln von Ideen für Gesetzesvorhaben sind die Partizipations-Tätigkeiten.

- Die Gesetzesvorhaben – genauer: die gesamtgesellschaftlich verbindlichen Regeln in einem Gesetz – sind das Partizipations-Objekt.
- Die Partizipation erfolgt freiwillig.

Im Zusammenhang mit dem Partizipationsrecht nennt Haug (2014, S. 234) fünf Funktionen, die erfüllt werden sollen. Auch sie lassen sich auf die „partizipative Gesetzgebung" übertragen:

- *Legitimationsfunktion:* Staatliches Handeln muss „vom Volk" legitimiert sein. Bürgerinnen und Bürger müssen auf das staatliche Handeln Einfluss nehmen können. Am deutlichsten ist die Legitimation bei Wahlen. Aber auch eine funktionierende Rückkoppelung zwischen Bürgern und Exekutive mittels verschiedener Partizipations-Formate ist für die Legitimation staatlichen Handelns von Bedeutung.
- *Akzeptanzfunktion:* Partizipation soll dazu beitragen, dass die Bürger gesamtgesellschaftlich verbindliche Entscheidungen akzeptieren. Dies setzt auch eine Akzeptanz des Verfahrens voraus, in dem die Gesetze zustande kommen.
- *Kontroll- und Transparenzfunktion:* Partizipation schafft Transparenz im Gesetzgebungsverfahren – unterschiedliche Interessen und Sichtweisen werden deutlich. Es werden aber auch die Gründe deutlich, warum die Exekutive der Legislative bestimmte Regelungen vorschlägt. Damit geht automatisch auch eine gewisse Kontrolle des Handelns der Exekutive einher.
- *Ausgleichsfunktion:* Partizipation soll einen „Ausgleich zwischen ‚oben und unten' herbeiführen. Denn die politischen Institutionen, die Parteien, die Behörden ... haben als systemische Akteure im Entscheidungsprozess aufgrund ihrer (Rechts-)Stellung, ihrer Entscheidungsmacht und ihres Wissensvorsprungs (‚oben') eine de facto und de jure ungleich stärkere Ausgangsposition im jeweiligen Entscheidungsprozess als der individuelle oder auch verbandsmäßig organisierte Partizipant (‚unten')... Indem das Partizipationsrecht den Partizipant mit Informations-, Äußerungs-, Beteiligungs- oder gar Mitentscheidungsrechten stärkt, bewirkt es zugleich Erklärungs-, Rechtfertigungs- und Berücksichtigungspflichten bei den systemischen Akteuren, was deren starke Stellung relativiert und folglich zu einem (gewissen) Ausgleich der unterschiedlichen Ausgangs- und Machtpositionen führt" (ebd., S. 238ff.).
- *Qualitätsfunktion:* Die Beteiligung von Bürgerinnen und Bürgern, nicht-organisierten Betroffenen sowie von Verbänden soll die Qualität von Gesetzentwürfen sichern. Dies vermag sie dann zu leisten, wenn die genannten Personengruppen der Exekutive ihr Fach- oder Alltagswissen zur Verfügung stellen, das von der Exekutive dann berücksichtigt werden kann. Bei Gesetzesvorhaben, die sich

auf lebensweltliche Themen der Bürger beziehen, ist dies wahrscheinlicher als bei Spezialthemen, die nur wenige Menschen direkt betreffen.

Aus Sicht der Exekutive bedeutet *partizipative Gesetzgebung* also: *Die Exekutive ermöglicht es Bürgerinnen und Bürgern, nicht-organisierten Betroffenen sowie Verbänden, im Rahmen der repräsentativen Demokratie freiwillig und in einem transparenten Verfahren Gesetzesvorhaben zu kommentieren bzw. diese inhaltlich mit zu entwickeln. Die Exekutive macht bei Gesetzesvorhaben deutlich, wie diese Kommentare und Anregungen in den Gesetzentwurf eingeflossen sind, der dem Landtag zur Beratung und Entscheidung vorgelegt wird. Dieses Vorgehen verfolgt das Ziel, dass die Exekutive der Legislative einen qualitativ hochwertigen Entwurf vorlegen kann, der auch von breiten Teilen der Öffentlichkeit akzeptiert wird.*

In Baden-Württemberg stehen für die partizipative Gesetzgebung mehrere Instrumente zur Verfügung. Die förmliche Verbändeanhörung wurde bereits dargestellt. Für die informelle Beteiligung am Gesetzgebungsverfahren gibt es Face-to-Face-Instrumente und die Kommentieren-Funktion im Online-Instrument „Beteiligungsportal Baden-Württemberg" (siehe auch den Beitrag von Maxhofer in diesem Band).

Die *Kommentieren-Funktion* wird auf dem Beteiligungsportal wie folgt beschrieben:

> „Zu Ihrer Information steht Ihnen neben einer kurzen Zusammenfassung der Inhalte der Originaltext des Entwurfes zur Verfügung. Abhängig vom jeweiligen Gesetzentwurf können zudem zusätzliche Erläuterungen, beispielsweise Pressemitteilungen oder ein Video, zur Verfügung stehen. Bei umfangreichen Gesetzen kann die Kommentarfunktion nicht nur den Entwurf als Ganzes, sondern auch für einzelne Paragraphen zur Verfügung stehen. Um einen Kommentar auf dem Beteiligungsportal zu hinterlassen, müssen Sie sich registrieren. Den Link zum Login oder zur Registrierung finden Sie auf der Seite jeweils ganz oben rechts. Um sich zu registrieren, müssen Sie eine gültige E-Mail-Adresse angeben und ein Passwort wählen. Sie erhalten daraufhin eine E-Mail mit einem Bestätigungs-Link. Erst wenn Sie diesen angeklickt haben, wird Ihr Nutzungskonto aktiviert… Neben der Möglichkeit, selbst Kommentare zu hinterlassen, können Sie auch die Kommentare Anderer bewerten, also Ihre Zustimmung oder Ablehnung anzeigen. Die Funktion steht Ihnen auch ohne Anmeldung zur Verfügung. Lediglich wenn Sie selbst einen Textbeitrag verfassen möchten, ist die Anmeldung notwendig."[3]

Für die *Kommentieren-Funktion im Online-Beteiligungsportal* existiert ein klarer Zuständigkeiten- und Ablaufplan. Die übergeordnete Verantwortung für das Beteiligungsportal und die damit verbundenen Koordinierungs-Aufgaben liegen bei

---

3   https://beteiligungsportal.baden-wuerttemberg.de/de/kommentieren/kommentieren. Zugegriffen: 1. September 2018.

der Stabsstelle für Zivilgesellschaft und Bürgerbeteiligung im Staatsministerium. Die technische Umsetzung und Betreuung des Beteiligungsportals erfolgt durch die Medien- und Filmgesellschaft Baden-Württemberg (MFG). Für die Inhalte zu den einzelnen Gesetzesvorhaben sind die jeweiligen Fachministerien verantwortlich (vgl. Masser et al. 2015, S. 15).

In der *Vorbereitungsphase* der Kommentierung eines Gesetzesvorhabens stimmen sich die Stabsstelle und das jeweilige Fachministerium ab. Das Fachministerium meldet den Beteiligungsprozess bei der Stabsstelle und nennt einen Ansprechpartner. Die Stabsstelle informiert die MFG über den bevorstehenden Beteiligungsprozess. Vor allem aber leistet das Fachministerium redaktionelle Vorarbeiten – oft in Abstimmung mit der Stabsstelle: Das Gesetzesvorhaben muss allgemein verständlich beschrieben werden. Auch muss ein Einführungstext verfasst werden, der den Ablauf des Gesetzesvorhabens beschreibt. Die MFG bereitet die Texte dann für das Beteiligungsportal auf und schaltet die Kommentierung frei. Diese Vorbereitungsphase dauert etwa vier Wochen.

Die *Kommentierungsphase* dauert in der Regel sechs Wochen. In dieser Zeit trägt die MFG die Hauptverantwortung. Sie prüft die Kommentare auf (sehr seltene) Verstöße gegen die Netiquette. Gegebenenfalls hält sie Rücksprache mit der Stabsstelle und dem zuständigen Fachministerium.

In der *Nachbereitungsphase* leitet die MFG die Kommentare an die Stabsstelle weiter. Die Stabsstelle übergibt die entsprechende Dokumentation an das Fachministerium. Dort werden die Kommentare gesichtet. Auch wird eine zusammenfassende Stellungnahme zu den Kommentaren verfasst und mit der Stabsstelle abgestimmt. Wenn die Stellungnahme fertig ist, wird sie von der MFG auf dem Beteiligungsportal veröffentlicht. Die Dauer der Nachbereitungsphase variiert. In der Regel beträgt sie sechs Wochen.

Tabelle 1 gibt eine Übersicht über die in der 15. Legislaturperiode (2011-2016) auf dem Online-Beteiligungsportal des Landes Baden-Württemberg zur Kommentierung freigegebenen Gesetzesvorhaben bzw. Regelungen. Dabei ist jedoch zu berücksichtigen, dass das Online-Beteiligungsportal erst im März 2013 eingerichtet wurde. Bis zum Ende der Legislaturperiode konnten die Bürger 30 Gesetzesvorhaben kommentieren. Die Bandbreite reicht vom Landesbehindertengleichstellungsgesetz, über das Umweltverwaltungsgesetz und das Erneuerbare-Wärme-Gesetz bis zur Polizeistrukturreform, dem Jagd- und Wildtiermanagementgesetz und zur Grundbuchamts- und Notariatsreform, um nur ein paar Beispiele zu nennen.

In den Online-Verfahren gab es jeweils zwischen 0 und 57 Kommentare. Ausnahmen bildeten das Gesetz zur Errichtung des Nationalparks Schwarzwald (461 Kommentare) und das Jagd- und Wildtiermanagementgesetz (2.419 Kommentare) (zur Kommentierung im Beteiligungsportal siehe auch den Beitrag von Rackow in diesem Band).

Insgesamt wurden in der 15. Legislaturperiode 3.265 Kommentare abgegeben. Die Kommentierung variierte je nach Breite und Konflikthaltigkeit des Themas. Zudem konnten die Nutzer diese Kommentare „liken" oder „disliken" – also ihre Zustimmung oder Ablehnung zu den Kommentaren ausdrücken. Davon haben sie insgesamt 96.411 Male Gebrauch gemacht. Eine Ausnahme bildet wiederum das Jagd- und Wildtiermanagementgesetz. Dort war die Bewertungs-Funktion ausgeschaltet. Daraus resultiert auch die große Zahl der Kommentare bei diesem Gesetzesvorhaben: Personen, die anderen Kommentaren zustimmen oder diese ablehnen wollten, mussten dafür einen eigenen Kommentar verfassen.

Für die *Face-to-Face-Beteiligung* gibt es aufgrund der vielfältigen Formate und der sehr unterschiedlichen Anwendungssituationen keinen Zuständigkeiten- und Ablaufplan wie bei der Kommentieren-Funktion im Beteiligungsportal. Auch existiert keine Übersicht darüber, welche Ministerien wie oft welche Face-to-Face-Verfahren eingesetzt haben. Für die sechs hier untersuchten (Gesetzes-)Vorhaben wurden die jeweils zuständigen Ministeriums-Mitarbeiter aber nach solchen Face-to-Face-Verfahren gefragt. Im Folgenden werden die sechs Vorhaben näher beschrieben.

3.3   Die sechs untersuchten Fälle

In dieser Studie wurden sechs Vorhaben für die vertiefende Analyse der Face-to-Face- und der Online-Beteiligung ausgewählt:

1. Psychisch-Kranken-Hilfe-Gesetz
2. Nachbarrechtsgesetz
3. Erneuerbare-Wärme-Gesetz
4. Hochschulrechtsänderungsgesetz (incl. Verfasste Studierendenschaft und Promotionsordnung)
5. BEKO, die Beteiligung zum Integrierten Energie- und Klimaschutzkonzept
6. Gesetz zur Errichtung des Nationalparks Schwarzwald

Tab. 1   Übersicht über Gesetzesvorhaben auf dem Online-Beteiligungsportal des Landes Baden-Württemberg in der 15. Legislaturperiode (2011-2016)

Vorhaben	Beginn	Ende	Kommentare	Bewertungen
Innenministerium				
Polizeistrukturreform	14.03.13	22.03.13	21	623
Gesetz Reformationstag	26.05.14	30.06.14	9	239
Kommunalverfassung	18.02.15	27.03.15	57	1.169

Vorhaben	Beginn	Ende	Kommentare	Bewertungen
Wappenrecht	12.05.15	24.06.15	2	61
Leitbild Landesverwaltung	08.07.15	03.08.15	9	90
Feiertagsgesetz	27.07.15	03.09.15	11	442
E-Government-Gesetz	03.08.15	30.09.15	8	225
Informationsfreiheitsgesetz	03.08.15	18.09.15	24	908
Landesbeamtengesetz	03.08.15	15.09.15	7	220
Abschiebungshaftvollzugsgesetz	04.08.15	18.09.15	1	19
Sozialministerium				
Psychisch-Kranken-Hilfe-Gesetz	09.04.14	16.05.14	14	353
Landesbehindertengleichstellungsgesetz	25.07.14	05.09.14	18	434
Gesundheitsdienstgesetz	28.07.15	05.09.15	2	6
Landesgesundheitsgesetz	28.07.15	04.09.15	2	26
Landeskrebsregistergesetz	17.09.15	30.10.15	1	4
Staatsministerium				
Landesmediengesetz	23.07.13	06.09.13	0	0
Planungsleitfaden	05.11.13	03.12.13	19	487
Ernennung von Richtern und Beamten	12.08.14	12.09.14	0	0
Rundfunkstaatsvertrag	31.07.15	31.08.15	1	26
Justizministerium				
Nachbarrechtsgesetz	09.08.13	27.09.13	31	3.682
Grundbuchamts- und Notariatsreform	17.07.14	22.08.14	1	28
Landesrichter- und Staatsanwaltsgesetz	18.05.15	25.06.15	0	0
Ministerium für Umwelt, Klima und Energiewirtschaft				
Umweltverwaltungsgesetz	18.12.13	31.01.14	17	1.939
Erneuerbare-Wärme-Gesetz	30.07.14	30.09.14	45	2.592
Landesstrategie Ressourceneffizienz	10.12.15	31.01.16	5	83
Ministerium für Ländlichen Raum und Verbraucherschutz				
Nationalpark Schwarzwald	24.06.13	14.08.13	461	64.730
Jagd- und Wildtiermanagementgesetz	03.04.14	15.05.14	2.419	inaktiv
Ministerium für Verkehr und Infrastruktur				
Landesbauordnung	23.07.13	11.10.13	23	7.095
Ministerium für Wissenschaft, Forschung und Kunst				
Hochschulrechtsänderungsgesetz	27.10.13	28.11.13	57	10.930
Ministerium für Finanzen und Wirtschaft				
Zuständigkeiten Gewerbeordnung	16.12.15	15.01.16	0	0
Summe			**3.265**	**96.411**

Quelle: nach Angaben der Stabsstelle für Zivilgesellschaft und Bürgerbeteiligung und eigener Recherche. Beim Planungsleitfaden handelt es sich nicht um ein Gesetzesvorhaben; er wurde hier dennoch aufgenommen. Hier nicht verzeichnet ist die BEKO zum Integrierten Energie- und Klimaschutzgesetz. Sie fand statt, bevor das Beteiligungsportal in Betrieb ging.

Die einzelnen Verfahrensschritte bei den sechs Analysefällen werden im Folgenden im Detail beschrieben. In Kapitel 4 werden dann die Forschungsfragen beantwortet.

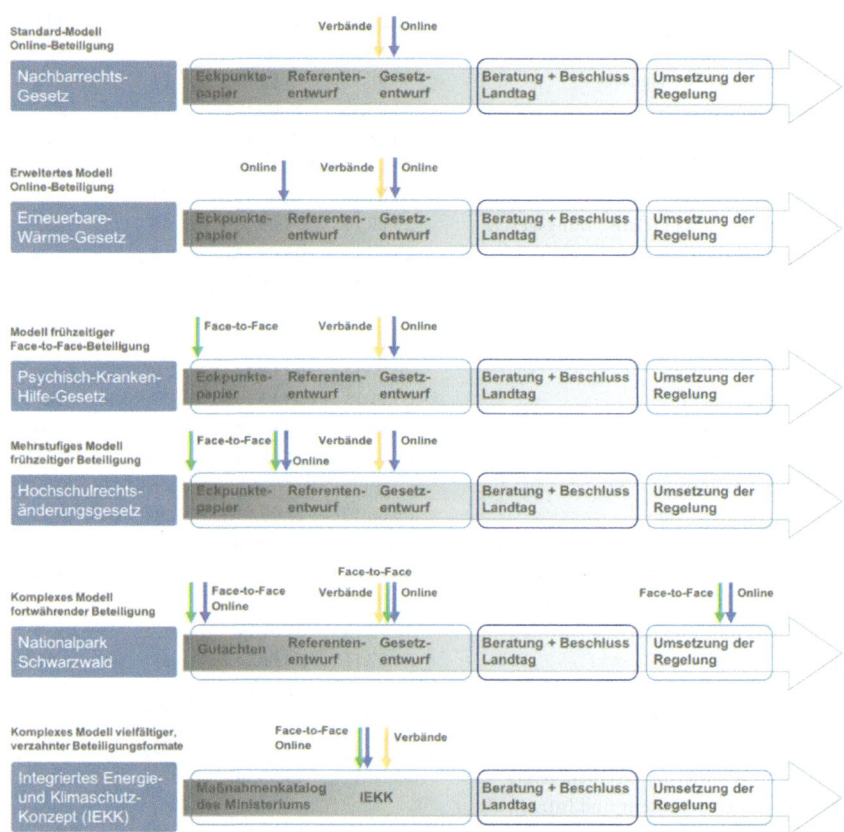

Abb. 5   Partizipative Gesetzgebung – Übersicht über sechs Analysefälle

3.3.1   Psychisch-Kranken-Hilfe-Gesetz

Für das Psychisch-Kranken-Hilfe-Gesetz war das Sozialministerium zuständig. Bereits im grün-roten Koalitionsvertrag war festgehalten, dass ein solches Gesetz erarbeitet werden sollte (lediglich in Bayern und in Baden-Württemberg gab es kein solches Gesetz). Und es war festgehalten, dass dieses Gesetz mit der Beteiligung der Betroffenen erarbeitet werden sollte, da der Inhalt potentiell konfliktträchtig und heikel sei. Um folgenden Inhalt ging es:

> „Mit dem vorgelegten Gesetzentwurf beabsichtigt das Sozialministerium, die Rechte psychisch kranker oder behinderter Menschen zu stärken. Hilfen für psychisch kranke oder auf Grund einer solchen Erkrankung behinderte Menschen erhalten erstmals in Baden-Württemberg eine gesetzliche Grundlage. Dies bislang im Unterbringungsgesetz (UBG) niedergelegten Regelungen über die öffentlich-rechtliche Unterbringung sowie den Maßregelvollzug werden unter besonderer Berücksichtigung der Grundrechte der betroffenen Personen überarbeitet und ebenfalls in das neue Gesetz aufgenommen."[4]

Angestrebt war vor allem eine Stärkung der Patientenrechte. Dazu sollten unter anderem vier Einrichtungen geschaffen werden: Informations-, Beratungs- und Beschwerdestellen, eine Ombudsstelle, ein zentrales, anonymisiertes Melderegister sowie Besuchskommissionen.

Die Erste Beratung zum Psychisch-Kranken-Hilfe-Gesetz (DS 15/5521) im Landtag von Baden-Württemberg fand am 16. Oktober 2014 statt. Nach einer ersten Diskussion wurde der Gesetzentwurf in den Ausschuss für Arbeit und Sozialordnung, Familie, Frauen und Senioren überwiesen. Die Beschlussempfehlung des Ausschusses (DS 15/5969) war Abstimmungsgrundlage für die Zweite Beratung des Landtags am 12. November 2014. Auf eine Aussprache wurde verzichtet. Der Landtag stimmte dem Gesetzentwurf einstimmig zu (Gesetzesbeschluss DS 15/6129). Am 1. Januar 2015 ist das Gesetz in Kraft getreten.

Vorausgegangen war eine Kombination aus Face-to-Face- und Online-Beteiligung (siehe Abb. 5). Ungewöhnlich ist die in diesem Fall praktizierte, sehr frühzeitige Face-to-Face-Beteiligung. Sie diente der Erarbeitung des Eckpunktepapiers. Normalerweise geben Ministerien diese Aufgabe nicht aus der Hand, sondern lassen Bürgerinnen und Bürger frühestens die bereits verabschiedeten Eckpunkte diskutieren. Nicht so in diesem Fall:

> „Bereits im Vorfeld des formellen Gesetzgebungsverfahrens hat die Landesregierung einen umfassenden Dialog mit den unterschiedlichen Beteiligten der Psychiatrielandschaft eingeleitet. Hierzu hat sich unter Moderation des Sozialministeriums eine plural besetzte Arbeitsgruppe aus Vertretern der Medizin, Wissenschaft, der kommunalen Ebene und der Leistungsträger, aber auch der Psychiatrie-Erfahrenen, Angehörigen, der Bürgerhilfe und der Sozialverbände zusammengefunden, um Eckpunkte als Grundlage für ein Psychisch-Kranken-Hilfe-Gesetz zu erarbeiten.

---

4   Aus dem Einleitungstext im Online-Beteiligungsportal. https://beteiligungsportal.baden-wuerttemberg.de/fr/mitmachen/lp-15/psychisch-kranken-hilfe-gesetz/. Zugegriffen: 1. September 2018.

Insgesamt sind im Rahmen eines frühzeitig initiierten, breiten Beteiligungsprozesses rund 100 Personen in einen konstruktiven Erfahrungsaustausch eingetreten" (ebd.).

Neu und ungewöhnlich an diesem Verfahren war, dass den beteiligten Personen und Gruppen kein Entwurf eines Eckpunktepapiers präsentiert wurde. Stattdessen wurde das Eckpunktepapier eigenständig und gemeinschaftlich erarbeitet. Dies erfolgte anhand von fünf Themenbereichen in Unter-Arbeitsgruppen. Jede Unter-Arbeitsgruppe legte einen 1–2-seitigen Entwurf für das Eckpunktepapier vor. Das Ministerium selbst sah sich zu diesem Zeitpunkt zum einen in einer passiven Beobachter- und „Hausmeister-Funktion". Zum anderen sah es sich in einer aktiven Erklärer-Funktion. So habe man bei Vorschlägen aus dem Kreis der Teilnehmenden unmittelbar sagen können, welche Regelungen in ein Gesetz aufgenommen werden können – und welche nicht. Im Verlauf des Prozesses hätten sich auch Sichtweisen von Teilnehmenden verändert. Dies sei beispielsweise beim Thema Zwangsbehandlung der Fall gewesen. Hier sei es sehr sinnvoll gewesen, dass ehemals selbst zwangsbehandelte Personen an der Diskussion mitgewirkt haben und ihre Sichtweise einbringen konnten. Auch sei das Vertrauensverhältnis zwischen den Beteiligten und dem Sozialministerium im Verlauf des Prozesses deutlich besser geworden. Am Anfang habe bei einigen Beteiligten noch Skepsis überwogen, diese sei aber bald einer Kooperation gewichen. Am Ende der Diskussionen habe weitgehend Konsens geherrscht.

Das gemeinschaftlich erarbeitete Eckpunktepapier wurde zunächst im Arbeitskreis Soziales der Regierungsfraktionen diskutiert und dann dem Ministerrat vorgelegt, dort diskutiert und als Basis für den auszuarbeitenden Referentenentwurf beschlossen. Auf das Bereitstellen des Eckpunktepapiers im Online-Beteiligungsportal wurde angesichts der breiten Face-to-Face-Beteiligung an dieser Stelle verzichtet. Der 102 Seiten umfassende Referentenentwurf wurde am 1. April 2014 vom Ministerrat für die formale Verbändeanhörung freigegeben. Zeitgleich wurde der Referentenentwurf auf dem Online-Beteiligungsportal zur Kommentierung bis zum 16. Mai 2014 freigegeben. Insgesamt gingen 14 Kommentare und 353 Bewertungen von Kommentaren ein. Die Kommentare waren überwiegend befürwortend sowie teilweise sehr detailliert und auf einzelne, konkrete Aspekte des Referentenentwurfs bezogen. Der längste Kommentar stammt von der Deutschen Fachgesellschaft Psychiatrische Pflege. Die Zahl der Likes und Dislikes waren aus Sicht des Ministeriums-Mitarbeiters für ihn uninteressant. Wichtig sei ihm der Inhalt der Kommentare gewesen. Er räumt jedoch ein, dass vielleicht den Bürgerinnen und Bürgern etwas fehlen würden, wenn sie nicht liken oder disliken könnten.

Nach dem Ende der Kommentierungs-Phase hat das Sozialministerium eine zusammenfassende Stellungnahme vorgelegt und auf dem Beteiligungsportal veröffentlicht. Dort heißt es unter anderem:

> „Das Psychisch-Kranken-Hilfe-Gesetz wurde parallel zum formellen Anhörungsverfahren der Körperschaften und Verbände in das ‚Beteiligungsportal Baden-Württemberg' zur Kommentierung eingestellt, um auf diese Weise auch den Bürgerinnen und Bürgern die Möglichkeit zu eröffnen, sich zum Referentenentwurf des Gesetzes zu äußern. Die Resonanz der Öffentlichkeit war überwiegend positiv. In den Stellungnahmen der Bürgerinnen und Bürger wurde insbesondere zustimmend hervorgehoben, dass durch die gesetzliche Regelung von Hilfen für psychisch kranke Menschen die Rechte dieses Personenkreises gestärkt werden. Die konstruktiven Anregungen und Hinweise der Bürgerinnen und Bürger wurden im Einzelnen vom Sozialministerium geprüft. Es konnten teilweise auch Anregungen in den Regierungsentwurf des Gesetzes übernommen werden. Im Wesentlichen sind folgende Anregungen in den Regierungsentwurf eingegangen: a) Stärkere Hervorhebung des Präventionsgedankens… b) Einbeziehung der Pflege in die Besuchskommissionen… c) Ständige, unmittelbare persönliche Begleitung im Rahmen der Fixierung…."[5]

Der Mitarbeiter des Sozialministeriums weist im Zusammenhang mit der frühzeitigen Face-to-Face-Beteiligung auf einen interessanten Punkt hin: Die Face-to-Face-Beteiligung sei zwar auch zeitlich sehr intensiv gewesen, dafür hätte die Nachbearbeitung der formalen Verbändeanhörung viel weniger Zeit als sonst üblich erfordert. Auch habe es im Umfeld der formalen Verbändeanhörung keine politische Lobby-Arbeit durch die Verbände gegeben.

Der aufgrund der Verbändeanhörung und der Online-Beteiligung überarbeitet Referentenentwurf wurde vom Kabinett diskutiert, beschlossen und als Gesetzentwurf DS 15/5521 in den Landtag eingebracht.

Zusammenfassend lässt sich festhalten: Es handelt sich um einen Regelungsgegenstand, der einerseits sehr konfliktär war, andererseits aber keine breiten Bevölkerungsschichten betroffen hat. Die sehr frühzeitige Einbeziehung von Verbänden (die später bei der formalen Verbändeanhörung ohnehin gefragt werden) und von nicht-organisierten Betroffenen in Form einer Face-to-Face-Beteiligung bei der Erarbeitung der Eckpunkte hat sich sehr bewährt. Sie hat einen partizipativen Fußabdruck im Gesetz hinterlassen. Der Ministeriums-Mitarbeiter schätzt das so ein, dass es ohne diese Beteiligung später im Parlament kontroverse Diskussionen gegeben hätte. Dabei misst er der Face-to-Face-Beteiligung im Hinblick auf die Qualität der Beiträge und die Wirkung der Zusammenarbeit mehr Bedeutung bei

---

5   https://beteiligungsportal.baden-wuerttemberg.de/fr/mitmachen/lp-15/psychisch-kranken-hilfe-gesetz/stellungnahme-des-ministeriums/. Zugegriffen: 1. September 2018.

als der Online-Beteiligung. Letztere sei vor allem unter Transparenz-Gesichtspunkten wichtig.

3.3.2 Nachbarrechtsgesetz

Für das Nachbarrechtsgesetz war das Justizministerium zuständig. Es handelt sich nicht um ein neues Gesetz, sondern um Änderungen an einem bestehenden Gesetz. Um folgenden Inhalt ging es:

> „Das baden-württembergische Nachbarrecht sollte in Teilen geändert werden, um die energetische Sanierung von Altbauten und den Einsatz regenerativer Energien zu erleichtern. Die Landesregierung wollte dadurch den Klimaschutz fördern. Klare Regeln helfen dabei, Veränderungen in einem guten nachbarschaftlichen Verhältnis miteinander zu gestalten."[6]

Das Gesetzesvorhaben sah vor allem drei Änderungen vor: Erstens sollte es leichter möglich sein, sein Haus nachträglich von außen zu dämmen. Dafür war ein „Überbau" auf das Nachbargrundstück im Umfang von maximal 30 Zentimetern vorgesehen. Zweitens sollte die Verschattung von Photovoltaik- oder Solaranlagen reduziert werden. Dafür waren größere Mindestgrenzabstände für das Anpflanzen neuer großer Bäume vorgesehen. Und drittens sollten die Verjährungsfristen für Ansprüche zum Beseitigen höher wachsender Bäume von fünf auf zehn Jahre verlängert werden.

Die Erste Beratung zum Nachbarrechtsgesetz (DS 15/4384) im Landtag von Baden-Württemberg fand am 18. Dezember 2013 statt. Nach einer ersten Diskussion wurde der Gesetzentwurf in den Ständigen Ausschuss überwiesen. Die Beschlussempfehlung des Ausschusses (DS 15/4632) war Abstimmungsgrundlage für die Zweite Beratung des Landtags am 29. Januar 2014. Dort wurde der Gesetzentwurf relativ kurz diskutiert. Der Landtag stimmte dem Gesetzentwurf einstimmig zu (Gesetzesbeschluss DS 15/4668). Am 12. Februar 2014 ist das Gesetz in Kraft getreten.

Vorausgegangen war eine Online-Beteiligung zum Referentenentwurf (siehe Abb. 5). Nach der Freigabe des 22 Seiten umfassenden Referentenentwurfs durch den Ministerrat fand die formale Verbändeanhörung statt. Zeitgleich wurde der Referentenentwurf auf dem Online-Beteiligungsportal zur Kommentierung freigegeben. Insgesamt gingen 31 Kommentare und 3.682 Bewertungen von Kommentaren ein.

Die Kommentare waren teilweise befürwortend, teilweise ablehnend. Einige waren detailliert und auf einzelne, konkrete Aspekte des Referentenentwurfs be-

---

6   Aus dem Einleitungstext im Online-Beteiligungsportal. https://beteiligungsportal. baden-wuerttemberg.de/fr/mitmachen/lp-15/nachbarrechtsgesetz/. Zugegriffen: 1. September 2018.

zogen. Dazu zählten beispielsweise Kommentare eines Energieberaters sowie eines Fachwarts für Obst und Garten. Andere waren pauschal. Ein Kommentar endete wie folgt: „Das ist keine Bürgernähe, keine Politik-des-Gehört-Werdens, sondern ideologische Basta Politik." Ein anderer Kommentator schrieb: „Ich HABE bisher Grün gewählt. Die Betonung liegt auf HABE, sollte das Gesetz in der Form wirklich kommen und die Grenzabstände tatsächlich verringert statt erhöht werden."[7]

Die Zahl der Likes und Dislikes war aus Sicht des Ministeriums-Mitarbeiters für ihn uninteressant, da diese kaum interpretiert werden könnten. Es sei nicht klar, vor welchem Wissenshintergrund die Bewertungen abgegeben worden seien; auch sei wahrscheinlich, dass die Bewertungen nicht repräsentativ sind. Auf einige Menschen könnten die Bewertungen wie eine Pseudo-Abstimmung wirken. Aus seiner Verwaltungs-Sicht könnte man diese Bewertungs-Funktion auch weglassen.

Nach dem Ende der Kommentierungs-Phase hat das Justizministerium eine zusammenfassende Stellungnahme vorgelegt und auf dem Beteiligungsportal veröffentlicht. Dort heißt es u. a.:

> „Die Kommentare zeigen, dass die Verpflichtung, einen geringfügigen Überbau infolge der nachträglichen Dämmung des Nachbargrundstücks zu dulden, überwiegend für sinnvoll erachtet wird… Hinsichtlich der Obergrenze der geringfügigen Beeinträchtigung des Nachbargrundstücks hat die Anhörung … gezeigt, dass die verfolgten Ziele auch dann erreicht werden können, wenn die Obergrenze maßvoll von 30 cm auf 25 cm verringert wird… Die Kommentare zur Aufhebung der bisherigen Privilegierung der Grenzabstände für die künftige Anpflanzung nicht höhenbeschränkter mittel- und großwüchsiger Gehölze in Innerortslagen zeigen, dass hier unterschiedliche Interessen aufeinander treffen. Während die einen den Schutz vor der Verschattung durch großwüchsige Bäume auf dem Nachbargrundstück begrüßen, sorgen sich andere um die Erschwerung der Stadtdurchgrünung. Dabei halten sich die Bewertungen der Kommentare oftmals fast die Waage… Nicht aufgegriffen wurden vereinzelte Vorschläge, die Fragen des öffentlichen Baurechts oder Sachverhalte betrafen, die durch die Rechtsprechung zu bundesgesetzlichen Vorschriften (z. B. Grillen im Garten, Verkehrssicherungspflicht bei Bäumen) bereits hinreichend geregelt sind."[8]

In der Verbändeanhörung haben 24 Verbände insgesamt 135 Einzelstellungnahmen und Empfehlungen abgegeben. Inhaltlich schließen sie auch die Anregungen ein, die über das Online-Beteiligungsportal gekommen sind. Das Beteiligungsportal hat insofern keine über die Verbändeanhörung hinausgehenden Kommentare geliefert.

---

7   Kommentare 28 und 25 im Online-Beteiligungsportal. https://beteiligungsportal. baden-wuerttemberg.de/fr/mitmachen/lp-15/nachbarrechtsgesetz/. Zugegriffen: 1. September 2018.

8   https://beteiligungsportal.baden-wuerttemberg.de/fr/mitmachen/lp-15/nachbarrechts- gesetz/stellungnahme-des-justizministeriums/. Zugegriffen: 1. September 2018.

Der aufgrund der Verbändeanhörung und der Online-Beteiligung überarbeitet Referentenentwurf wurde vom Kabinett diskutiert, beschlossen und als Gesetzentwurf DS 15/4384 in den Landtag eingebracht.

Zusammenfassend lässt sich festhalten: Es handelt sich um einen Regelungsgegenstand, der sowohl Konfliktpotential in sich birgt, als auch für relativ breite Bevölkerungsschichten relevant ist. Auf dem Weg der Gesetzgebung ist ein partizipativer Fußabdruck vorhanden. Vor allem die formale Verbändeanhörung hat zu Änderungen am Referentenentwurf geführt. Die Kommentare im Online-Beteiligungsportal enthielten gegenüber den Kommentaren in der Verbändeanhörung keine Neuigkeiten. Gleichwohl hält der Ministeriums-Mitarbeiter das Online-Portal für sinnvoll, denn die Kommentare regten nochmals zum Überdenken von Regelungen an. Auch motiviere es, Juristen-Sprache für die Kurzdarstellungen im Online-Portal allgemeinverständlich zu übersetzen. Und es böte – als Erweiterung der formalen Verbändeanhörung – auch nicht-organisierten Bürgern die Möglichkeit, sich zu äußern. Der Ministeriums-Mitarbeiter verweist aber auch darauf, dass das Nachbarrechtsgesetz ein für das Justizministerium eher untypisches Gesetz sei. Anders als die meisten anderen Gesetze aus dem Justizministerium behandle es ein für die Allgemeinheit wichtiges Thema. Typischerweise würden im Justizministerium eher Gesetze vorbereitet, die sich mit einer technisch-juristischen Detailmaterie beschäftigen – etwa mit der Neuordnung des Notariatswesens.

3.3.3   Erneuerbare-Wärme-Gesetz

Für das Erneuerbare-Wärme-Gesetz war das Umweltministerium zuständig. Es handelt sich nicht um ein neues Gesetz, sondern um Änderungen an einem bestehenden Gesetz aus dem Jahr 2007. Um folgenden Inhalt ging es:

„Ziel der Novellierung ist es, durch die verstärkte Einsparung fossiler Brennstoffe einen höheren Beitrag zum Klimaschutz zu leisten. Der Gebäudesektor ist ein wichtiger Ansatzpunkt, da rund 30 Prozent des CO_2-Ausstoßes in Baden-Württemberg auf die Heizung und die Warmwasserbereitung in Gebäuden zurückzuführen sind. Konsequenterweise sollen deshalb künftig auch Nichtwohngebäude (z. B. Bürogebäude) einen Beitrag leisten. Bisher betrifft das Gesetz nur Wohngebäude. Die Neufassung des Gesetzes soll außerdem zum Anlass genommen werden, die bisherigen Erfahrungen für eine Flexibilisierung der Regelungen zu nutzen. Die Novellierung sieht daher eine breitere Auswahl und mehr Kombinationsmöglichkeiten bei den Erfüllungsoptionen, eine stärkere Betonung der Energieeffizienz und eine technologieoffene Ausgestaltung der Regelungen vor."[9]

---

9   Aus dem Einleitungstext im Online-Beteiligungsportal. https://beteiligungsportal.baden-wuerttemberg.de/fr/mitmachen/lp-15/erneuerbare-waerme-gesetz/. Zugegriffen: 1. September 2018.

Im Mittelpunkt standen die folgenden Änderungen: a) Erhöhung des Pflichtanteils für erneuerbare Energien von zehn auf 15 Prozent, b) Verzicht auf Solarthermie als sogenannte Ankertechnologie, c) Einbeziehung von Nichtwohngebäuden, d) Streichung der Erfüllungsoption „Bioöl", e) erhöhte Anforderungen an die Erfüllungsoption „Biogas", f) individueller Sanierungsfahrplan für Gebäude.

Die Erste Beratung zum Erneuerbare-Wärme-Gesetz (DS 15/6236) im Landtag von Baden-Württemberg fand am 28. Januar 2015 statt. Nach einer ersten, intensiven und kontroversen Diskussion wurde der Gesetzentwurf in den Ausschuss für Umwelt, Klima und Energiewirtschaft überwiesen. Die Beschlussempfehlung des Ausschusses (DS 15/6380) war Abstimmungsgrundlage für die Zweite Beratung des Landtags am 11. März 2015. Dort wurde der Gesetzentwurf erneut kontrovers diskutiert. Der Landtag stimmte dem Gesetzentwurf in namentlicher Abstimmung mit den Stimmen der Grünen und der SPD gegen die Stimmen der CDU und der FDP zu (Gesetzesbeschluss DS 15/6608). Am 1. Juli 2015 ist das Gesetz in Kraft getreten.

Vorausgegangen war eine mehrstufige Online-Beteiligung, nämlich eine Kombination aus einer frühzeitigen Online-Beteiligung zum Eckpunktepapier und einer Online-Beteiligung zum Referentenentwurf (siehe Abb. 5). Nach der Erarbeitung der Eckpunkte für eine Novellierung des Erneuerbare-Wärme-Gesetzes im Umweltministerium (ohne Beteiligung) wurden diese am 11. Juni 2013 vom Kabinett beschlossen. Diese Eckpunkte wurden dann auf dem Online-Beteiligungsportal des Landes veröffentlicht. Dort konnten sie vom 16. Juni 2013 bis zum 15. Juli 2013 kommentiert und in einer Umfrage bewertet werden.

Ungewöhnlich ist die standardisierte Umfrage zu den einzelnen Eckpunkten. Der Aufbau war jeweils identisch: Zunächst wurde der Eckpunkt kurz beschrieben. Sodann folgte eine Frage mit mehreren Antwortmöglichkeiten. Beispielsweise wurde zu Eckpunkt 2 gefragt:

> „Das Konzept der Landesregierung zur Erhöhung des Pflichtanteils erneuerbarer Energien auf 15 % halte ich für zu wenig weitgehend, richtig, teilweise richtig, falsch."

Der Entscheidung, eine solche Umfrage unter „Mitmachen" auf dem Beteiligungsportal durchzuführen, waren hausinterne Diskussionen vorausgegangen. Der Hauptgrund für die Umfrage war, dass bereits das zu novellierende Gesetz der Vorgängerregierung sehr umstritten war. Daher sollte vor der Novellierung zum einen ein Stimmungsbild eingeholt werden (durch die nicht-repräsentative Umfrage), zum anderen hatte man sich die eine oder andere Anregung erwartet (durch Kommentare). Und schließlich bestand die Hoffnung, dass die Voting-Funktion Bürgerinnen und Bürger zu einer verstärkten Beteiligung anregen könnte. Aufgrund mangelnder Erfahrungen mit solchen Tools wurde für die Durchführung der Umfrage ein externer Dienstleister hinzugezogen.

Das Ministerium für Umwelt, Klima und Energiewirtschaft (2013) hat eine ausführliche Auswertung der Online-Beteiligung zu den Eckpunkten durchführen lassen, die auf dem Online-Portal veröffentlicht wurde. Demnach haben sich zahlreiche Bürgerinnen und Bürger an den Diskussionen über die Eckpunkte beteiligt. Rund 4.000 Bürgerinnen und Bürger haben die Seite besucht. Sie haben mehr als 260 Kommentare sowie knapp 3.200 Bewertungen zu den Zielen der Gesetzesnovellierung und zu den inhaltlichen Eckpunkten abgegeben. In der Auswertung wird hervorgehoben, welche Eckpunkte überwiegend positiv bewertet wurden – und bei welchen Eckpunkten die negativen Bewertungen überwiegen (vor allem Erhöhung des Pflichtanteils erneuerbare Energie von zehn auf 15 Prozent, erhöhte Anforderungen an solarthermische Anlagen, erhöhte Anforderungen beim Biogas).

Auch die Kommentare wurden detailliert ausgewertet. Dabei ließen sich zwei Kategorien von Kommentaren finden – einerseits jene, die sich auf einzelne Eckpunkte beziehen, andererseits solche, die sich allgemein mit der gesetzlichen Regulierung von Umweltthemen beschäftigen. Zu der ersten Kategorie von Kommentaren heißt es in der Auswertung des Umweltministeriums:

> „Die Kommentare sind zumeist sehr sachorientiert und detailreich. Sie enthalten zahlreiche Anregungen und Empfehlungen, die derzeit sorgfältig ausgewertet werden" (ebd.).

Teilweise wurden die Kommentare bereits überblicksartig thematisch zusammengefasst. Allerdings haben sie keine Anregungen gebracht, die nicht auch auf anderen Wegen – vor allem bei der späteren Verbändeanhörung – in das Gesetzesvorhaben eingeflossen wären. Zur zweiten Kategorie von Kommentaren heißt es in der Auswertung:

> „Da die ‚Eckpunkte' die Neufassung eines bereits seit 2007 gültigen Gesetzes vorbereiten sollen, nehmen viele Stellungnahmen die Befragung zum Anlass, Kritik an den vorhandenen gesetzlichen Regulierungen zu äußern. Die Bewertung der Eckpunkte wird dann leicht mit dem bereits gültigen Gesetz vermischt. Dies betrifft insbesondere die Grundsatzfrage des EWärmeG, ob Bürgerinnen und Bürger mittels Ordnungsrecht verpflichtet werden sollten, bei der Erneuerung ihrer Heizungsanlagen nach gesetzlich fixierten Regeln vorzugehen. Zahlreiche Kritiken, die dieses Vorgehen aus unterschiedlichen Motiven ablehnen, richten sich tatsächlich zugleich gegen die derzeitige Rechtslage" (ebd.).

Die Kommentare der zweiten Kategorie überwogen. Aus Sicht des Umweltministeriums seien sowohl die Kommentare als auch die Ergebnisse des Voting-Tools zu erwarten gewesen. Sie wären so oder sehr ähnlich bereits bei der Diskussion über das Vorgängergesetz im Jahr 2007 geäußert worden. Nicht leicht sei es dem Umweltministerium gefallen, deutlich zu machen, dass es sich bei dem Voting nicht um eine repräsentative Umfrage handelt. Die Ergebnisse sind auch in der späteren parlamentarischen Beratung instrumentalisiert worden.

Die Auswertung der Kommentare und Bewertungen ist dann in die Ausarbeitung des Referentenentwurfs eingeflossen. Der 29 Seiten umfassende Referentenentwurf sowie die dazu gehörige, 56 Seiten umfassende Begründung wurden am 29. Juli 2014 vom Ministerrat diskutiert, beschlossen und zur formalen Verbändeanhörung freigegeben. Zeitgleich wurden der Referentenentwurf und die Begründung auf dem Online-Beteiligungsportal zur Kommentierung freigegeben.

Insgesamt gingen 45 Kommentare und 2.592 Bewertungen von Kommentaren ein. Wie schon bei der Online-Beteiligung zu den Eckpunkten, waren einige Kommentare detailliert und auf einzelne, konkrete Aspekte des Referentenentwurfs bezogen. Andere nahmen die Kommentarmöglichkeit zum Anlass, generell die Umweltpolitik der grün-roten Landesregierung zu kritisieren oder gegen sie zu polemisieren. An einigen Kommentar-Überschriften wird dies deutlich:

- „Ökotalibane schlagen mit voller Härte zu" (Kommentar 45)
- „Bevormundung des Bürgers" (Kommentar 21)
- „sinnlos und an der Realität vorbei, dafür aber bevormundend und geldvernichtend" (Kommentar 11)
- „Ziel eines neuen Gesetzes muss eine Union der sozialistischen Grünrepubliken sein" (Kommentar 8)
- „Beängstigendes und sinnfreies XXL-Weltretter-Umerziehungsprogramm" (Kommentar 4)
- „Das wundersame Treiben der grünen Sittenpolizei" (Kommentar 2).[10]

Nach dem Ende der Kommentierungs-Phase hat das Umweltministerium eine zusammenfassende Stellungnahme auf dem Beteiligungsportal veröffentlicht. Dort heißt es u. a.:

> „Parallel zum formellen Anhörungsverfahren hatte die Öffentlichkeit im Zeitraum vom 30. Juli bis zum 30. September 2014 die Möglichkeit, den Entwurf für eine Novelle des EWärmeG im Beteiligungsportal der Landesregierung im Ganzen zu kommentieren und sich mit ihren Anregungen in das Gesetzgebungsverfahren

---

10 Kommentare auf dem Online-Beteiligungsportal. https://beteiligungsportal.baden-wuerttemberg.de/fr/mitmachen/lp-15/erneuerbare-waerme-gesetz/. Zugegriffen: 1. September 2018.

einzubringen… Die Resonanz kann angesichts der Komplexität der Materie, den überwiegend sehr technischen Vorschriften und der Notwendigkeit von Fachwissen als gut bezeichnet werden. Es wurden verschiedene Meinungen vorgetragen, wobei sich ein Teil der Kommentare weniger auf den konkreten Inhalt der geplanten Novelle bezieht, als auf allgemeine politische Äußerungen und die Frage, ob es grundsätzlich einer gesetzlichen Vorgabe bedarf, um die beschlossenen Klimaschutzziele zu erreichen. Das Ministerium für Umwelt, Klima und Energiewirtschaft hat alle Hinweise der Bürgerinnen und Bürger ausgewertet und konstruktive Anregungen bei der Überarbeitung des Gesetzentwurfs berücksichtigt…."[11]

In der Stellungnahme wird vor allem auf die Kritik an einzelnen Punkten des Erneuerbare-Wärme-Gesetzes eingegangen und somit das Verwaltungshandeln erklärt. Neue Anregungen – die nicht auch in der Verbändeanhörung gekommen sind – gab es durch die Kommentare nicht. Aus Sicht des Ministeriums sei dies sogar noch weniger der Fall gewesen als bei den Kommentaren zu den Eckpunkten. Die zusammenfassende Stellungnahme habe man sich im Umweltministerium nicht leicht gemacht. Sie sei zunächst im Fachreferat und dann mit der Zentralabteilung und der Pressestelle abgestimmt worden. Die Zahl der Likes und Dislikes war aus Sicht der Ministeriums-Mitarbeiterin nur insofern interessant, als sie für das Erkennen von Interessen-Schwerpunkten der Bürgerinnen und Bürger herangezogen werden konnte. Mehr würden die Likes und Dislikes nicht hergeben, da zu wenige Kenntnisse über die Nutzer sowie ihren Wissenshintergrund existieren.

Wesentlich ergiebiger sei die Verbändeanhörung gewesen. An knapp 250 Adressen wurde der Referentenentwurf verschickt. Knapp 90 Stellungnahmen sind daraufhin im Umweltministerium eingegangen. Diese hätten oft einen Umfang von 10 bis 15 Seiten gehabt und wären teilweise sehr detailliert auf einzelne Aspekte des Referentenentwurfs eingegangen. Sich mit diesen Stellungnahmen auseinander zu setzen, sei ein deutlich größerer Aufwand als die Sichtung der Online-Kommentare. Aber auch der inhaltliche Nutzen sei erheblich größer gewesen.

Der aufgrund der Verbändeanhörung und der Online-Beteiligung überarbeitete Referentenentwurf wurde vom Kabinett diskutiert, beschlossen und als Gesetzentwurf DS 15/6236 in den Landtag eingebracht.

Ähnlich wie beim Nachbarrechtsgesetz lässt sich zusammenfassend festhalten: Es handelt sich um einen Regelungsgegenstand, der sowohl Konfliktpotential in sich birgt, als auch für relativ breite Bevölkerungsschichten relevant ist. Allerdings ist das Thema ideologisch deutlich aufgeladener als das Nachbarrechtsgesetz. Auf dem Weg der Gesetzgebung ist ein partizipativer Fußabdruck vorhanden. Vor

---

11 https://beteiligungsportal.baden-wuerttemberg.de/fr/mitmachen/lp-15/erneuerbare-waerme-gesetz/stellungnahme-des-ministerums/. Zugegriffen: 1. September 2018.

allem die formale Verbändeanhörung hat zu Änderungen am Referentenentwurf geführt. Zudem ist auf dem Weg vom Eckpunktepapier zum Referentenentwurf das Streichen der Option „Bioöl" wieder zurückgenommen worden. Diese Rücknahme-Forderung fand sich allerdings nicht im Online-Portal, sondern ist wohl eher der Lobby-Arbeit einer Interessengruppe geschuldet. Die Kommentare im Online-Beteiligungsportal enthielten gegenüber den Kommentaren in der Verbändeanhörung keine Neuigkeiten. Die Kommentare zu den Eckpunkten seien fachlicher und sachlicher gewesen als die Kommentare zum Referentenentwurf. Gleichwohl hält die Ministeriums-Mitarbeiterin das Online-Portal für sinnvoll, da es zur Transparenz von Verwaltungshandeln beitrage – auch wenn das Fachreferat selbst davon nicht unmittelbar profitiere.

3.3.4 Hochschulrechtsänderungsgesetz

Für das Hochschulrechtsänderungsgesetz war das Ministerium für Wissenschaft, Forschung und Kunst zuständig. Es handelt sich nicht um ein neues Gesetz, sondern um grundlegende Änderungen am bestehenden Gesetz. Im Mittelpunkt standen die folgenden Änderungen: a) Stärkung der Verantwortlichkeiten von Rektorat, Hochschulrat und Senat, b) Möglichkeit, fakultätsübergreifende Zentren einzurichten, c) Weiterentwicklung der Juniorprofessur, d) Änderung des Promotionsrechts, e) Erleichterung des Hochschulzugangs.[12]

Die Erste Beratung zum Dritten Hochschulrechtsänderungsgesetz (DS 15/4684) im Landtag von Baden-Württemberg fand am 19. Februar 2014 statt. Nach einer ersten, intensiven und kontroversen Diskussion wurde der Gesetzentwurf in den Ausschuss für Wissenschaft, Forschung und Kunst überwiesen. Die Beschlussempfehlung des Ausschusses (DS 15/4898) war Abstimmungsgrundlage für die Zweite Beratung des Landtags am 27. März 2014. Dort wurde der Gesetzentwurf erneut kontrovers diskutiert. Der Landtag stimmte dem Gesetzentwurf mit den Stimmen der Grünen und der SPD gegen die Stimmen der CDU und der FDP zu (Gesetzesbeschluss DS 15/ 4996). Am 9. April 2014 ist das Gesetz in Kraft getreten.

Vorausgegangen war eine mehrstufige Kombination von Face-to-Face- und Online-Beteiligung. Dabei konnte auch auf Erfahrungen mit der Beteiligung zum Gesetz zur Wiedereinführung der Verfassten Studierendenschaft zurückgegriffen werden. Zu diesem Gesetz fand im ersten Quartal 2012 die erste Online-Beteiligung der Landesregierung statt[13] – allerdings noch nicht auf dem Beteiligungsportal

---

12 http://mwk.baden-wuerttemberg.de/de/hochschulen-studium/landeshochschulgesetz/. Zugegriffen: 1. September 2018.

13 http://mwk.baden-wuerttemberg.de/de/hochschulen-studium/verfasste-studierendenschaft/. Zugegriffen: 1. September 2018.

des Landes (das zu diesem Zeitpunkt noch nicht existierte), sondern auf einer eigens dafür eingerichteten Seite (www.wir-wollen-deinen-kopf.de), die mit einer PR-Kampagne begleitet wurde. Zu diesem Verfahren existiert ein ausführlicher Bericht (Ministerium für Wissenschaft, Forschung und Kunst 2012). Insgesamt gingen 508 Beiträge auf der Web-Seite ein. Darüber hinaus fanden Gespräche mit Studierenden sowie eine Verbändeanhörung statt, deren Ergebnisse in den Gesetzentwurf eingeflossen sind. Aus Sicht des Ministeriums-Mitarbeiters war eine Erfahrung aus dieser Beteiligung, dass es sinnvoll sei, bereits mit einem eigenen Vorschlag in das Beteiligungsverfahren zu gehen, dabei aber die Offenheit zu haben, an dem Vorschlag noch substantiell etwas zu ändern. Grundsätzlich habe sich die Kombination aus Online- und Face-to-Face-Beteiligung bewährt.

Diese Erfahrungen fanden Eingang in die Beteiligung zum sehr umfangreichen Hochschulrechtsänderungsgesetz (siehe Abb. 5). Da es sich um einen Gesetzentwurf mit zahlreichen Unterpunkten handelt, wurde zunächst ein Aspekt herausgegriffen: die Reform des Promotionsverfahrens. Begründet wurde dies mit einer Kombination von Merkmalen: a) Es handelte sich um einen umstrittenen Aspekt. b) Es handelte sich um einen klar abgegrenzten Aspekt. c) Die Betroffenen ließen sich relativ leicht identifizieren. So erarbeitete eine Arbeitsgruppe aus dem Ministerium, Hochschulvertretern und Promovierenden in sechs Sitzungen ein fünf Seiten umfassendes Eckpunktepapier. Dieses Eckpunktepapier konnte vom 10. Juni bis zum 7. Juli 2013 online kommentiert werden. Davon wurde in geringerem Umfang Gebrauch gemacht als beim Gesetz zur Verfassten Studierendenschaft, dafür beurteilte aber der Ministeriums-Mitarbeiter die Qualität der Kommentare als hochwertiger. Zudem wurden fünf Fragen zur Abstimmung gestellt. Die Funktion der Umfrage bestand vor allem darin, die Teilnahme an der Online-Diskussion interessanter zu gestalten. Schließlich fand eine Face-to-Face-Beteiligung statt. Die Verwaltung ist aktiv auf Zielgruppen zugegangen: Beispielsweise wurden organisierte Promovierende sowie Begabtenförderwerke eingeladen, über die Eckpunkte zu diskutieren. Und schließlich fand noch eine Verbändeanhörung statt. Die Ergebnisse dieser Beteiligungsformate flossen in den Referentenentwurf ein.

Der Referentenentwurf zum Hochschulrechtsänderungsgesetz wurde dann komplett auf dem Beteiligungsportal des Landes zur Kommentierung freigegeben. Zwischen dem 27. Oktober und dem 28. November 2013 gingen 57 Kommentare sowie 10.930 Bewertungen ein. Zusätzlich fand eine öffentliche Anhörung statt. Die Ergebnisse flossen in den Entwurf ein, der vom Ministerrat am 4. Februar 2014 verabschiedet und dann als Gesetzentwurf DS 15/4684 in den Landtag eingebracht wurde.

Zusammenfassend lässt sich festhalten: Es handelt sich um einen Regelungsgegenstand, der Konfliktpotential in sich birgt, der jedoch nur einen relativ eng umgrenzten Teil der Bevölkerung betrifft. Auf dem Weg der Gesetzgebung ist ein partizipativer Fußabdruck vorhanden. Bereits das Einbeziehen von Betroffenen in die Erarbeitung des Eckpunktepapiers zum Promotionsverfahren hat die weiteren Beratungen mitgeprägt. Aber auch die Face-to-Face-Beteiligung zum gesamten Referentenentwurf hat Spuren hinterlassen. Die Online-Beteiligung diente hingegen eher dem Herstellen von Transparenz.

3.3.5 Nationalpark Schwarzwald

Für das Gesetz zur Errichtung des Nationalparks Schwarzwald war das Ministerium für Ländlichen Raum und Verbraucherschutz zuständig. Es handelt sich um eines der umstrittensten Gesetze der 15. Legislaturperiode. Nicht nur im Landtag, sondern auch vor Ort gab es zahlreiche Widerstände gegen den Nationalpark. Andererseits machten sich aber auch viele Abgeordnete und Gruppen für dessen Einrichtung stark (vgl. Boger et al. 2012). Und es handelt sich um ein Gesetz, zu dem es eine sehr umfassende und facettenreiche Beteiligung gegeben hat.

Auf einer Fläche von gut 10.000 Hektar wurde der erste Nationalpark Baden-Württembergs eingerichtet. Um folgenden Inhalt ging es:

> „Das Vorhaben hat zum Ziel, eine einzigartige Naturlandschaft zu entwickeln, unsere natürlichen Lebensgrundlagen zu bewahren und einen Schutzraum für seltene Pflanzen und Tiere zu schaffen. Dabei soll der Nationalpark auch als Naturerlebnisraum dienen und somit nicht nur eine Chance für den Naturschutz, sondern auch für die wirtschaftliche und touristische Entwicklung der Region insgesamt sein."[14]

Die Erste Beratung zum Nationalpark-Gesetz (DS 15/4127) im Landtag von Baden-Württemberg fand am 23. Oktober 2013 statt. Nach einer intensiven und sehr kontroversen Diskussion wurde der Gesetzentwurf in den Ausschuss für Ländlichen Raum und Verbraucherschutz überwiesen. Die Beschlussempfehlung des Ausschusses (DS 15/4192) war Grundlage für die Zweite Beratung des Landtags am 28. November 2013. Dort wurde der Gesetzentwurf erneut sehr kontrovers diskutiert. Der Landtag stimmte dem Gesetzentwurf in namentlicher Abstimmung mit 71 gegen 63 Stimmen zu (Gesetzesbeschluss DS 15/4406). Am 1. Januar 2014 ist das Gesetz in Kraft getreten.

Vorausgegangen war eine umfangreiche Beteiligung, in der Face-to-Face-Formate und Online-Formate kombiniert wurden. Die Landesregierung beschreibt die Beteiligung wie folgt:

---

14 https://beteiligungsportal.baden-wuerttemberg.de/de/mitmachen/lp-15/nationalpark-gesetz/. Zugegriffen: 1. September 2018.

„Alle Beteiligten und Interessierten, insbesondere die Bürgerinnen und Bürger vor
Ort und die gesellschaftlichen, wirtschaftlichen und politischen Akteure der Region
konnten ihre Anliegen einbringen. Das Ministerium schrieb unmittelbar zu Beginn des
Prozesses alle 120.000 Haushalte im Suchraum an und informierte die Bürgerinnen
und Bürger über das Vorhaben. Es lud sie zu Info-Veranstaltungen und geführten Wan-
derungen ein, schaltete ein Info-Telefon und forderte sie auf, aktiv mitzudiskutieren.
Gesammelt wurden Fragen, Anregungen und Meinungsäußerungen, Stellungnahmen
zu den (Zwischen-)Ergebnissen aus den Arbeitskreisen – sowohl schriftlich per Post,
als auch im Internet und per E-Mail. Bereits bis Ende September 2011 waren über
2.000 Anregungen und Stellungnahmen eingegangen. Sie flossen in ein Lastenheft
ein, das die im unabhängigen Gutachten zu untersuchenden Aspekte umreißt, und
waren Grundlage für die Beratungen der Regionalen Arbeitskreise. Die Regionalen
Arbeitskreise, an denen auch die Gutachterinnen und Gutachter teilnahmen, tagten
bis Dezember 2012. Die Bevölkerung hatte die Möglichkeit, die einzelnen Protokolle
und Ergebnisse dieser Arbeitskreise nach jeder Sitzung über eine Internet-Plattform
zu kommentieren. Fragen, Anregungen und Meinungsäußerungen der Bürgerinnen
und Bürger wurden regelmäßig in die Beratungen der Arbeitskreise eingebracht. Das
in Auftrag gegebene unabhängige Gutachten wurde am 8. April 2013 in Stuttgart im
Rahmen einer Landespressekonferenz der Öffentlichkeit vorgestellt. Bei weiteren fünf
Veranstaltungen im April 2013 wurde das Gutachten in der Region präsentiert und
mit allen interessierten Bürgerinnen und Bürgern diskutiert. Die Dokumentation
der ersten Veranstaltung am 9. April 2013 in Bad Wildbad finden Sie online sowie
die Rede des Ministerpräsidenten Kretschmann am 17.04. 2013 in Ottenhöfen zur
Präsentation des Gutachtens."[15]

Diese Phase kann analog zur Erstellung eines Eckpunktepapiers betrachtet werden
(siehe Abbildung 5). Sodann wurde die Beteiligung fortgesetzt:

„Auf Grundlage des Gutachtens hat das Ministerium für Ländlichen Raum und
Verbraucherschutz einen konkreten Vorschlag für Kulisse, Verwaltungsstruktur
und Rechtsrahmen des Nationalparks vorgelegt. Daraufhin hatten Kommunen und
Verbände sowie auch alle Bürgerinnen und Bürger wiederum die Möglichkeit, diesen
einzusehen, zu kommentieren und damit die Rahmenbedingungen für den Nationalpark zu beeinflussen. Von dieser Möglichkeit haben die Bürgerinnen und Bürger
auch lebhaft Gebrauch gemacht. Über die Beteiligungsplattform der Landesregierung
brachten sich 168 Bürgerinnen und Bürger mit insgesamt über 430 Kommentaren in
den Prozess um die Ausgestaltung des Nationalparkgesetzes ein. Alle eingegangenen
Äußerungen wurden gesichtet und geprüft, die Anregungen und Vorschläge wurden
berücksichtigt und sind -soweit möglich- in den überarbeiteten Vorschlag für Kulisse
und Nationalparkgesetz eingeflossen." (ebd.).

---

15 https://beteiligungsportal.baden-wuerttemberg.de/fr/informieren/beteiligungsprojekte-
     der-landesregierung/lp-15/nationalpark-nordschwarzwald/. Zugegriffen: 1. September
     2018.

Zum Referentenentwurf wurden aber online nicht nur 461 Kommentare abgegeben, sondern zu ihm gingen auf dem Beteiligungsportal des Landes auch 64.730 Bewertungen ein – so viele, wie zu keinem anderen Gesetzentwurf in der 15. Legislaturperiode. Darunter waren zahlreiche Kommentare, mit denen die Verfasser lediglich ihre Ablehnung des Nationalparks oder ihre Wut auf die Landesregierung zum Ausdruck gebracht haben. Es fanden sich aber auch zahlreiche Kommentare, die teilweise sehr detaillierte und hilfreiche Hinweise auf lokale Besonderheiten bei der Wegeführung oder dem Zuschnitt des Nationalparks geliefert haben. Die Führungen vor Ort sowie andere Face-to-Face-Formate hätten dabei wertvollere Hinweise geliefert als die Online-Formate. Die Verwaltung selbst beschreibt den partizipativen Fußabdruck wie folgt:

> „Die Anhörungsphase sowie der vorgeschaltete Informations- und Beteiligungsprozess seit 2011 haben grundlegend und erfolgreich zur Ausgestaltung des Nationalparkgesetzes beigetragen. So liegen konkrete Ergebnisse des intensiven Austauschs beispielsweise in der paritätischen Mitbestimmung der Region, der Sicherheit angrenzender Wirtschaftswälder durch ein effektives Borkenkäfermanagement und dem Bestandsschutz bestehender Einrichtungen innerhalb der Gebietskulisse. Insgesamt haben sich auf kommunaler Ebene mittels Gemeinderatsbeschlüssen vier von sieben Gemeinden, auf deren Gemarkung Flächen des Nationalparks liegen, für einen Nationalpark Schwarzwald ausgesprochen. Darüber hinaus war von den Stellungnahmen der fünf berührten Stadt- und Landkreise Baden-Baden, Calw, Freudenstadt, Ortenau und Rastatt lediglich die Rückmeldung des Landkreises Freudenstadt ablehnend. Auch die zuständigen Regionalverbände haben mit den positiven Rückmeldungen der Regionalverbände Mittlerer Oberrhein und Südlicher Oberrhein mehrheitlich für die Einrichtung des Großschutzgebiets votiert. Ebenso steht der Naturpark Schwarzwald Mitte/Nord mit breiter Mehrheit hinter dem Nationalpark." (ebd.).

Auch hätten die Kommentare in der Verwaltung zu internen Diskussionen geführt, die den Gesetzentwurf verbessert hätten. Die Verwaltung habe dadurch auch eine größere Sicherheit für ihre Argumente gewonnen – auch im Umgang mit den Gemeinderäten vor Ort. Zahlreiche Ergebnisse der Beteiligung flossen in den überarbeiteten Referentenentwurf ein. Wesentliche Änderungen betreffen unter anderem den Zuschnitt des Nationalparks, das Betretungsrecht sowie die kommunale Mitsprache in Angelegenheiten des Nationalparks. Der Entwurf wurde am 8. Oktober 2013 vom Ministerrat beschlossen und als Gesetzentwurf dem Landtag zugeleitet.

Eine weitere Besonderheit dieses Gesetzes besteht darin, dass es auch die Beteiligung *nach* Einrichtung des Nationalparks regelt:

„Ein zentrales Ergebnis des intensiven Beteiligungsprozesses liegt in der Besetzung des sogenannten Nationalparkrates, der über grundsätzliche Fragen des Nationalparks Schwarzwald berät. Dieses Beteiligungsgremium ist paritätisch mit Vertreterinnen und Vertretern des Landes sowie der Region besetzt und gewährleistet somit ein in dieser Form bundesweit einmaliges Mitbestimmungsrecht der Region. Damit ist sichergestellt, dass die Region auch künftig wesentlich zur Ausgestaltung des Nationalparks Schwarzwald beitragen wird." (ebd.).

Darüber hinaus finden Begehungen mit interessierten Bürgerinnen und Bürgern sowie Bürgerworkshops (etwa zum Wegekonzept) statt. Bürgerbeteiligung findet sich bei diesem Gesetz also nicht nur in der Vorbereitung der parlamentarischen Beratungen, sondern auch zum Verwaltungshandeln nach dem Beschluss des Landtags. Dabei sieht die Ministeriums-Mitarbeiterin bei Fachthemen – wie dem Borkenkäfermanagement – den Schwerpunkt eher bei der Information. Bei allgemein interessierenden Themen – wie dem Wegekonzept – liege der Schwerpunkt der Beteiligung hingegen auf der Konsultation. Zum Wegekonzept habe ein Beteiligungs-Scoping stattgefunden, um zu klären, welche Gruppen zum Dialog eingeladen werden sollten. So wurde u. a. im Nationalparkrat nachgefragt, auch wurden Personen eingeladen, die dem Nationalpark sehr kritisch gegenüberstehen (Vertreter der Mountain-Biker, Wanderer). Ferner wurden interessierte Bürgerinnen und Bürger eingeladen. Zudem existiert – eingebunden in die Homepage des Nationalparks – eine eigene Dialog-Plattform.

Zusammenfassend lässt sich festhalten: Zu keinem anderen Gesetz seit Einführung der Beteiligungsplattform gab es eine so rege Online-Beteiligung wie zum Gesetz zur Einführung des Nationalparks. Und zu keinem anderen Gesetz wurde eine so umfangreiche und kontinuierliche Face-to-Face-Beteiligung durchgeführt. Die Beteiligungsformate haben einen umfangreichen partizipativen Fußabdruck im Gesetz hinterlassen. Eine Besonderheit ist ferner die Fortführung der Beteiligung nach Einrichtung des Nationalparks. Nicht von ungefähr nimmt die Leitung des Nationalparks Schwarzwald für sich in Anspruch, einen „partizipativen Nationalpark" betreiben zu wollen.

3.3.6   Integriertes Energie- und Klimaschutzkonzept

Zwar handelt es sich bei dem Integrierten Energie- und Klimaschutzkonzept (IEKK) nicht um ein Gesetz. Gleichwohl wurde die „Bürger- und Öffentlichkeitsbeteiligung am integrierten Energie- und Klimaschutzkonzept" – kurz: BEKO – in die Analyse aufgenommen. Der Grund: Die BEKO war nicht nur sehr umfangreich, sondern sie verknüpfte zahlreiche Beteiligungsformate auf innovative und bislang einzigartige Art und Weise miteinander.

Für das IEKK war das Umweltministerium zuständig. Das Konzept hatte zum Ziel, Maßnahmen der Landesregierung zum Klimaschutz zu bündeln, aufeinander abzustimmen, gegebenenfalls zu ergänzen und zu priorisieren. Das zuvor vom Landtag beschlossene Klimaschutzgesetz enthält mittel- und langfristige Klimaschutzziele. Baden-Württemberg hat sich darin verpflichtet, „die Treibhausgasemissionen gegenüber dem Basisjahr 1990 bis 2020 um 25 % und bis 2050 um 90 % zu verringern. Die zur Erreichung dieser Ziele erforderlichen Maßnahmen und Strategien habe das Umweltministerium gemeinsam mit anderen betroffenen Ressorts wie Landwirtschaft, Tourismus und Verkehr im Integrierten Energie- und Klimaschutzkonzept (IEKK) entwickelt", so die Beschlussempfehlung und der Bericht des Ausschusses für Umwelt, Klima und Energiewirtschaft (DS 15/5264, S. 1). Das IEKK (DS 15/5186) wurde am 26. Juni 2014 im Landtag von Baden-Württemberg beraten und mehrheitlich verabschiedet.

Vorausgegangen war eine sehr komplexe, frühzeitige und umfangreiche Bürger- und Öffentlichkeitsbeteiligung (BEKO). Zunächst wurde ein Beteiligungs-Scoping durchgeführt, um die zu beteiligenden Gruppen zu identifizieren. Das Ministerium für Umwelt, Klima und Energiewirtschaft hat sich dann entschieden, mehrstufig vorzugehen. Es hat auf knapp 150 Seiten insgesamt 110 IEKK-Maßnahmen auf einem eigens dafür eingerichteten Online-Portal (www.beko.baden-wuerttemberg.de) zur Diskussion gestellt (das Beteiligungsportal der Landesregierung befand sich erst im Aufbau). Sie konnten vom 17. Dezember 2012 bis zum 31. Januar 2013 kommentiert und bewertet werden. Insgesamt sind 6.742 Kommentare und 82.205 Bewertungen eingegangen. Angesichts des nicht besonders konflikthaltigen Themas ist das eine sehr umfangreiche Beteiligung. Der für die BEKO zuständige Ministeriums-Mitarbeiter sieht als Grund dafür einen „sehr klugen Schneeball-Effekt" an, der vom Moderationsbüro in Gang gesetzt worden sei.

Parallel zur Online-Beteiligung gab es aufeinander abgestimmte und miteinander verzahnte Face-to-Face-Beteiligung. Diese bestand im Kern aus drei Runden Tischen mit Bürgern zu den Handlungsfeldern Stromversorgung, Verkehr und Private Haushalte sowie aus sieben Runden Tischen mit Verbandsvertretern zu diesen drei Handlungsfeldern und zu den Handlungsfeldern Industrie, Gewerbe/ Handel/Dienstleistungen, Land- und Forstwirtschaft/Landnutzung und Öffentliche Hand. In jeweils zwei halbtägigen Sitzungen haben diese Runden Tische die ihre Handlungsfelder betreffenden Maßnahmen diskutiert. Die Ergebnisse wurden in gemeinsamen Sitzungen, den sogenannten „Reflexionssitzungen", von Vertretern der Bürger- und der Verbände-Tische gemeinsam diskutiert. Daraus resultierte eine mehr als 300 Seiten umfassende Empfehlung an die Landesregierung.

Die Empfehlungen wurden geprüft und in das IEKK eingearbeitet. Dieses überarbeitete Konzept ging dann noch in die traditionelle Verbändeanhörung. Auch deren Ergebnisse wurden teilweise im Entwurf der Landesregierung berücksichtigt.

Eine Besonderheit dieses Beteiligungsprozesses ist die Auswahl der Bürgerinnen und Bürger. 100 Teilnehmer an den Runden Tischen wurden in einer Zufallsauswahl gewonnen. Weitere Bürger konnten sich über ein Online-Portal für die Teilnahme bewerben. So entstanden „Bürgertische Zufallsbürger" (Querschnitt der Bevölkerung) und „Bürgertische Experten-Bürger" (dort waren Ältere und Männer etwas überrepräsentiert). Der für die BEKO zuständige Ministeriums-Mitarbeiter beschreibt die Teilnehmer als sehr engagiert und kenntnisreich. Die „Experten-Bürger", die sich selbst beworben hatten, waren erwartungsgemäß besser informiert und stärker motiviert als die zufällig ausgewählten „Zufallsbürger". Von allen Tischen seien die „Bürgertische Experten-Bürger" für die Verwaltungsarbeit am ergiebigsten gewesen. Die dort versammelten Bürger seien vor allem an einem Austausch untereinander interessiert gewesen. Da das unmittelbare Gespräch im Face-to-Face-Format einen tatsächlichen Austausch von Gedanken und Meinungen ermögliche, wäre die Teilnahme daran für diese Menschen auch wesentlich attraktiver gewesen als die Teilnahme an Online-Formaten. Dementsprechend gab es an den Bürgertischen auch deutlich weniger „Schmähkritiken" als auf der Online-Plattform. Zudem habe man als Verwaltung kein Wissen darüber, was von den sich online Beteiligenden wirklich verstanden wurde. Über das Informationsniveau der sich Beteiligenden sei deutlich weniger bekannt als über das Informationsniveau der sich an den Tischen beteiligenden Bürger. Auch habe die Verwaltung in der Face-to-Face-Situation ein unmittelbares Feedback geben können, was online nicht möglich sei.

Eine weitere Besonderheit der BEKO sei die Verzahnung der Online- mit der Face-to-Face-Beteiligung gewesen. Die Anmerkungen aus dem Online-Portal seien von den Moderatoren der Bürger- und der Verbände-Tische gesichtet, aufgegriffen und in die Face-to-Face-Formate eingebracht worden. Die Online-Kommentare standen also nicht für sich alleine. Sie seien eine gute funktionale Komponente für die Moderatoren gewesen, die den Einstieg in die Face-to-Face-Diskussionen bereichert habe.

Den Aufwand für die Verwaltung schätzt der Ministeriums-Mitarbeiter als „sehr groß" ein. Unter anderem seien fünf Ressorts an der BEKO beteiligt gewesen; es habe einen enormen internen Abstimmungsaufwand gegeben. Es sei immer wieder ein interner Abgleich von Maßnahmen und Positionen nötig gewesen. Aber: Er ist davon überzeugt, dass dieser Aufwand immer betrieben werden sollte. Das müsse alles gemacht werden – online wie vor allem offline –, „wenn es später politisch Gewicht haben soll". Dann sei kein Schritt entbehrlich. Er hält ein mehrstufiges Verfahren für wünschenswert:

- Schritt 1: Einengung und Verdichtung von Verwaltungs-Vorschlägen durch Bürgerbeteiligung.

- Schritt 2: Dann kann die Verwaltung innerhalb dieses Rahmens arbeiten und Vorschläge vorlegen.
- Schritt 3: Die so von der Verwaltung erarbeiteten Ergebnisse können dann wieder im Rahmen einer Bürgerbeteiligung diskutiert werden.

Der Ministeriums-Mitarbeiter sieht den größten Nutzen der Bürgerbeteiligung für die Verwaltung darin, dass sie Rahmenbedingungen festlegen kann, innerhalb derer die Verwaltung dann weiter arbeitet und Vorschläge erstellt. Innerhalb der Verwaltung habe die BEKO zu „Sicherheit in der Sache" geführt. Denn sie habe interne Reflexionen angestoßen, so dass sich die Verwaltung nach mehrmaligem Nachdenken sicher war, in der Sache richtige Maßnahmen vorzuschlagen. Zudem habe ein Vorgehen wie bei der BEKO auch einen Effekt auf die politische Debatte: „Eine belastbare Beteiligung, ein wasserdichtes Verfahren, führt zu weniger politischen Kontroversen über die Maßnahmen in der Sache." Am Ende habe niemand mehr die Inhalte des Integrierten Energie- und Klimaschutzkonzeptes in Frage gestellt.

Beim direkten Vergleich zwischen Online- und Face-to-Face-Formaten sieht der Ministeriums-Mitarbeiter eindeutige Vorteile der Face-to-Face-Formate. Die Online-Beteiligung sei, wie die traditionelle, schriftliche Verbändeanhörung auch, eher „monologisch" angelegt. In den Face-to-Face-Formaten käme es hingegen zu einem echten Dialog, der auch mal unvorhergesehene Ansichten zu Tage fördere. Vor allem aber würde der direkte Austausch unter den Teilnehmenden Vertrauen und Respekt stärken. Präsenzverfahren seien generell besser als Online-Verfahren. Mitunter seien sie aber auch „riskanter", da sie live stattfinden. Sie erforderten daher eine gute Moderation. Der Ministeriums-Mitarbeiter ist überzeugt: „Online-Verfahren dürfen den Präsenz-Verfahren, wie den Tischen, nicht den Rang ablaufen." Diese Gefahr bestehe, weil Online-Verfahren für die Verwaltung bequemer seien und auch besser zur Arbeitsweise der Verwaltung passen. Man setze ein Online-Verfahren auf, warte die Kommentare ab, bearbeite die Kommentare – das alles ginge vom Schreibtisch aus und sei weniger aufwändig als die Face-to-Face-Formate.

4   Ergebnisse

Im Folgenden geht es zunächst um die Nutzung der näher untersuchten Beteiligungsverfahren und um die Qualität der Ergebnisse der Beteiligung. Sodann folgt der Umgang der Exekutive mit diesen Beteiligungsverfahren. Und schließlich wird die Sicht der Legislative auf partizipative Gesetzgebung in den Blick genommen.

4.1   Teilnahme an Beteiligungsverfahren, Qualität der Kommentare

Wer hat an den Beteiligungsverfahren teilgenommen? Welche quantitativen und qualitativen Ergebnisse haben die partizipativen Verfahren hervorgebracht? Und wie schätzen die Ministeriums-Mitarbeiter/innen die Qualität der Online- und der Face-to-Face-Beteiligung ein?

Wie bereits in Tabelle 1 dargestellt, variiert die Zahl der online abgegebenen Kommentare bei den sechs untersuchten Vorhaben erheblich. Die wenigsten Kommentare gab es beim Psychisch-Kranken-Hilfe-Gesetz: 14 Kommentare finden sich im Beteiligungsportal des Landes. Im Mittelfeld liegen das Hochschulrechtsänderungsgesetz, die Promotionsordnung, das Nachbarrechtsgesetz und das Erneuerbare-Wärme-Gesetz: Hierzu finden sich jeweils 31 bis 74 Kommentare im Online-Portal. Das entspricht in etwa dem Durchschnitt über alle 30 Gesetzesvorhaben in der 15. Legislaturperiode hinweg. Deutlich mehr Online-Kommentare gab es zum Nationalpark Schwarzwald: 461. Mit Abstand die meisten Kommentare hat jedoch die BEKO zu verzeichnen: Zum Integrierten Energie- und Klimaschutzkonzept des Landes Baden-Württemberg gingen auf dessen Beteiligungs-Plattform 6.742 Kommentare und 82.205 Bewertungen ein (vgl. Abb. 6).

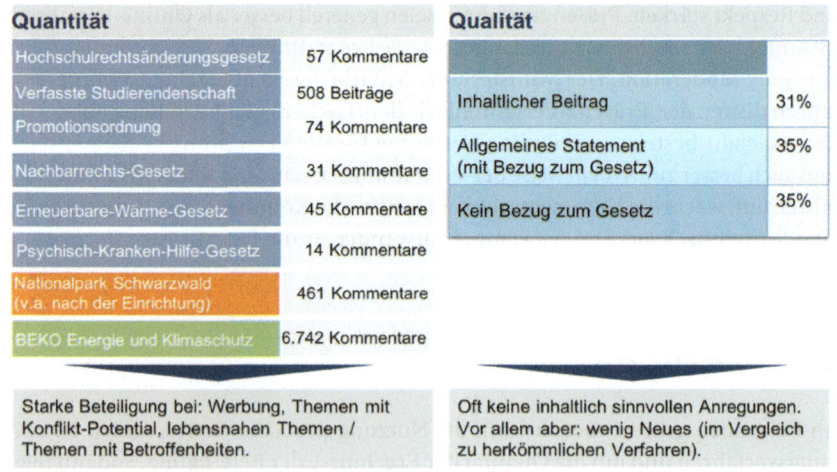

Abb. 6   Online-Beteiligung – Quantität und Qualität

Sofern dies in den Kommentaren erkennbar ist, haben vor allem Bürgerinnen und Bürger die Gesetzesvorhaben kommentiert. Nur sehr selten finden sich Kommentare von Interessenverbänden. Dies ist nicht weiter überraschend, da den Verbänden im Zuge der Verbändeanhörung ohnehin ein Kanal zur Verfügung steht, ihre Sichtweise zum Gesetzesvorhaben darzulegen. Der Umfang der Beteiligung hängt vor allem von drei Faktoren ab:

- von der Werbung, die für das Beteiligungsverfahren gemacht wurde,
- von der potentiellen Konflikthaltigkeit des Themas und
- von der Lebensnähe der Themen bzw. von Themen mit Betroffenheiten.

Dabei lassen sich jedoch aufgrund der Zahl der untersuchten Fälle lediglich Tendenz-Aussagen treffen. Die enorm umfangreiche Beteiligung beim Integrierten Energie- und Klimaschutzkonzept (IEKK) lässt sich auf eine Kombination dieser Faktoren zurückführen. Der Entwurf des IEKK, der die Grundlage für die Beteiligung bildete, enthielt zahlreiche konfliktträchtige Maßnahmen. Und es waren Menschen in verschiedenen Lebenssituationen von den Maßnahmen betroffen – unter anderem Verkehrsteilnehmer, Handel, Produktion, Hauseigentümer, Strom- und Wärmeabnehmer, Verwaltungsmitarbeiter. Vor allem aber wurde die Beteiligung zum IEKK intensiv beworben. Dabei kamen nicht nur die üblichen Kommunikationskanäle zum Einsatz: Webseite, Broschüre, Flyer, Medienarbeit. Im Mittelpunkt stand vielmehr die direkte und persönliche Ansprache von Gruppen, die ein Interesse an dem Thema haben könnten. So wurden beispielsweise Jugend-Gruppen, die sich mit Energie- und Klimaschutzthemen befassen, direkt kontaktiert und aufgefordert, andere Gruppen und Menschen auf die Beteiligungsmöglichkeiten hinzuweisen. Dabei sollte aber klar sein: Die Kommunikation zu dem Beteiligungsverfahren BEKO war außerordentlich intensiv und aufwändig. Nicht immer ist ein solcher Ressourcen-Einsatz möglich. Gelohnt hat er sich aber allemal.

Werbung für das Beteiligungsverfahren wurde auch beim Paket aus Hochschulrechtsänderungsgesetz, Verfasster Studierendenschaft und Promotionsverfahren betrieben. Auch hier gab es eine eigene Webseite, auf der sich Bürgerinnen und Bürger beteiligen konnten. Damit wurden vor allem direkt Betroffene angesprochen: Studierende sowie Mitarbeiterinnen und Mitarbeiter an Hochschulen. Hier war zwar die Bandbreite der Betroffenheiten nicht so groß wie beim Integrierten Energie- und Klimaschutzkonzept, dafür waren die Betroffenheiten intensiver. Und die Regelungen enthielten zudem potentiell konflikthaltige Aspekte.

Ähnliches gilt für die Beteiligung zum Nationalpark Schwarzwald. Vor Ort war das Thema extrem konfliktgeladen. Befürworter und Gegner des Nationalparks standen sich teilweise unversöhnlich gegenüber. Die starke Konflikthaltigkeit führte zu einer umfangreichen Kommentierung. Zudem hat das Ministerium für Ländlichen Raum und Verbraucherschutz mithilfe von Postkarten, Medienarbeit und Vor-Ort-Terminen intensiv auf die Beteiligungsmöglichkeiten hingewiesen.

Keine besonderen Werbemaßnahmen gab es beim Nachbarrechtsgesetz, beim Erneuerbare-Wärme-Gesetz und beim Psychisch-Kranken-Hilfe-Gesetz. Die Zahl der Kommentare hielt sich hier mit 14 bis 45 in Grenzen. Auch der Kreis der potentiell betroffenen Personen ist stärker eingegrenzt als bei den zuvor genannten Gesetzesvorhaben. Zudem standen die Themen weniger im Zentrum öffentlicher Diskussionen. Allerdings ist der Gegenstand aller drei Gesetzesvorhaben potentiell konflikthaltig. Beim Psychisch-Kranken-Hilfe-Gesetz geht es unter anderem um Zwangsmaßnahmen gegenüber Patienten, beim Nachbarrechtsgesetz und beim Erneuerbare-Wärme-Gesetz um Vorschriften für Hauseigentümer.

Allerdings: Die Zahl der Kommentare ist für die Qualität des Online-Beteiligungs-verfahrens unerheblich. Es geht nicht darum, ein repräsentatives Meinungsbild der Bevölkerung zu erhalten. Es geht auch nicht darum, möglichst viele Kommentare zu erhalten. Stattdessen geht es im Hinblick auf die partizipative Gesetzgebung darum, dass die Exekutive für ihre Vorbereitung der parlamentarischen Beratungen sinnvolle inhaltliche Anregungen erhält.

Im Hinblick auf die inhaltliche Qualität noch unerheblicher ist die Zahl der Likes oder Dislikes, die einzelne Kommentare von den Nutzern des Online-Beteiligungs-portals erhalten. Auch sie sind kein repräsentatives Meinungsbild. Ihre Aussagekraft ist daher gering. Gleichwohl wäre das Abschalten der Bewertungs-Funktion nicht sinnvoll. In einem Fall hat das Ministerium für Ländlichen Raum und Verbraucher-schutz die Bewertungs-Funktion deaktiviert. Nutzer des Online-Portals konnten also die Kommentare nicht bewerten. Dies hat dazu geführt, dass zahlreiche Menschen stattdessen die Kommentar-Funktion genutzt haben, um andere Kommentare zu bewerten. Das erhöht zwar die Zahl der Kommentare, nicht aber die inhaltliche Qualität und den Nutzen für die Ministeriums-Mitarbeiter. Im Gegenteil: Die Ministeriums-Mitarbeiter mussten in diesem Fall erheblich mehr Zeit aufwenden, um aus der Vielzahl der Kommentare jene herauszufiltern, die für den Inhalt des Gesetzgebungsverfahrens substantiell relevant waren.

Wichtiger als die Zahl der Kommentare ist ihre inhaltliche Qualität. Dabei geht es zum einen um die Frage, ob sie sich inhaltlich auf den Gegenstand des Gesetzentwurfes beziehen. Zum anderen geht es um die Frage, ob sie den Minis-teriums-Mitarbeitern neue Erkenntnisse liefern, die sie nicht auf anderen Wegen erhalten. Die erste Frage lässt sich mittels einer Inhaltsanalyse untersuchen, die zweite Frage mittels der Befragung der Ministeriums-Mitarbeiter.

Die Ergebnisse der Inhaltsanalyse decken sich mit den Ergebnissen einer Un-tersuchung von Masser et al. (2015) sowie der umfangreichen Analyse von Rackow (in diesem Band). Masser et al. (2015) haben die Kommentare in drei Kategorien eingeteilt:

- Kommentare, die einen konkreten inhaltlichen Beitrag zum Regelungsgegenstand liefern.
- Kommentare, die ein allgemeines Statement mit Bezug zum Regelungsgegenstand darstellen, sich aber nicht konkret auf den Inhalt beziehen.
- Kommentare, die keinen Bezug zum Regelungsgegenstand aufweisen.

Jede Kategorie ist mit etwa einem Drittel aller Online-Kommentare vertreten (siehe Abb. 6). Mit anderen Worten: Nur ein Drittel der Online-Kommentare liefert den Ministeriums-Mitarbeitern inhaltliche Ansatzpunkte, das Eckpunktepapier oder den Gesetzentwurf substantiell in konkreten Punkten zu hinterfragen und gegebenenfalls anzupassen. Allerdings variieren die Anteile der drei Kategorien je nach Gesetzesvorhaben.

Dies bestätigen auch die befragten Ministeriums-Mitarbeiter, die für die sechs untersuchten Gesetzgebungsverfahren verantwortlich waren. Alles in allem seien die Kommentare im Online-Beteiligungsportal zwar eher in einem konstruktiven Ton verfasst, eher sachlich, eher brauchbar, interessant sowie hilfreich und verständlich. Aber meist seien sie vorhersehbar gewesen. Und oft handele es sich um pauschale Aussagen, statt um konkrete Aussagen (siehe Abb. 7).

Dementsprechend vertreten die Ministeriums-Mitarbeiter auch eher die Auffassung, die Online-Kommentare enthielten keine oder nur selten neue Aspekte im Vergleich zu Kommentaren, die die Mitarbeiter auf konventionellen Wegen erreichen – etwa im Rahmen der Verbändeanhörung. Unklar bleibt, ob sich im Online-Beteiligungsverfahren Menschen geäußert haben, die sonst nicht zu Wort kommen (siehe Abb. 8). Dabei treten jedoch zwischen den einzelnen Gesetzesvorhaben deutliche Unterschiede auf: Während die Beteiligung beim Erneuerbare-Wärme-Gesetz kaum neue Aspekte in die Debatte eingebracht hat, waren es beim Integrierten Energie- und Klimaschutzkonzept einige neue Aspekte. Und während sich beim Nachbarrechtsgesetz kaum Menschen online geäußert haben, die sonst nicht zu Wort kommen, waren es beim Psychisch-Kranken-Hilfe-Gesetz und beim Hochschulrechtsänderungsgesetz zahlreiche Menschen, die sonst nicht zu Wort kommen.

Fragewortlaut: „Wenn Sie einmal an die Online-Kommentare im Beteiligungsportal zum [Name der Regelung] denken: Wie fanden Sie die Online-Kommentare alles in allem?"

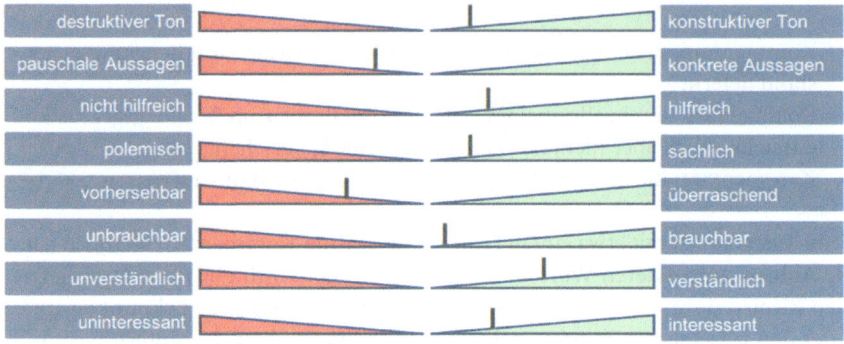

Abb. 7   Beurteilung der Online-Kommentare durch Mitarbeiter/innen der federführenden Ministerien

Basis: Mittelwert der Antworten der sechs befragten Ministeriums-Mitarbeiter/innen, die mit den hier untersuchten Gesetzgebungsverfahren betraut waren.

Fragewortlaut: „Enthielten die Online-Kommentare im Beteiligungsportal auch neue Aspekte – im Vergleich zu Kommentaren, die Sie auf herkömmlichen Wegen (etwa Verbändeanhörung) erreicht haben?"

Fragewortlaut: „Hatten Sie den Eindruck, dass Menschen die Vorlage kommentiert haben, die sonst nicht zu Wort kommen?"

Abb. 8   Beurteilung der Online-Kommentare durch Mitarbeiter/innen der federführenden Ministerien

Basis: Mittelwert der Antworten der sechs befragten Ministeriums-Mitarbeiter/innen, die mit den hier untersuchten Gesetzgebungsverfahren betraut waren.

Ein sehr vielfältiges Bild ergeben die Aussagen der befragten Ministeriums-Mitarbeiter zur Face-to-Face-Beteiligung, die zusätzlich zur klassischen Verbändeanhörung durchgeführt wurde. Dabei wurde eine breite Palette von Beteiligungs-Formaten eingesetzt, um frühzeitig die Gruppen der Betroffenen, Zufallsbürger und/oder Verbände in die exekutive Vorbereitung der Gesetzesvorlage einzubeziehen (siehe Abb. 9).

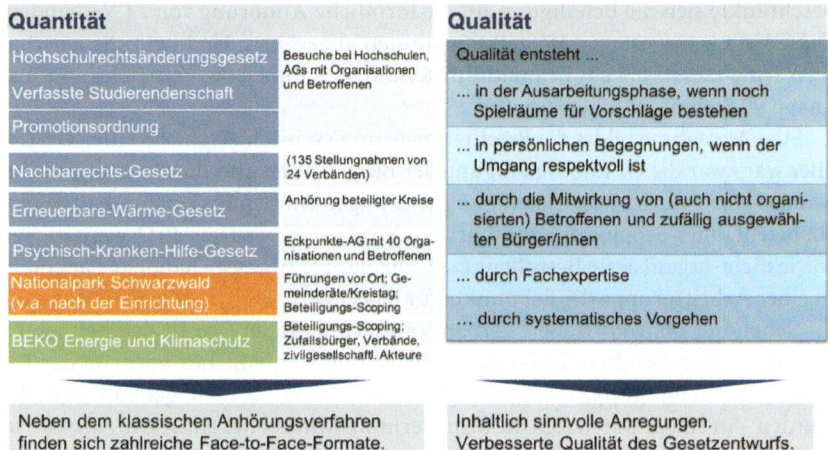

Abb. 9   Face-to-Face-Beteiligung – Quantität und Qualität

Basis: Antworten der sechs befragten Ministeriums-Mitarbeiter/innen, die mit den hier untersuchten Gesetzgebungsverfahren betraut waren.

Besonders umfangreich war die Face-to-Face-Beteiligung erneut bei der BEKO zum Integrierten Energie- und Klimaschutzkonzept (IEKK). Hier wurde zunächst ein *Beteiligungs-Scoping* durchgeführt, um die zu beteiligenden Gruppen zu iden-tifizieren. Ebenfalls sehr umfangreich war die Face-to-Face-Beteiligung beim Na-tionalpark Schwarzwald. Auch dort fand ein Beteiligungs-Scoping statt – sowohl zum Gesetz zur Einrichtung des Nationalparks, als auch nach der Einrichtung zur kontinuierlichen Beteiligung bei den konkreten Maßnahmen (Wege-Konzept, Borkenkäfer-Management etc.). Zudem gab es zahlreiche Informations- und Dis-kussionsveranstaltungen vor Ort, Führungen vor Ort sowie eine intensive Betei-ligung der Gemeinderäte und der Kreistagsmitglieder. Ein Beteiligungs-Scoping hat auch bei den Hochschul-Regelungen stattgefunden. Der Schwerpunkt der Face-to-Face-Beteiligung lag auf Besuchen an den Hochschulen sowie auf Ar-beitsgruppen, in denen Hochschulorganisation und Betroffene (z. B. Studierende) zusammengearbeitet haben.

Damit weisen die drei Gesetzesvorhaben, bei denen bereits die Online-Beteiligung am intensivsten ausgefallen war, auch intensive Face-to-Face-Beteiligung auf. Zwei der drei Gesetzesvorhaben, bei denen es keine intensive Online-Beteiligung gab, wiesen auch keine intensive Face-to-Face-Beteiligung auf: die Verfahren zum Nach-barrechtsgesetz und zum Erneuerbare-Wärme-Gesetz. Beim Nachbarrechtsgesetz beschränkte sich die Beteiligung auf die förmliche Anhörung von 24 Verbänden. Diese hatten insgesamt 135 Stellungnahmen abgegeben. Und beim Erneuerbare-Wärme-Gesetz hat das Umweltministerium im Rahmen der Verbändeanhörung knapp 90 Stellungnahmen erhalten. Eine Ausnahme bildet die Beteiligung beim Psychisch-Kranken-Hilfe-Gesetz. Hier war zwar die Online-Beteiligung der Bürgerinnen und Bürger gering, dafür war aber die Face-to-Face-Beteiligung sehr ungewöhnlich und intensiv. Es wurde ein Beteiligungs-Scoping durchgeführt. Als Ergebnis erarbeiteten 40 Organisationen sowie nicht-organisierte Betroffene (z. B. ehemalige, zwangsbehandelte Patienten) in einer Arbeitsgruppe die Eckpunkte für das Gesetz.

Neben der obligatorischen Verbändeanhörung findet sich in den betrachten Gesetzgebungsverfahren also eine Vielzahl unterschiedlicher Formate der Face-to-Face-Beteiligung. Unabhängig davon, welche Formate genau eingesetzt wurden – in einem waren sich die Ministeriums-Mitarbeiter einig: *Die Face-to-Face-Formate haben inhaltlich sinnvolle Anregungen hervorgebracht und die Qualität der Eckpunkte bzw. der Gesetzentwürfe verbessert.* Dies gilt vor allem dann, wenn die Face-to-Face-Beteiligung in einem frühen Stadium stattgefunden hat, also in der Ausarbeitungsphase. Dann hätten noch Spielräume für Vorschläge aus dem Teilnehmerkreis bestanden. Auch wären dann die unterschiedlichen Positionen noch nicht zementiert gewesen. Bei allen Beteiligten wäre eine größere Offenheit für Vorschläge anderer vorhanden gewesen.

In den Face-to-Face-Beteiligungen sei auch die Qualität der Beiträge größer als in den meisten Online-Kommentaren. Face-to-Face seien konkrete und auf eine Problemlösung hin orientierte Beiträge sehr viel häufiger, fachfremde und unsachliche Beiträge hingegen deutlich seltener als im Online-Verfahren. Wenn Bürgerinnen und Bürger sowie Verbände also frühzeitig gefragt werden, Entwürfe noch nicht festgezurrt sind und Positionen noch nicht festgelegt sind, entsteht ein Mehrwert in Form neuer Ideen und konstruktiver Beiträge. Dies liege auch daran, dass in der persönlichen Begegnung der Umgang miteinander deutlich respektvoller sei als in Online-Verfahren. Dabei habe sich das Einbeziehen nicht-organisierter Betroffener sowie von Zufallsbürgern bewährt. Fachexpertise, persönliche Erfahrungen und der „gesunde Menschenverstand" von Zufallsbürgern hätten hier gut zusammengewirkt. Voraussetzung sei allerdings, dass man bei den Face-to-Face-Formaten systematisch vorgehe. Besonders hervorgehoben wird hier ein Beteiligungs-Scoping zu Beginn, bei dem auch überlegt wird, wer alles einzubeziehen sein.

4.2 Die Sicht der Exekutive auf Beteiligungsverfahren

Die Online-Beteiligung hat also nur sehr selten Anregungen geliefert, die über die Anregungen aus den Face-to-Face-Verfahren oder den Verbändeanhörungen hinausgegangen sind. In den Face-to-Face-Verfahren hat sich das frühzeitige Konsultieren von nicht-organisierten Betroffenen, von Experten und von Zufallsbürgern bewährt. Diese Personen sind in ihrer Meinung oft noch nicht festgelegt, sie sind offener für neue Argumente und können die Diskussion dadurch bereichern.

Daran schließen sich einige Fragen an: Wie sind die Ministeriums-Mitarbeiter, die die hier untersuchten Gesetzgebungsverfahren fachlich betreut haben, mit den Ergebnissen umgegangen? Ist ein partizipativer Fußabdruck bis zum Gesetzentwurf erkennbar? Und wie bewerten die Ministeriums-Mitarbeiter generell Online-Verfahren im Vergleich zu Face-to-Face-Verfahren?

Antworten auf diese Fragen liefern die Befragungen der Ministeriums-Mitarbeiter. Sie hatten die Online-*Kommentare* bereits ambivalent bewertet: Einerseits empfanden sie die Kommentare als vorhersehbar und als pauschal, andererseits aber auch als hilfreich, konstruktiv und interessant. Im Folgenden geht es darum, wie sie das Online-*Verfahren* bewerten und wie sie mit den Ergebnissen aus dem Online-Verfahren umgegangen sind.

Zunächst einmal mussten die Ministeriums-Mitarbeiter die Kommentare aus dem jeweiligen Online-Verfahren sichten. Den Aufwand dafür bezeichnen sie im Schnitt als vertretbar – er wird weder als besonders aufwändig, noch als unaufwändig wahrgenommen (siehe Abb. 10). Selbstverständlich hängt dies in erster Linie von der Zahl der Kommentare ab. Je mehr Kommentare online abgegeben wurden, desto aufwändiger wurde auch die Sichtung empfunden. Besonders aufwändig war sie beim Integrierten Energie- und Klimaschutzkonzept sowie beim Nationalpark Schwarzwald. Relativ unaufwändig war sie beim Nachbarrechtsgesetz und beim Psychisch-Kranken-Hilfe-Gesetz. Beim Psychisch-Kranken-Hilfe-Gesetz schätzt das Ministerium den Aufwand für die Vorbereitungsphase der Online-Kommentierung auf 8,5 Stunden, für die Kommentierungsphase auf eine Stunde und für die Nachbereitungsphase auf zehn Stunden (insgesamt also: 19,5 Stunden für die Online-Beteiligung). Zum Vergleich: Beim Erneuerbare-Wärme-Gesetz schätzt das Ministerium den Aufwand für die Vorbereitungsphase auf 14,25 Stunden, für die Kommentierungsphase auf vier Stunden und für die Nachbereitungsphase auf 15,85 Stunden (insgesamt also 34,1 Stunden für die Online-Beteiligung; die Zeiteinschätzungen stammen aus der Studie von Masser et al. 2015, S. 32ff.).

Fragewortlaut: „Nun geht es darum, wie innerhalb der Verwaltung mit den Kommentaren umgegangen wurde. Wie aufwändig war es, die Kommentare zu *sichten*?"

Abb. 10 Umgang mit den Online-Kommentaren in den federführenden Ministerien

Basis: Mittelwert der Antworten der sechs befragten Ministeriums-Mitarbeiter/innen, die mit den hier untersuchten Gesetzgebungsverfahren betraut waren.

Erneut vertreten die Ministeriums-Mitarbeiter die Auffassung, dass das On-line-Verfahren alleine mal sinnvolle, mal weniger sinnvolle Anregungen geliefert hat. Dementsprechend haben sie nicht viele, aber doch einige der Vorschläge, die in den Online-Kommentaren enthalten waren, in den Gesetzentwurf eingearbeitet. Der Aufwand dafür wird als relativ gering eingeschätzt. Das Gleiche gilt für den Aufwand des Verfahrens insgesamt: Er wird als gerechtfertigt angesehen (siehe Abb. 11). Auch bei diesen Aussagen variieren die Einschätzungen je nach Gesetz-gebungsverfahren. Beim Nachbarrechtsgesetz und beim Integrierten Energie- und Klimaschutzkonzept wurden beispielsweise viele Online-Kommentare eingearbeitet. Beim Psychisch-Kranken-Hilfe-Gesetz waren es eher wenige Online-Kommentare, da die Hauptbeteiligung bereits vorher Face-to-Face stattgefunden hatte.

Fragewortlaut: „‚Das Online-Verfahren hat inhaltlich sinnvolle Anregungen geliefert.' Inwieweit stimmen Sie dieser Aussage zu?"

Fragewortlaut: „Wurden einige der Kommentare in die Vorlage eingearbeitet, oder haben die Kommentare an der Vorlage nichts geändert?"

Fragewortlaut: „Gegebenenfalls: Wie aufwändig war es, die Kommentare in die Vorlage *einzuarbeiten*?"

Fragewortlaut: „‚Der Aufwand für das Online-Verfahren war gerechtfertigt.' Inwieweit stimmen Sie dieser Aussage zu?"

Abb. 11 Bewertung des Online-Verfahrens und Umgang mit den Online-Kommentaren in den federführenden Ministerien

Basis: Mittelwert der Antworten der sechs befragten Ministeriums-Mitarbeiter/innen, die mit den hier untersuchten Gesetzgebungsverfahren betraut waren.

Dass der Aufwand für das Online-Verfahren insgesamt als gerechtfertigt angesehen wird, obwohl es in der Regel inhaltlich keine weitreichenden Erkenntnisse gebracht hat, scheint zunächst paradox. Das gilt auch, wenn man sieht, dass das Online-Verfahren über alle untersuchten Gesetzesvorhaben hinweg nur relativ selten zu einer Verbesserung der ursprünglichen Verwaltungsvorlage geführt hat (siehe Abb. 12). Aber auch hier gibt es wieder Unterschiede: Beim Psychisch-Kranken-Hilfe-Gesetz und beim Integrierten Energie- und Klimaschutzkonzept sehen die Mitarbeiter aus den Ministerien deutliche Verbesserungen durch die Online-Kommentare, beim Erneuerbare-Wärme-Gesetz eher nicht.

Fragewortlaut: „‚Die Anregungen haben zu einer Verbesserung der ursprünglichen Verwaltungsvorlage geführt.' Inwieweit stimmen Sie dieser Aussage zu?"

Abb. 12 Verbesserung der Verwaltungsvorlage durch das Online-Verfahren

Basis: Mittelwert der Antworten der sechs befragten Ministeriums-Mitarbeiter/innen, die mit den hier untersuchten Gesetzgebungsverfahren betraut waren.

Dass die Ministeriums-Mitarbeiter den Aufwand für das Online-Verfahren dennoch als gerechtfertigt ansehen, hängt mit drei anderen Aspekten zusammen. Sie lassen sich mit folgenden Begriffen umschreiben: Transparenz, Bürgernähe und Sicherheit.

Transparenz stellen die Ministeriums-Mitarbeiter her, indem sie veröffentlichen, wie sie mit den Online-Kommentaren umgegangen sind. Dazu dient eine Sammelstellungnahme, die Bestandteil der Drucksache zum Gesetzentwurf ist. Darin wird beschrieben, welche Online-Kommentare abgegeben wurden, auf welche Aspekte des Gesetzesvorhabens sie sich beziehen und wie mit ihnen umgegangen wurde. So wird auch für die Beratungen im Landtag deutlich gemacht, welche Veränderungen gegebenenfalls auf Online-Kommentaren beruhen. Die Kurzzusammenfassungen sind mithin auch eine Dienstleistung der Exekutive für die Legislative (siehe Abb. 13).

Allerdings erhält nicht jeder Kommentator eine individuelle Antwort. Der Aufwand dafür wird als zu groß eingeschätzt. Denkbar wäre jedoch, die Kommentatoren durch eine automatisierte E-Mail auf die Sammelstellungnahme des Ministeriums hinzuweisen, sobald diese im Online-Beteiligungsportal hochgeladen wurde. Wie wichtig Transparenz im Umgang mit den Kommentaren der Bürgerinnen und Bürger ist, wird tendenziell noch unterschätzt. So sehen auch Haug und Schmid (2014, S. 285) in diesem Punkt noch Optimierungspotenziale:

„Eine frühe Einbeziehung der Bürger kann zu einer besseren Akzeptanz der Verwaltungs- oder Regierungsentscheidung führen und ist daher als Fortschritt anzusehen, insbesondere in der zunehmenden Nutzung der Kommunikationsmöglichkeiten des interaktiven Internets. Wichtig ist dabei aber neben einer eingängigen Übersichtlichkeit der Projektdarstellungen, dass die beteiligungsbereiten Bürger eine Möglichkeit haben, zu erkennen, welche ihrer Anregungen von wem in welcher Art und Weise aufgegriffen und weiterverarbeitet worden sind… Insofern könnte die Beteiligungsplattform noch Optimierungspotenziale enthalten."

Fragewortlaut: „Wir haben veröffentlicht, wie wir mit den Kommentaren umgegangen sind.' Inwieweit stimmen Sie dieser Aussage zu?"

Fragewortlaut: „Wir haben für die Beratungen im Landtag deutlich gemacht, welche Veränderungen auf Online-Kommentaren beruhen.' Inwieweit stimmen Sie dieser Aussage zu?"

Abb. 13 Transparenz durch Online-Verfahren

Basis: Mittelwert der Antworten der sechs befragten Ministeriums-Mitarbeiter/innen, die mit den hier untersuchten Gesetzgebungsverfahren betraut waren.

Bürgernähe: Die Ministeriums-Mitarbeiter sind überzeugt davon, dass das Online-Verfahren ein bürgernahes Verwaltungshandeln ermöglicht (siehe Abb. 14). Dafür sehen sie zwei Gründe. Erstens führten die Vorbereitungen auf das Online-Verfahren dazu, den im Gesetz zu regelnden Gegenstand bewusster durch die Brille der Bürgerinnen und Bürger wahrzunehmen. Dieser Effekt beruht auf der Notwendigkeit, dass der Inhalt eines Eckpunktepapiers oder eines Gesetzentwurfes für das Online-Beteiligungsportal in einer bürgerfreundlichen Kurzfassung beschrieben werden muss. Dies zwinge dazu, die Experten-Sprache, die sonst das Gesetzgebungsverfahren dominiere, in eine Laien-Sprache zu übersetzen. Zweitens: Die Verpflichtung, in einer Kurzfassung darzulegen, welche Anregungen aus den Beteiligungsverfahren kamen und wie mit ihnen umgegangen wurde, schafft Transparenz. Sie motiviert die Mitarbeiter/innen der federführenden Ministerien, ihre Entscheidungen zu begründen und Vorhaben für Laien verständlich darzustellen.

Fragewortlaut: „‚Das Online-Verfahren ermöglicht ein bürgernahes Verwaltungshandeln.‘ Inwieweit stimmen Sie dieser Aussage zu?"

Abb. 14   Bürgernähe durch Online-Verfahren

Basis: Mittelwert der Antworten der sechs befragten Ministeriums-Mitarbeiter/innen, die mit den hier untersuchten Gesetzgebungsverfahren betraut waren.

Sicherheit: Die Ministeriums-Mitarbeiter erwähnen einen weiteren interessanten Effekt der Online-Verfahren. Das Online-Verfahren gäbe ihnen im Schnitt etwas mehr Sicherheit im Hinblick auf ihre weitere Arbeit (siehe Abb. 15). Sie betrachten das Online-Verfahren als „Frühwarnsystem". Würde sich online heftiger Widerstand gegen einen bestimmten Aspekt des Gesetzentwurfs regen, wäre dies ein Hinweis auf mögliche spätere Konflikte in der parlamentarischen Beratung. So könne man gegebenenfalls frühzeitig den konflikthaltigen Punkt im Vorfeld der parlamentarischen Beratung auf seine Stichhaltigkeit hin sachlich überprüfen. Damit fühle man sich dann auch sicherer, im Gesetzentwurf die potentiell konflikthaltigen Punkte sachlich angemessen vorbereitet zu haben.

Fragewortlaut: „‚Das Online-Verfahren gibt uns in der Verwaltung mehr Sicherheit.‘ Inwieweit stimmen Sie dieser Aussage zu?"

Abb. 15   Sicherheit durch Online-Verfahren

Basis: Mittelwert der Antworten der sechs befragten Ministeriums-Mitarbeiter/innen, die mit den hier untersuchten Gesetzgebungsverfahren betraut waren.

Damit ergeben sich im direkten Vergleich von Online-Verfahren und von Face-to-Face-Verfahren jeweils spezifische Profile (siehe Abb. 16).

Online-Beteiligung	Face-to-Face-Beteiligung

• Wird vor allem im Hinblick auf die Transparenz des exekutiven und legislativen Handelns positiv bewertet.
• Schafft einen Kommunikationskanal für die Öffentlichkeit.
• Indirekter Effekt: Mitarbeiter/innen der Ministerien sehen das Thema *bewusster* durch die Brille der Bürgerinnen und Bürger.
	• Wird im Hinblick auf die konkrete Gestaltung eines Eckpunkte-Papiers oder eines Gesetzentwurfes als hilfreicher angesehen. Die Vorteile sind:
	  - neue Ideen, konstruktive und sachlichere Beiträge
	  - direkter Austausch
	  - Aufbau von Vertrauen

Hauptfunktion: Transparenz	**Hauptfunktion:** Anregungen für einen gut vorbereiteten Entwurf der Exekutive für die Legislative

Abb. 16 Online-Beteiligung und Face-to-Face-Beteiligung im Vergleich

Basis: Antworten der sechs befragten Ministeriums-Mitarbeiter/innen, die mit den hier untersuchten Gesetzgebungsverfahren betraut waren.

Die *Online-Beteiligung* über das Beteiligungsportal des Landes liefert zwar weder repräsentative Hinweise auf Politik-Präferenzen der Bürgerinnen und Bürger, noch führt sie grundsätzlich zu zahlreichen substantiellen Hinweisen auf Verbesserungsmöglichkeiten für Eckpunktepapiere oder Gesetzentwürfe. Dennoch ist das Beteiligungsportal im Hinblick auf drei Leistungen von Bedeutung:

1. *Transparenz:* Am wichtigsten ist das Beteiligungsportal für die Herstellung von Transparenz des exekutiven und des legislativen Handelns. Bürgerinnen und Bürger können den Gang der Gesetzgebung verfolgen – von den ersten Überlegungen in Eckpunktepapieren, über den Referentenentwurf, bis hin zum Gesetzentwurf, der in den Landtag eingebracht wird. Und Ministeriums-Mitarbeiter würden sich Mühe geben, sachlich komplexe Sachverhalte auch für Laien verständlich zu beschreiben. Zudem trage die Stellungnahme des Ministeriums zu den online eingegangenen Kommentaren zu Transparenz bei.
2. *Kommunikationskanal:* Auch wenn nicht immer viele Menschen das Online-Beteiligungsportal nutzen, um ein Eckpunktepapier oder einen Referentenentwurf zu kommentieren, so bietet das Online-Portal doch grundsätzlich einen zusätzlichen Kommunikationskanal, der *allen* Bürgerinnen und Bürgern offensteht. Es handelt sich also um ein Kommunikationsangebot der Landesregierung an diejenigen Menschen, die ihre Sichtweisen nicht über andere Kommunikationskanäle – etwa durch die Mitarbeit in Parteien – einbringen könnten.

3. *Bewussteres Wahrnehmen der Bürger-Perspektiven:* Ein wichtiger indirekter Effekt des Online-Beteiligungsportals wird darin gesehen, dass die Ministeriums-Mitarbeiter die Sachverhalte, mit denen sie sich aus fachlicher Perspektive beschäftigen, bewusster durch die Brille der Bürgerinnen und Bürger wahrnehmen.

Die Hauptfunktion des Online-Beteiligungsportals wird aber eindeutig in der *Herstellung von Transparenz* gesehen. Im Gegensatz dazu wird die Hauptfunktion der Face-to-Face-Beteiligung darin gesehen, wichtige *Anregungen für einen gut vorbereiteten Entwurf der Exekutive für die Legislative* zu liefern.

Die *Face-to-Face-Beteiligung* erfolgt mittels verschiedener Formate. Sie werden im Hinblick auf die konkrete Gestaltung eines Eckpunktepapiers oder gar eines Gesetzentwurfes als hilfreicher angesehen. Als Vorteile der Face-to-Face-Beteiligung nennen die Ministeriums-Mitarbeiter vor allem folgende Punkte:

1. *Substanz der Beiträge aus der Bürgerschaft:* Face-to-Face-Beteiligung liefert nach Ansicht der befragten Ministeriums-Mitarbeiter substantiellere und sachlichere Beiträge. Sie würde häufiger neue Ideen und konstruktive Vorschläge hervorbringen als die Online-Beteiligung. Dies läge auch an der Atmosphäre, die in Face-to-Face-Verfahren herrsche. Dort könnten die Beteiligten im unmittelbaren Gespräch Argumente austauschen.
2. *Direkter Austausch:* Der direkte Austausch in Face-to-Face-Verfahren sei geeignet, sachliche Fragen schneller und unmissverständlicher zu klären als in Online-Verfahren. Auch könnte auf Einwände unmittelbar eingegangen werden. Entscheidungsrelevante Punkte könnten besser erläutert werden. Generell wäre der direkte Austausch in der Regel auch respektvoller, da man sich gegenübersitze und „in die Augen" schaue. Die anderen am Prozess beteiligten Personen würden als „Menschen" wahrgenommen, und nicht in erster Linie als „Gegner".
3. *Aufbau von Vertrauen:* Durch das direkte Gespräch, durch das Argumentieren in Rede und Gegenrede entstünde auch nach und nach Vertrauen unter den beteiligten Akteuren. Man merke, dass der andere nichts „Böses" im Schilde führe. Selbst wenn man nach der Diskussion unterschiedlicher Meinung bleibe, entstünde doch ein Verständnis für die Position der anderen Beteiligten. Dieses Verständnis und das Vertrauen seien eine wichtige Basis nicht nur für die Diskussion über das aktuelle Gesetzesvorhaben, sondern auch für künftige Diskussionen.

Sowohl für die Online-Beteiligung im Beteiligungsportal als auch für die Face-to-Face-Beteiligung gelte: Die Qualität der Kommentare und des Verfahrens hänge vom Zeitpunkt und vom Spielraum ab. Wenn es um Fragen oder Eckpunkte geht, gibt es gute Ideen und Anregungen der Bürgerinnen und Bürger, die der Exekutive ihre vorbereitende Arbeit erleichtern. Durch die Resonanz der Bürger erhält die Verwaltung Hinweise, auf welche Lösungswege sie sich im weiteren Verlauf konzentrieren kann. Die Mitarbeiter/innen der federführenden Ministerien geben an, dass die Beteiligungsverfahren ihnen dann eine größere Sicherheit im Hinblick auf ihr Handeln geben. Kommentare zu den Referentenentwürfen waren weniger ergiebig.

Offen bleibt noch die Frage nach den Auswirkungen der Beteiligungsverfahren auf die Zustimmung der Betroffenen, auf die Zustimmung im Landtag und auf die Dauer des Gesetzgebungsverfahrens. Auch dazu wurden die Ministeriums-Mitarbeiter um ihre Einschätzung gebeten.

Eine eindeutige Einschätzung, ob das Online-Verfahren dazu geführt hat, dass das beschlossene Gesetz bei den Betroffenen auf breitere Zustimmung gestoßen ist, trauen sich die Befragten nicht zu. Tendenziell haben sie aber diesen Eindruck (siehe Abb. 17). Klarer fällt die Einschätzung im Hinblick auf den Landtag aus: Demnach hat das Online-Verfahren eher dazu geführt, dass die Vorlage im Landtag auf breitere Zustimmung gestoßen ist.

In beiden Fällen weisen die Ministeriums-Mitarbeiter jedoch darauf hin, dass dies in größerem Umfang vor allem für die Face-to-Face-Verfahren gilt. So habe unter anderem die umfassende und sehr frühzeitige Face-to-Face-Beteiligung bei der Erstellung des Eckpunktepapiers zum Psychisch-Kranken-Hilfe-Gesetz dazu geführt, dass ein potentiell konflikthaltiges Thema nicht nur inhaltlich gut bearbeitet wurde, bevor es in den Landtag kam. Sondern der Landtag hat den Gesetzentwurf dann auch einstimmig beschlossen. Ob dies auch ohne die frühzeitige Face-to-Face-Beteiligung der Fall gewesen wäre, darf bezweifelt werden.

Fragewortlaut: „‚Das Online-Verfahren hat dazu geführt, dass das beschlossene Gesetz bei den Betroffenen auf breitere Zustimmung gestoßen ist.' Inwieweit stimmen Sie dieser Aussage zu?"

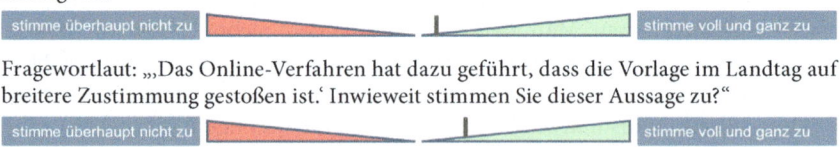

Fragewortlaut: „‚Das Online-Verfahren hat dazu geführt, dass die Vorlage im Landtag auf breitere Zustimmung gestoßen ist.' Inwieweit stimmen Sie dieser Aussage zu?"

Abb. 17 Auswirkung der Online-Verfahren auf die Zustimmung der Betroffenen und des Landtags

Basis: Mittelwert der Antworten der sechs befragten Ministeriums-Mitarbeiter/innen, die mit den hier untersuchten Gesetzgebungsverfahren betraut waren.

Im Zusammenhang mit Beteiligungsverfahren bei Bau- und Infrastrukturprojekten ist immer wieder der (nicht belegte) Vorwurf zu hören, die Verfahren würden die Planung erheblich verzögern und so zu einer verspäteten Baufertigstellung beitragen. Bezogen auf die partizipative Gesetzgebung haben die unmittelbar Beteiligten eine klare Meinung: Die befragten Ministeriums-Mitarbeiter bestreiten, dass die Online-Beteiligung die Gesetzgebung zeitlich verlängert (siehe Abb. 18). Und auch die Face-to-Face-Beteiligung führe nicht zu Verzögerungen. Im Gegenteil: Durch eine frühzeitige Beteiligung könnten etwaige Probleme aus dem Weg geräumt werden, die zu einem späteren Zeitpunkt ohne Beteiligung tatsächlich zu Verzögerungen geführt hätten.

Fragewortlaut: „‚Das Online-Verfahren hat die Gesetzgebung zeitlich verlängert.‘ Inwieweit stimmen Sie dieser Aussage zu?"

Abb. 18 Keine Verzögerung der Gesetzgebung durch Online-Verfahren

Basis: Mittelwert der Antworten der sechs befragten Ministeriums-Mitarbeiter/innen, die mit den hier untersuchten Gesetzgebungsverfahren betraut waren.

Welchen Niederschlag die Online- und die Face-to-Face-Beteiligung in den parlamentarischen Beratungen gefunden haben, und wie die Landtagsabgeordneten die partizipative Gesetzgebung beurteilen, wird im Folgenden untersucht.

4.3 Die Sicht der Legislative auf die Beteiligungsverfahren

Wie im Landtag von Baden-Württemberg auf die Online- und die Face-to-Face-Beteiligungsverfahren eingegangen wird, lässt sich mithilfe der Plenarprotokolle der Landtagssitzungen analysieren. Zu jedem der sechs hier untersuchten Vorhaben wurden daher die Landtagsprotokolle sämtlicher Plenarberatungen gesichtet. Insgesamt haben sich 45 Rednerinnen und Redner in ihren Beiträgen zu dem entsprechenden Gesetzentwurf in der einen oder anderen Form auf die Bürgerbeteiligung bezogen (siehe Tab. 2). Dies war in der Ersten Beratung so häufig der Fall wie in der Zweiten Beratung (23 versus 22 Redner/innen). Die Minister/in haben bei der Einbringung des Gesetzentwurfs immer auch das Beteiligungsverfahren angesprochen. Und Mitglieder von Regierungsfraktionen haben sich häufiger auf die Beteiligungsverfahren bezogen als Mitglieder der Oppositionsfraktionen (20 versus 15 Redner/innen).

Tab. 2   Übersicht über die Bezüge auf Beteiligungsverfahren in den Plenardebatten
über die sechs untersuchten Gesetzentwürfe (Zahl der Redner/innen, die sich
auf Beteiligungsverfahren beziehen)

Vorhaben	Minister/in		Regierungs-fraktionen		Oppositions-fraktionen		Gesamt
	1. Bera-tung	2. Bera-tung	1. Bera-tung	2. Bera-tung	1. Bera-tung	2. Bera-tung	
Psychisch-Kranken-Hilfe-Gesetz	1		1				2
Nachbarrechtsgesetz	1	1	2	2		1	7
Erneuerbare-Wärme-Gesetz	1		2	1	2	1	7
Integriertes Ener-gie- und Klima-schutz-konzept	1		2		1		4
Hochschulrechts-änderungsgesetz	1	1	2	2	1	1	8
Nationalpark Schwarzwald	1	2[1]	2	4	2	6	17
Summe	6	4	11	9	6	9	45

Quelle: Plenarprotokolle. Beim Integrierten Energie- und Klimaschutzgesetz gab es lediglich
eine Beratung. Beim Psychisch-Kranken-Hilfe-Gesetz fand in der Zweiten Beratung keine
Aussprache statt. [1] In der Zweiten Beratung des Gesetzes zur Einrichtung des Nationalparks
Schwarzwald ergriff auch der Ministerpräsident das Wort. In seiner Rede ist er auch auf die
Bürgerbeteiligung zum Nationalpark Schwarzwald eingegangen.

Häufig wird in den Plenums-Diskussionen legitimierend Bezug auf die Beteiligungsverfahren genommen. In allen Fällen wird bereits bei der Einbringung des
Gesetzentwurfes von dem Minister bzw. der Ministerin des federführenden Ministeriums und von Mitgliedern der Regierungsfraktionen darauf verwiesen, dass eine
umfangreiche Beteiligung stattgefunden habe und dass deren Ergebnisse teilweise in
den Gesetzentwurf eingeflossen seien. Von Seiten der Oppositionsfraktionen wird
hingegen oft darauf verwiesen, dass die Wünsche der Bürgerinnen und Bürger oder
der Verbände, die in Beteiligungsverfahren geäußert wurden, nicht ausreichend
aufgegriffen wurden. Wie genau und in welchem Zusammenhang Minister und/
oder Abgeordnete die Beteiligungsverfahren in den Plenardebatten aufgegriffen
haben, unterscheidet sich teilweise von Gesetzentwurf zu Gesetzentwurf.

Zwei Gesetzentwürfe waren in den Landtagsberatungen unstrittig – beide
wurden einstimmig verabschiedet: das Psychisch-Kranken-Hilfe-Gesetz und das
Nachbarrechtsgesetz. In beiden Fällen wurde die Bürgerbeteiligung gelobt.

4.3.1 Psychisch-Kranken-Hilfe-Gesetz

In der Einbringungsrede zum Gesetzentwurf stellte Sozialministerin Katrin Altpeter (SPD) am 16.10.2014 gleich zu Beginn fest:

> „Wichtig war mir, das Gesetz nicht ausschließlich von Juristinnen und Juristen oder von Ärzten gestalten zu lassen. Daher haben neben diesen Experten auch Betroffene, die selbst erkrankt waren, und deren Angehörige in Arbeitsgruppen die Eckpunkte für das neue Gesetz mit erarbeitet... Die Beteiligung zog sich bis zum Ende durch. Der Text des Gesetzentwurfs wurde bereits im Anhörungsverfahren im Internet auf der Beteiligungsplattform der Landesregierung ... veröffentlicht. So konnten interessierte Bürgerinnen und Bürger bereits vor der endgültigen Formulierung im Gesetzentwurf ihre Meinung äußern. Vieles konnte daher also schon im Rahmen der Anhörung berücksichtigt werden. Ich sage nicht ohne Stolz, dass das Psychisch-Kranken-Hilfe-Gesetz damit zu den allerersten Gesetzen gehört, bei denen dieser neue Weg der Bürgerbeteiligung erfolgreich beschritten wurde."

Auch der SPD-Abgeordnete Florian Wahl griff in der gleichen Sitzung das Beteiligungsverfahren auf:

> „Das eine ist die inhaltliche Ebene ..., das andere ist die Frage der Bürgerbeteiligung, die Frage der Verbändebeteiligung, überhaupt der gesamte Prozess, der transparent und offen gestaltet worden ist. Ich möchte mich auch einmal bei all den Menschen bedanken, die sich die Zeit genommen haben, sich neben ihrer tagtäglichen Tätigkeit im psychiatrischen Bereich konzeptionell einzubringen, nach Stuttgart zu fahren, an Sitzungen teilzunehmen – und das neben ihrem normalen Geschäft. Ich denke, da ist an dieser Stelle eine besondere Würdigung notwendig."

4.3.2 Nachbarrechtsgesetz

Der zuständige Justizminister Rainer Stickelberger (SPD) bezog sich sowohl bei der Einbringung des Gesetzentwurfes als auch in seiner Schlussbetrachtung in der Zweiten Beratung auf die Bürgerbeteiligung zum Nachbarrechtsgesetz. In seiner Einbringungsrede sagte er unter anderem:

> „Wir haben den Gesetzentwurf in das Beteiligungsportal des Landes eingestellt, um eine umfassende Bürgerbeteiligung zu ermöglichen. Die Bedeutung des Nachbarrechts ist ... im Land der Häuslebauer besonders groß. Daher haben sich auch relativ viele Bürger zu dem Entwurf geäußert. In diesem Beteiligungsportal befinden sich nunmehr insgesamt über 300 Kommentierungen und Wortmeldungen sowie eigene Stellungnahmen hierzu. Die Beteiligung hat gezeigt, wo die Bürger aus ihrem Erleben, aus der Praxis heraus Ansatzpunkte für Kritik, Vorschläge und Anregungen sehen."

Jürgen Filius (Grüne) verwies in seiner Rede während der Ersten Beratung ebenfalls auf das Beteiligungsportal und bedankte sich bei den Bürgerinnen und Bürgern:

„Es ist erfreulich, dass dieses Instrument genutzt wird und über diesen Weg auch qualitativ hochwertige Stellungnahmen vorgelegt wurden, z. B. auch Abstandsregelungen der einzelnen Bundesländer im Vergleich. Ich möchte den Bürgerinnen und Bürgern ausdrücklich danken, dass sie hier ihr Engagement gezeigt und Stellungnahmen abgegeben haben."

Zudem verwies er auf die Verbändeanhörung:

„Bei der Anhörung der Verbände zu dem Gesetzentwurf hat man überwiegend zustimmende Stellungnahmen erhalten."

Auf die Verbändeanhörung ging auch der SPD-Abgeordnete Alfred Winkler ein:

„Immerhin haben alle Verbände – vom Städtetag bis zur Architektenkammer und im Grundsatz auch die Naturschutzverbände – das Regelwerk befürwortet. Aufgrund der Anhörung wurden zwei wesentliche Punkte korrigiert: Die Obergrenze der Überschreitung der Grenze zum Nachbargrundstück wurde von 30 auf 25 cm reduziert, und die zulässige Gesamthöhe bei Kurzumtriebsplantagen wurde von 14 auf 12 m reduziert. Auch das ist wiederum nachbarschonend."

Dies ist zugleich eine der selteneren Reden, in der konkrete Aspekte des partizipativen Fußabdrucks dargestellt wurden. Auch in der Zweiten Beratung wurde die Bürgerbeteiligung nochmals aufgegriffen – überwiegend mit Verweis auf die Verbändeanhörung.

Die anderen vier hier untersuchten Gesetzesvorhaben waren umstrittener. Zu ihnen gab es auch keinen einstimmigen Parlamentsbeschluss, sondern in der Regel standen sich die Regierungs- und die Oppositionsfraktionen gegenüber. Beim Erneuerbare-Wärme-Gesetz und beim Integrierten Energie- und Klimaschutzkonzept (IEKK) verliefen die Debatten kontrovers, aber relativ stark an der Sache orientiert. Beim Hochschulrechtsänderungsgesetz und beim Nationalpark Schwarzwald kam es hingegen zu „hitzigeren" Auseinandersetzungen. Dort finden sich auch die häufigsten Verweise auf Beteiligungsverfahren.

4.3.3 Erneuerbare-Wärme-Gesetz

Auch wenn das Erneuerbare-Wärme-Gesetz strittiger war als das Nachbarrechtsgesetz, so finden sich doch ähnliche Muster, was die Bezugnahme auf Beteiligungsverfahren betrifft: Auf die Beteiligungsverfahren wurde in der Einbringungsrede verwiesen. In den Beratungen haben dann die Abgeordneten sowohl der Regierungsals auch der Oppositionsfraktionen vor allem auf die Verbändeanhörung verwiesen.

Umweltminister Franz Untersteller (Grüne) betonte bei der Ersten Beratung des Gesetzes:

„Der Weg bis zur heutigen ersten Lesung war durch intensive Diskussionen und eine breite Bürgerbeteiligung gekennzeichnet."

Die Oppositionsfraktionen betonten hingegen bereits in der Ersten Beratung die Kritik, die Verbände geäußert hätten. Unmittelbar vor der Zweiten Beratung hat die CDU-Fraktion dann eine eigene Verbände-Anhörung durchgeführt, auf deren Ergebnisse sie in der Zweiten Beratung mehrfach verwies. Beispielhaft dafür ist folgende Aussage des CDU-Abgeordneten Paul Nemeth:

„Die Verbände haben uns klar gesagt…: Sie sind dagegen. Der Landkreistag sagt das, der LVI sagt das, Haus und Grund sagt das, und die IHKs sagen das. Daran sehen Sie doch eine breite, große Mehrheit in der Breite und Tiefe des Landes gegen diese Weiterentwicklung des Gesetzes."

Der CDU-Abgeordnete bezieht sich ferner auf das Voting zum Eckpunktepapier, das er fälschlicherweise als „Umfrage" darstellte:

„Sie haben ein grün-rotes Gesetz vorgelegt, das für den Klimaschutz fast nichts bringt und dem Land schadet. Sie haben es sich sogar selbst bewiesen. Denn in Ihrer eigenen Umfrage auf Ihrer eigenen Homepage haben 57 % der interessierten Bürgerinnen und Bürger gegen dieses Gesetz gestimmt…."

Dabei handelt es sich bei den Votings eben nicht um eine repräsentative Umfrage. Solche Instrumentalisierungen sind aber eindeutig die Ausnahme.

4.3.4 Integriertes Energie- und Klimaschutzkonzept (IEKK)

Anders als beim Erneuerbare-Wärme-Gesetz, bei dem sich die Diskussion vor allem um Äußerungen der Verbände drehte, wurde beim IEKK vor allem auf die einzigartige Form der Bürger- und Verbändebeteiligung verwiesen. Lediglich beim CDU-Abgeordneten Paul Nemeth stehen die Aussagen der Verbände im Mittelpunkt. Er sagte in der Plenardebatte am 26.6.2014:

„Die Verbände „sind der Meinung, dass … die Beteiligung letztlich eine Farce war. Denn es wurde keiner der Vorschläge von den Verbänden, mit denen wir gesprochen haben, übernommen… Das ist eher eine Politik des Überhörtwerdens."

Dem widersprachen sowohl Umweltminister Franz Untersteller (Grüne) als auch der Grünen-Abgeordnete Dr. Bernd Murschel und der SPD-Abgeordnete Johannes Stober. Sie verwiesen in der Plenardebatte am 26.6.2014 auf die Besonderheiten der Beteiligung zum IEKK. Der Abgeordnete Murschel:

„Es ist die größte Bürger- bzw. Öffentlichkeitsbeteiligung durchgeführt worden, die man sich vorstellen kann... Eine Verbändeanhörung mit über 150 Verbänden: Wo hat es das im Rahmen der Erarbeitung eines Gesetzes schon einmal gegeben?"

Und der Abgeordnete Stober:

„Alle Rückmeldungen, die wir erhalten haben, sprechen von einem vorbildlichen Beteiligungsprozess und davon, dass ein ganz großer Vorteil dieses Beteiligungsprozesses darin bestand, dass Akteure, die bisher wenig miteinander zu tun hatten – wie Handwerk und Umweltverbände –, festgestellt haben, dass ihre Positionen zu 90 bis 95 % gleich sind. Deshalb war dieser Prozess ein gelungener Prozess."

Und Umweltminister Untersteller:

„Eine ... Besonderheit des IEKK ist..., es frühzeitig und ergebnisoffen mit allen in der Bürgerschaft zu diskutieren und es fortzuentwickeln... Auf dieser Internetplattform haben sich 7000 Bürgerinnen und Bürger beteiligt. Es gab insgesamt 820000 Bewertungen, es gab viele, viele Vorschläge im Internet... Wir haben ein effizientes Beteiligungsverfahren durchgeführt, das in dieser Form ... einmalig ist, nämlich Bürgerinnen- und Bürgertische sowie Verbändetische. An den Bürgerinnen- und Bürgertischen waren – repräsentativ ausgewählt – 180 Bürgerinnen und Bürger beteiligt. Es waren 120 Verbände beteiligt. Wir haben ... durchweg positive Rückmeldungen bekommen – auch von den Verbänden. Es ist nicht so, dass wir nur angehört und mit Bürgerinnen und Bürgern sowie Verbänden diskutiert hätten. Vielmehr kamen rund 1000 Vorschläge, Empfehlungen, darunter auch Gutheißungen. Das haben wir alles ausgewertet... Ich habe eine gemeinsame Pressekonferenz mit Beteiligten gemacht, die das Ganze durchgehend positiv gesehen haben. Die Erwartungen der Teilnehmerinnen und Teilnehmer konnten mit einer klaren Mehrheit – das zeigt sich auch in der Befragung der Teilnehmenden – erfüllt werden."

4.3.5   Hochschulrechtsänderungsgesetz

Beim Hochschulrechtsänderungsgesetz findet sich ein ähnliches Muster. Wissenschaftsministerin Theresia Bauer (Grüne) verwies beim Einbringen des Gesetzentwurfes – ebenso wie die Abgeordneten Dr. Kai Schmidt-Eisenlohr (Grüne) und Martin Rivoir (SPD) – auf die intensive Beteiligung Betroffener. Die Oppositionsabgeordneten kritisierten den Gesetzentwurf in der Sache und gingen nicht auf die Beteiligung ein – mit Ausnahme von Dr. Friedrich Bullinger (FDP), der in der Ersten Beratung am 19.2.2014 hervorhob:

„Die 480 Seiten der Einbringungsfassung wurden im Vorfeld auch von den Beteiligten sehr breit diskutiert, und das ist positiv. Leider ist nicht so viel berücksichtigt worden, wie es erforderlich wäre."

Dies wiederholte sich dann in der Zweiten Beratung. Wissenschaftsministerin Theresia Bauer (Grüne) führte aus:

> „Mit diesem Gesetz ist ein Rundumschlag gelungen, weil wir den Gesetzentwurf im Dialog mit vielen Beteiligten erarbeitet haben und der Erarbeitung einen langen, mehrjährigen Diskussionsprozess vorgeschaltet haben, der dieses Gesetz zu dem reifen ließ, was es heute ist. Der vorliegende Gesetzentwurf ist deswegen Ergebnis und Ausdruck einer erfolgreichen Politik des Gehörtwerdens. Wir haben zahlreiche Gespräche geführt … und haben auf der Grundlage dieser Gespräche im März des vergangenen Jahres einen Eckpunktebeschluss des Ministerrats herbeigeführt. Wir haben die Qualitätssicherungsmaßnahmen im Bereich der Promotionsvorhaben gemeinsam mit den Universitätsrektoren erarbeitet. Wir haben den Maßnahmenkatalog zur Qualitätssicherung im Promotionsverfahren durch ein Onlinebeteiligungsverfahren ergänzt, bei dem sich mehr als 500 Personen zu Wort gemeldet, Beiträge geschrieben und Bewertungen abgegeben haben. Wir haben die Maßnahmen für Verbesserungen für den wissenschaftlichen Nachwuchs in einer Arbeitsgruppe im Ministerium zusammen mit Vertretern der Hochschulen und des Mittelbaus erarbeitet. Es gab eine schriftliche öffentliche Anhörung, die zu 50 substanziellen Änderungen und Weiterentwicklungen an dem Gesetz geführt hat."

Im Mittelpunkt steht bei ihr also zunächst der Mix unterschiedlicher Beteiligungsverfahren – Face-to-Face- und Online-Verfahren – für eine breite Palette von Zielgruppen. Sodann hebt sie hervor, worin sie den Unterschied zu früheren Gesetzgebungsverfahren sieht:

> „Früher war es üblich, dass die Gesetze so, wie man sie ins Anhörungsverfahren gegeben hat, auch wieder herausgekommen sind. Wir sind so frei und nehmen gute Anregungen beispielsweise als Ergänzungen auf…. Ich bin dankbar für die Haltung der Fraktionen und für die Offenheit, Argumente aufzugreifen, zu berücksichtigen und zu bewerten. Das Gesetz, dessen Entwurf wir vorlegen, ist deshalb so gelungen, weil es Ausdruck einer außerordentlich großen und breiten Akzeptanz in ganz Baden-Württemberg ist."

Auch der SPD-Abgeordnete Rivoir vergleicht das Vorgehen mit der früheren Praxis:

> „Ich möchte den Dank an alle Beteiligten an den Beginn meiner Ausführungen stellen. Es gab tatsächlich eine umfangreiche Diskussion… Es war ein Vorgang, der sich wirklich diametral von der Gesetzesfindung … unterschied, wie sie früher hier der Fall war. Ich glaube, man kann es nicht oft genug wiederholen: Früher war es so, dass im Kämmerlein, im Ministerium Gesetze ausgearbeitet wurden, die dann irgendwie den Betroffenen zur Kenntnis gegeben wurden, dass man im Ausschuss eine kurze Anhörung gemacht hat, bevor der Ausschuss dann gleich im Anschluss, ohne irgendwelche Änderungen vorzunehmen, solche Gesetze durchgewinkt hat und sie dann im Parlament verabschiedet worden sind. Wir haben hier einen völlig anderen Weg eingeschlagen… Wir

haben hier einen Dialogprozess gestartet – ausführlich, breit, manchmal anstrengend. Was herausgekommen ist – darauf sind wir stolz –, ist ein modernes, ein gutes Gesetz für eine Spitzenhochschullandschaft in unserem Bundesland.“

Neben der partizipativen Gesetzgebung als Wert für sich wird also zum einen der partizipative Fußabdruck hervorgehoben – der Gesetzentwurf habe durch die Beteiligung zahlreiche Verbesserungen erfahren. Zum anderen wird auf den Effekt hingewiesen, den dieses Vorgehen nach sich gezogen habe – der Gesetzentwurf habe eine breite Akzeptanz gefunden.

4.3.6 Nationalpark Schwarzwald

Das mit Abstand umstrittenste und am hitzigsten diskutierte Vorhaben ist das Gesetz zur Einrichtung des Nationalparks Schwarzwald. Hier finden sich auch in der Ersten und der Zweiten Beratung im Landtag von Baden-Württemberg die mit Abstand häufigsten Verweise auf Beteiligungsverfahren. In der Ersten Beratung gingen außer dem Minister für Ländlichen Raum und Verbraucherschutz, Alexander Bonde (Grüne), jeweils zwei Abgeordnete von Regierungs- und von Oppositionsparteien auf Beteiligungsverfahren ein. In der Zweiten Beratung melde sich neben dem Minister auch der Ministerpräsident Winfried Kretschmann (Grüne) zu Wort und verwies auf Beteiligungsverfahren. Von den Regierungsfraktionen nahmen vier Abgeordnete Bezug auf Beteiligung, von den Oppositionsfraktionen waren es sogar sechs Abgeordnete. Auf Seiten der Regierung und der Regierungsfraktionen wurde immer wieder auf die zahlreichen Vor-Ort-Veranstaltungen verwiesen. Die Bürgerbeteiligung sei sehr umfangreich gewesen. Man habe Diskussionen und Anregungen in den Gesetzentwurf aufgenommen – und diese Veränderungen hätten den Gesetzentwurf verbessert. Die Oppositionsfraktionen hingegen verweisen darauf, dass gegen den Willen der Menschen vor Ort entschieden werde. Das sei keine „Politik des Gehörtwerdens.“

Folgende Beispiele sollen die Argumentation veranschaulichen. Minister Bonde verwies in der Ersten Beratung des Gesetzentwurfs auf die Frühzeitigkeit und den partizipativen Fußabdruck des eingesetzten Beteiligungsverfahrens:

> „Das Beteiligungsverfahren, das dem heute zur Beratung anstehenden Gesetzentwurf zugrunde liegt, war lang. Es gab noch kein Großprojekt in Baden-Württemberg, bei dem die Bürgerinnen und Bürger, die Kommunen, die Verbände so früh und intensiv in die Beratungen und die Diskussionen über die Chancen und Risiken, aber vor allem über die ganz konkrete Ausgestaltung eingebunden waren. Der Gesetzentwurf, wie er heute vorliegt, wurde seit 2011 in der Debatte entwickelt. Er trägt die Handschrift all derjenigen, die sich konstruktiv, aber auch mit Kritik und Sorgen in die Debatte eingebracht haben. Zentrale Elemente der Anregungen aus der Region wurden in der Region entwickelt, durch die die heutige Kulisse entstanden ist.“

Als ein Ergebnis der Beratungen sieht der Minister die Einrichtung eines Nationalparkrates, in dem die Region nach der Einrichtung des Nationalparks ihre Interessen einbringen können:

> „Denn ein zentraler Bestandteil dessen, was wir hier an Nationalpark entwickelt haben, ist, dass wir über alles hinaus, was es bisher bei Nationalparks gab, eine Mitsprache der Region, eine wichtige Rolle der Region im Nationalparkrat geschaffen haben. Der Nationalparkrat besteht zur Hälfte aus den Vertretern der Region, die auch den Vorsitz im Nationalparkrat stellen werden. Der Nationalparkrat … wird sicherstellen, dass hier die Interessen der Region in einer Art und Weise abgebildet werden, wie es bei keinem anderen Nationalpark, bei keinem anderen Projekt dieser Art bisher der Fall ist."

Auch die Grünen-Abgeordnete Edith Sitzmann hebt in der Ersten Beratung die Breite des Beteiligungsverfahrens hervor:

> „Ich möchte mich … ganz ausdrücklich bedanken: bei den vielen Beteiligten in der Region, die mitgestaltet haben, die mitdiskutiert haben und die mit dazu beigetragen haben, dass dieser Gesetzentwurf so ausgestaltet worden ist, wie er Ihnen heute vorliegt, die dazu beigetragen haben, dass sich die Gebietskulisse entsprechend anpasst, dass die Region eine starke Mitsprachemöglichkeit bei der konkreten Ausgestaltung hat. Deshalb: Die Beteiligung und das Engagement haben sich gelohnt. … Ich möchte mich auch bei den Verbänden und Vereinen bedanken, die sich engagiert und eingebracht haben, und ich möchte mich ausdrücklich auch bei denjenigen bedanken, die kritisch diskutiert haben. Auch die kritischen Diskussionen sind wichtig. Sie haben dazu geführt, dass es eine intensive Auseinandersetzung gab – in einem Beteiligungsverfahren, wie es im Land Baden-Württemberg noch nie zuvor stattgefunden hat. In einer Vielzahl von Veranstaltungen, Diskussionen und Debatten hat sich Minister Bonde unzählige Male mit der Thematik auseinandergesetzt, aber auch der Ministerpräsident selbst hat in Veranstaltungen vor Ort mit den Menschen in der Region diskutiert, im Ringen um den besten Weg für einen Nationalpark in Baden-Württemberg. An dieser Stelle darf ich aus einem Gutachten zitieren, das die CDU in Auftrag gegeben hat. Herr Professor Schraml hat in seinem Gutachten ausdrücklich bestätigt, dass dieses Beteiligungsverfahren gelungen war und dass der laufende Prozess im Hinblick auf seine Breite und die Vielfalt der eingesetzten Instrumente beispiellos ist… Meine Damen und Herren, der Gesetzentwurf, den Minister Bonde heute eingebracht hat, ist in einem vorbildlichen Beteiligungsverfahren entstanden."

Dementsprechend kritisiert der CDU-Abgeordnete Dr. Patrick Rapp in Erster Beratung auch nicht die Art des Beteiligungsverfahrens, sondern den Umgang mit den Ergebnissen:

> „Jetzt noch ein Wort zur Bürgerbeteiligung. Ich weiß, dass Sie dies gern anders bewerten. Für mich stellt sich die Frage …, ob es denn richtig ist, ein derartiges Großprojekt gegen den Willen der Menschen vor Ort durchzuführen. Sie sagen, Sie hätten unzählige

Veranstaltungen durchgeführt. Das stimmt. Teilweise waren wir dabei. Wir haben das sogar teilweise argumentativ unterstützt. Aber das, was Sie dort an Kritik bekommen haben, das, was Sie hätten aufnehmen können, haben Sie nicht umgesetzt. Infolgedessen war der Prozess quantitativ vielleicht gut, qualitativ leider nicht."

Noch deutlicher wird der FDP-Abgeordnete Dr. Friedrich Bullinger in der Ersten Beratung. Er bezieht sich vor allem auf rechtlich unverbindliche Abstimmungen in betroffenen Gemeinden und unterstellt der Regierung eines „Politik des Überhörtwerdens":

> „Wir sagen … vor allem deshalb Nein, … weil die Bürgerinnen und Bürger vor Ort als unmittelbare Betroffene bei einer Beteiligung von über 50 % … sich mit bis zu 83 % eindeutig und klar gegen die Schaffung dieses künstlichen Nationalparks ausgesprochen haben… Am Anfang wurde mit den Betroffenen ein Dialog geführt, meine Damen und Herren. Ich erinnere mich an die Veranstaltung in Bad Wildbad, Herr Minister. Sie war einseitig pro Nationalpark ausgerichtet. Nachher wurde breiter diskutiert; das war sehr positiv, das kann ich loben. Allerdings muss sich auch sagen: Dort, wo die Bürger besonders intensiv aufgeklärt wurden und wo intensiv diskutiert wurde, zeigen die Ergebnisse eindeutig, dass die Menschen gegen einen Nationalpark sind… Da halfen auch keine Wanderungen, lieber Herr Ministerpräsident, mit dem Ergebnis: „Gehört werden heißt nicht erhört werden. Entschieden wird im Landtag." Auf gut Deutsch heißt das: Was schert mich die Meinung der Bürger vor Ort?… Es sieht so aus: Gehört werden heißt überhört werden"… An diesem Punkt muss man die Bürgerinnen und Bürger mitnehmen. Das tun Sie nicht. Das kann ich nicht akzeptieren."

In der Zweiten Beratung des Gesetzentwurfes verschärfte sich die Auseinandersetzung, in die nun auch der FDP-Fraktionsvorsitzende Dr. Hans-Ulrich Rülke eingriff:

> „Sie nehmen für sich in Anspruch, den Bürger ernster zu nehmen als dies frühere Landesregierungen taten. Diesen Anspruch lösen Sie jedoch in keiner Weise ein… Damit wird doch deutlich, was diese Politik des Gehörtwerdens ist: Sie ist nur ein Köder, der für die Wähler ausgelegt wird. Dem Wähler wird der Eindruck vermittelt: „Wählt uns, dann habt ihr mehr zu bestimmen als zu früheren Regierungszeiten." Am heutigen Tag machen Sie sehr deutlich, dass das gar nicht der Fall ist, sondern dass Sie hier entscheiden, ganz egal, was der Bürger will… Die Politik des Gehörtwerdens ist eine reine Fassade, eine Schauveranstaltung."

Während hier also der angeblich fehlende partizipative Fußabdruck beklagt wird – und mit ihm die Ernsthaftigkeit der Landesregierung bei der „Politik der Gehörtwerdens" insgesamt in Frage gestellt wird –, formuliert der Ministerpräsidenten Winfried Kretschmann (Grüne) eine andere Sichtweise: Vorschläge aus der Region seien berücksichtigt worden. Und die Politik des Gehörtwerdens setze nicht die legislativen Zuständigkeiten außer Kraft:

„Wir, die grün-rote Landesregierung, haben uns in unserem Koalitionsvertrag ausdrücklich dazu bekannt, einen Nationalpark anzustreben und den Dialog mit allen Akteuren vor Ort zu suchen. Das ist der Anspruch der Politik des Gehörtwerdens. Dieses Versprechen, den Dialog vor Ort zu führen, haben wir eingelöst, und zwar umfassend. Noch nie wurden die Bürgerinnen und Bürger bundesweit bei einem vergleichbaren Projekt so früh und so intensiv in die Beratungen und Diskussionen über die Chancen und Risiken einbezogen. Es gab 150 Veranstaltungen, regionale Arbeitskreise, 1600 Bürgerfragen, die in das Gutachten eingeflossen sind, die Verbändeanhörung, die Onlineanhörung. All das ist in umfassender Weise geschehen… Viele im Zuge der Beteiligung gemachte Vorschläge sind in unseren Gesetzentwurf eingeflossen. Er trägt damit die Handschrift der Region und der Kritiker… Die Bürgerbeteiligung ist in dieses Gesetzesvorhaben eingeflossen und hat das Ergebnis verbessert. Aber auch mit einer solch umfänglichen Beteiligung … lassen sich offenkundig nicht alle unterschiedlichen Interessen und Meinungen ausschließen… Klar ist aber ein, dass das ein Projekt von nationaler Bedeutung ist – darum heißt es „Nationalpark" –, das in unserer Zuständigkeit steht… Als Sie regiert haben, haben Sie festgelegt, dass der Landtag darüber entscheiden muss, und das tun wir heute. Damit gibt es eindeutige Zuständigkeiten, die die Entscheidung über die Einrichtung eines Nationalparks in die Hände von Ihnen, verehrte Abgeordnete, legt, in die Hände der gewählten Repräsentanten von fast elf Millionen Bürgerinnen und Bürgern. Diese klaren Zuständigkeiten sind deshalb sinnvoll, weil sonst Projekte von landes- und bundesweiter Bedeutung jederzeit an einem regionalen Veto scheitern könnten… Wir werden das auch in Zukunft so machen, dass wir Zuständigkeiten, die unsere Verfassungsordnung vorsieht, beachten."

Zusammenfassend lässt sich für die sechs untersuchten Vorhaben festhalten: Die Diskussion eines Gesetzentwurfes im Landtag ist nicht mehr der Ort, an dem die Beteiligungsverfahren zu Veränderungen führen. In der parlamentarischen Beratung werden in der Regel auch nicht mehr einzelne Kommentare aufgegriffen. Dies ist jedoch keinesfalls als Schwäche der Beteiligungsverfahren auszulegen. Im Gegenteil: In den meisten Fällen zeigt dies, dass eine systematische und frühzeitige Beteiligung die Parlamentsdebatten entlastet, indem die Verwaltung dem Kabinett und das Kabinett dem Parlament einen gut abgestimmten Gesetzentwurf vorlegt.

Bleibt die Frage, wie die Landtagsabgeordneten die Beteiligungsverfahren im Allgemeinen bewerten. Um dies herauszufinden, wurden die Landtagsabgeordneten schriftlich mit einem standardisierten Fragebogen befragt. 24 Abgeordnete, die überwiegend in den Fachausschüssen tätig sind, die sich mit den hier untersuchten Gesetzesvorhaben beschäftigt haben, gaben zu folgenden Themen Auskunft: zur Bedeutung verschiedener Informationsquellen über die Sicht der Bürgerinnen und Bürger zu bestimmten Gesetzesvorhaben, zur Nutzung und zur Bewertung der Kommentare aus dem Online-Beteiligungsportal, zum richtigen Zeitpunkt für die informelle Beteiligung der Bürgerinnen und Bürger an Gesetzgebungsverfahren sowie zum Verhältnis von Online-Beteiligung und Face-to-Face-Beteiligung.

Fragewortlaut: „Wenn Sie sich auf die parlamentarische Beratung eines Gesetzentwurfes vorbereiten: Wie verschaffen Sie sich dann im Allgemeinen einen Eindruck über die Sichtweisen der Bürgerinnen und Bürger? Wie wichtig sind dann die folgenden Informationsquellen für Sie?" (N= 24 Abgeordnete)

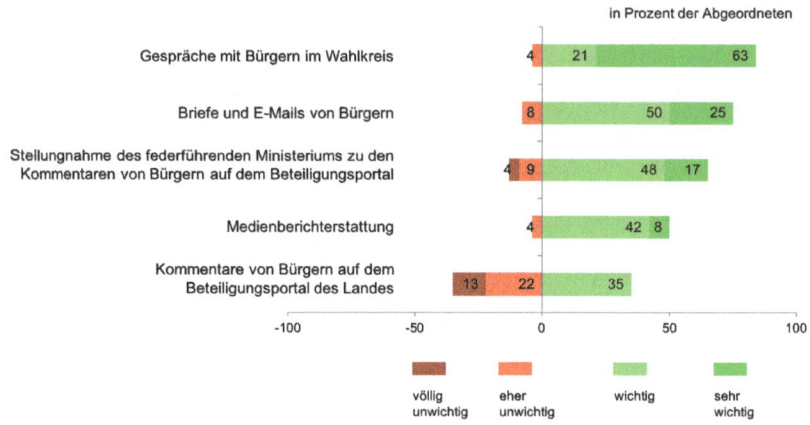

Abb. 19 Wichtigkeit verschiedener Informationsquellen im Vorfeld parlamentarischer Beratungen aus Sicht der Abgeordneten

Anmerkung: Die zu 100 % fehlenden Werte entfallen auf die Antwort „teils/teils".

Dabei wird deutlich: Wenn sich die Abgeordneten im Vorfeld der parlamentarischen Beratung einen Eindruck von den Meinungen der Bürgerinnen und Bürger verschaffen, dann spielt das Beteiligungsportal dafür zwar eine wichtige, aber bei weitem nicht die bedeutendste Rolle. An der Spitze der Informationsquellen stehen für die Abgeordneten zum einen Gespräche mit Bürgerinnen und Bürgern im eigenen Wahlkreis sowie die Briefe und E-Mails von Bürgerinnen und Bürgern (siehe Abb. 19). Hier wird die Aufgabe der Abgeordneten als Repräsentanten ihres Wahlkreises deutlich. Zudem ziehen die Abgeordneten auch die Medienberichterstattung als eine Informationsquelle über die öffentliche Meinung heran. Wichtiger als die – ohnehin wenigen – Kommentare von Bürgern auf der Beteiligungsplattform ist für sie die zusammenfassende Stellungnahme des federführenden Ministeriums zu den Bürger-Kommentaren im Online-Portal. Das ist auch insofern nachvollziehbar, als die Ministeriums-Stellungnahme bereits eine Verdichtung und Einordnung der Bürger-Kommentare darstellt. Unter Zeitdruck stehende Abgeordnete haben somit die Möglichkeit, Bürger-Kommentare wahrzunehmen, ohne diese im Original zu lesen. Darüber hinaus wird in der Befragung der Abgeordneten die Bedeutung von zwei weiteren Informationsquellen deutlich: So nennen viele Abgeordnete spontan

Gespräche mit Interessengruppen oder Verbänden als eine wesentliche Informationsquelle. Und auch Gespräche mit Fachleuten werden von den Abgeordneten als wichtige Quelle im Vorfeld parlamentarischer Beratungen angegeben. Hier wird die Aufgabe der Abgeordneten deutlich, über die Bürger-Meinungen hinaus auch eine fachliche Expertise in die Beratungen einfließen zu lassen, die sich nicht nur auf den eigenen Wahlkreis bezieht.

Die eher indirekte Bedeutung des Online-Beteiligungsportals für die Abgeordneten wird auch bei der Frage nach dessen Nutzung deutlich: Gut die Hälfte der Abgeordneten gibt an, die zusammenfassende Stellungnahme des federführenden Ministeriums zu den Bürger-Kommentaren zu lesen. Aber nur 30 Prozent lesen die Kommentare direkt (siehe Abb. 20). Darin kommt die Bedeutung der Exekutive als Vorbereiter der parlamentarischen Beratung zum Ausdruck. Ihre zusammenfassende Stellungnahme stellt einen wichtigen Service für die Abgeordneten dar.

In Übereinstimmung mit den Ergebnissen der Analyse der Plenarprotokolle geben nur vier Prozent der Abgeordneten an, die Kommentare oder die Likes bzw. Dislikes in den eigenen Reden im Landtag aufzugreifen (siehe Abb. 20).

Fragewortlaut: „Sie finden hier eine Reihe von Aussagen über das Beteiligungsportal bzw. die Kommentare auf dem Beteiligungsportal. Bitte kreuzen Sie an, wie stark Sie den folgenden Aussagen jeweils zustimmen." (N= 24)

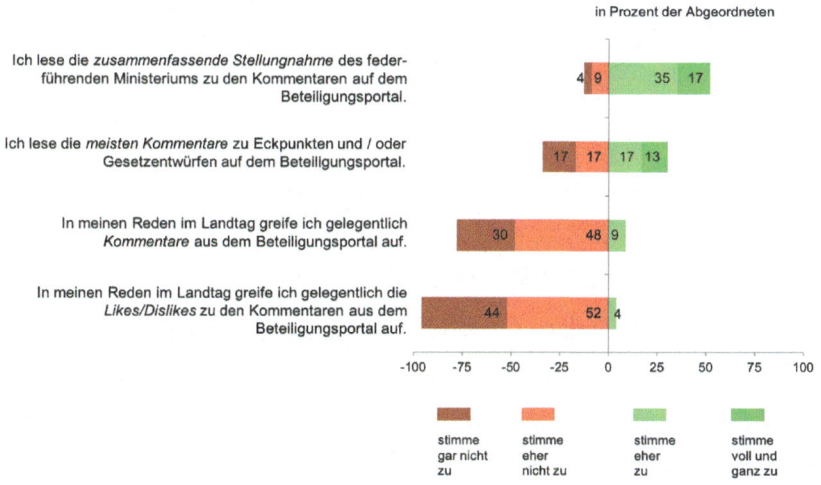

Abb. 20 Die Nutzung des Online-Beteiligungsportals durch die Abgeordneten
Anmerkung: Die zu 100 % fehlenden Werte entfallen auf die Antwort „teils/teils".

Dass die Kommentare selbst keine besondere direkte Beachtung erfahren, liegt auch an der Bewertung der Kommentare durch die Abgeordneten. Wie schon die Ministeriums-Mitarbeiter, so sind auch viele Abgeordnete der Meinung, dass die Kommentare inhaltlich nur selten sinnvolle Anregungen bieten oder neue Gedanken zur Diskussion beitragen (siehe Abb. 21). Hier seien die Eindrücke aus persönlichen Gesprächen, aus der Verbändeanhörung oder aus Face-to-Face-Beteiligungen inhaltlich ergiebiger. Zudem sind 65 Prozent der Abgeordneten der Meinung, dass die Qualität der Online-Kommentar sehr stark schwankt. Dass diese Einschätzung zutreffend ist, hat bereits die Analyse der Online-Kommentare in Kapitel 4.1. gezeigt.

Fragewortlaut: „Sie finden hier eine Reihe von Aussagen über das Beteiligungsportal bzw. die Kommentare auf dem Beteiligungsportal. Bitte kreuzen Sie an, wie stark Sie den folgenden Aussagen jeweils zustimmen." (N= 24)

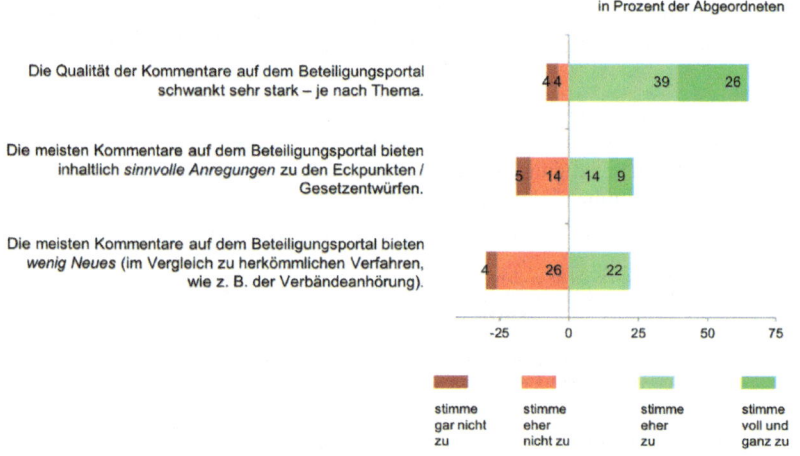

Abb. 21   Die Bewertung der Kommentare auf dem Online-Beteiligungsportal durch die Abgeordneten

Anmerkung: Die zu 100 % fehlenden Werte entfallen auf die Antwort „teils/teils".

Die zurückhaltende Bewertung der Online-Kommentare durch die Landtagsabgeordneten führt aber nicht dazu, das Online-Beteiligungsportal abzulehnen. Vielmehr halten 74 Prozent der Abgeordneten das Beteiligungsportal für wichtig, um den Bürgerinnen und Bürgern einen Kommunikationskanal anzubieten – unabhängig davon, ob die Bürger diesen Kanal auch nutzen. Und 65 Prozent der Abgeordneten sind der Meinung, das Beteiligungsportal schaffe für die Bürgerinnen und Bürger mehr Transparenz über Eckpunkte und/oder Gesetzentwürfe (siehe Abb. 22). Damit befinden sich die Abgeordneten im Einklang mit den Ministeriums-Mitarbeitern, die ebenfalls die Transparenz- und die Kommunikationsfunktion des Online-Portals hervorgehoben haben.

Unterschiedliche Auffassungen finden sich im Hinblick auf eine Ausdehnung des Beteiligungsportals auf alle Gesetzentwürfe bzw. auf alle Eckpunktepapiere. Während 47 Prozent der Abgeordneten es gut fänden, wenn künftig alle Gesetzentwürfe im Beteiligungsportal zur Diskussion gestellt werden würden, lehnen dies 31 Prozent ab. Die restlichen Abgeordneten sind hier unentschlossen (siehe Abb. 22). Damit befürwortet aber eine relative Mehrheit die Ausweitung auf alle Gesetzentwürfe. Anders sieht das bei der Ausweitung auf alle Eckpunktepapiere aus: 22 Prozent der Abgeordneten befürworten eine solche Ausweitung, 44 Prozent sind jedoch dagegen. Immerhin 34 Prozent haben sich dazu noch keine Meinung gebildet. Diese Zurückhaltung, was eine Ausweitung auf die Eckpunktepapiere

Fragewortlaut: „Sie finden hier eine Reihe von Aussagen über das Beteiligungsportal bzw. die Kommentare auf dem Beteiligungsportal. Bitte kreuzen Sie an, wie stark Sie den folgenden Aussagen jeweils zustimmen." (N= 24)

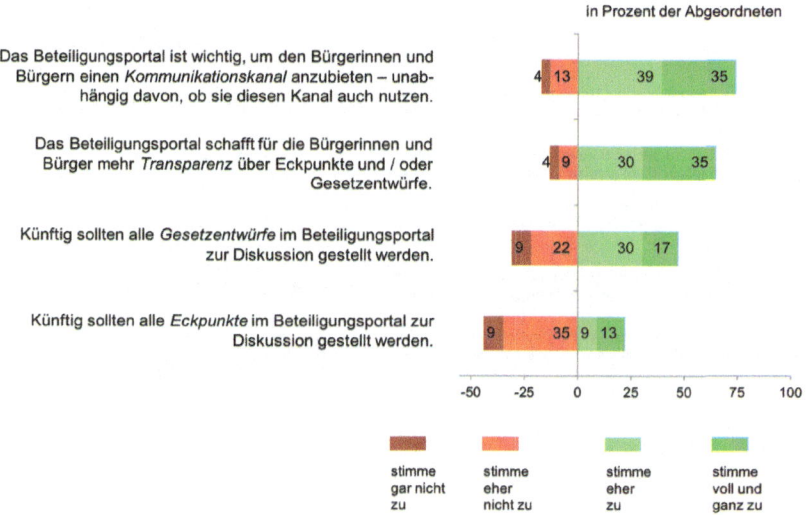

Abb. 22 Die Bewertung des Online-Beteiligungsportals durch die Abgeordneten
Anmerkung: Die zu 100 % fehlenden Werte entfallen auf die Antwort „teils/teils".

betrifft, ist insofern überraschend, als die Ministerium-Mitarbeiter die frühzeitige Beteiligung der Bürgerinnen und Bürger als sinnvoll erachtet haben. Das galt allerdings für die Face-to-Face-Beteiligung in noch stärkerem Umfang als für die Online-Beteiligung.

Überhaupt genießt die Face-to-Face-Beteiligung ein deutlich besseres Ansehen als die Online-Beteiligung. So sind nahezu alle befragten Landtagsabgeordneten der Meinung, dass der Umgang miteinander im direkten Gespräch respektvoller ist als die Diskussionen auf dem Beteiligungsportal (siehe Abb. 23). Fast 90 Prozent der Abgeordneten meinen zudem, dass direkte Gespräche mit Bürgern und Betroffenen häufiger neue Ideen liefern als das Beteiligungsportal. Dementsprechend sind auch drei Viertel der Abgeordneten der Meinung, dass direkte Gespräche häufiger zu Verbesserungen an einem Gesetzentwurf führen als die Kommentare auf dem Beteiligungsportal. Große Akzeptanz findet unter den Abgeordneten das Einbeziehen von „Zufallsbürgern" in die Bürgerbeteiligung: 71 Prozent der Abgeordneten meinen, dass das Einbeziehen von zufällig ausgewählten Bürgern konfliktträchtige Vorhaben entschärfen kann. Dass dies durch das Einbeziehen von nicht-organisierten Betroffenen gelingen kann, glauben hingegen nur 50 Prozent.

Fragewortlaut: „Bitte kreuzen Sie an, wie stark Sie den folgenden Aussagen jeweils zustimmen." (N= 24)

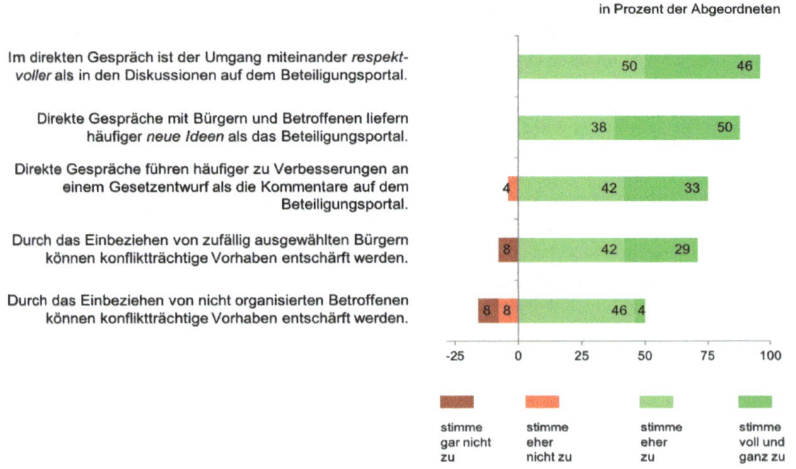

Abb. 23 Der Vergleich von Online- und Face-to-Face-Beteiligungsverfahren aus Sicht der Abgeordneten

Anmerkung: Die zu 100 % fehlenden Werte entfallen auf die Antwort „teils/teils".

Fragewortlaut: „Zu welchem Zeitpunkt ist Ihrer Meinung nach die Möglichkeit sinnvoll, dass Bürgerinnen und Bürger Kommentare auf dem Beteiligungsportal abgeben können? Sie können mehrere Möglichkeiten ankreuzen." (N= 24 Abgeordnete)

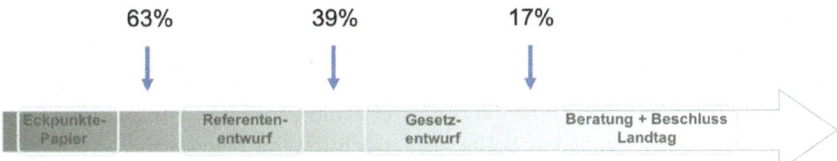

Abb. 24 Der richtige Zeitpunkt für die Abgabe von Bürger-Kommentaren auf dem Beteiligungsportal aus Sicht der Abgeordneten

Die Abgeordneten wurden auch gebeten, den aus ihrer Sicht richtigen Zeitpunkt anzugeben, zu dem Bürger-Kommentare auf dem Beteiligungsportal sinnvoll wären. Zwei Abgeordnete halten keinen Zeitpunkt für geeignet. Die meisten Abgeordneten, nämlich 63 Prozent, halten den Zeitpunkt zwischen Eckpunktepapier und Referentenentwurf für sinnvoll (siehe Abb. 24). Das deckt sich mit den Erfahrungen der Ministeriums-Mitarbeiter, die ebenfalls eine frühzeitige Beteiligung von Bürgerinnen und Bürgern als sinnvoll erachten – mitunter sogar noch früher, nämlich beim Erstellen des Eckpunktepapiers. 39 Prozent der Abgeordneten halten die Zeit zwischen Referentenentwurf und Gesetzentwurf für am sinnvollsten, um Bürger-Kommentare einzuholen. Und nur 17 Prozent fänden Bürger-Kommentare zwischen Gesetzentwurf und Landtagsberatung sinnvoll.

Zudem wurden die Abgeordneten um eine Angabe gebeten, bei welchen Themen sie partizipative Gesetzgebung sinnvoll fänden. Die meisten Abgeordneten antworteten, Kommentare sollten zu allen Themen möglich sein. Jeweils zwei Abgeordnete meinen, Kommentare sollten bei großen Gesetzesvorhaben möglich sein oder bei Gesetzen mit regionalem Bezug (z. B. Nationalpark Schwarzwald).

Das Kommentieren bestehender Entwürfe ist das Eine, das Vorschlagen eigener Ideen durch die Bürgerinnen und Bürger ist etwas anderes. Drei Viertel der Abgeordneten fänden es gut, wenn Bürgerinnen und Bürger auf dem Beteiligungsportal auch Ideen vorschlagen könnten, mit denen sich die Exekutive befassen soll. Hierbei werden jedoch Unterschiede zwischen den Fraktionen deutlich. Während alle befragten Grünen-Abgeordneten ein solches Vorschlagsrecht gut fänden, sind es bei den CDU-Abgeordneten zwei Drittel und bei den SPD-Abgeordneten nur die Hälfte. Dabei wäre eine entsprechende Erweiterung des Online-Portals durchaus sinnvoll. Bislang geht der Impuls von der Exekutive aus; dann können sich Bürgerinnen und Bürger beteiligen. Bei einer Vorschlags-Funktion würde sich das Verhältnis umdrehen: Der Impuls würde von den Bürgerinnen und Bürgern ausgehen. In Teilen der Verwaltung herrscht hier zwar etwas Sorge, dass die Mitarbeiter von Anregungen aus der Bürgerschaft „überschwemmt" würden. Andererseits ist eine solche Vorschlagsmöglichkeit bereits jetzt gegeben – zwar nicht auf dem Beteiligungsportal, sondern auf dem Service-Portal des Landes (vgl. Masser et al. 2015, S. 5ff.). Dort wird von der Funktion kaum Gebrauch gemacht – vielleicht auch, weil sie zu wenig bekannt ist. Insofern wäre es einen Versuch wert, eine Vorschlags-Funktion auf dem Beteiligungsportal einzubauen. Sollte sich tatsächlich eine „Flut" von Vorschlägen einstellen, wären Verfahren zu implementieren, die diese Vorschläge kanalisieren und für Mitarbeiter handhabbar machen.

Abschließend wurden die Landtagsabgeordneten direkt nach ihrer Einschätzung der Ergänzung der repräsentativen Demokratie durch Bürgerbeteiligung an der Gesetzgebung gefragt. Dabei ging es nicht um direkt-demokratische Verfahren, sondern es ging um eine Konsultation der Bürger. In diesem Sinn kann man die Bürger als „Berater" der Legislative verstehen. Nur ein CDU-Abgeordneter war der Meinung, die bestehende repräsentative Demokratie benötige auf Landesebene keine Elemente der Bürgerbeteiligung an der Gesetzgebung (siehe Abb. 25). Die anderen Abgeordneten hingegen halten eine Ergänzung der repräsentativen Demokratie für sinnvoll. Und sie sind sich ziemlich einig, wie diese Ergänzung aussehen sollte: 62 Prozent der Landtagsabgeordneten bevorzugen den kombinierten Einsatz von Face-to-Face-Beteiligung einerseits und Online-Beteiligung andererseits. Dies entspricht weitgehend auch der in dieser Studie beschriebenen Praxis bei den sechs untersuchten Vorhaben. Eine Ergänzung nur um Face-to-Face-Beteiligung finden 21 Prozent sinnvoll, eine Ergänzung nur um Online-Beteiligung finden 13 Prozent sinnvoll. Damit sehen offenbar auch die Abgeordneten unterschiedliche Nutzen durch Face-to-Face- bzw. durch Online-Beteiligung.

Fragewortlaut: „Es wird immer wieder diskutiert, die repräsentative Demokratie auch auf Landesebene um Elemente der Bürgerbeteiligung bei der Gesetzgebung zu ergänzen. Im Folgenden geht es *nicht* um direkt-demokratische Verfahren, bei denen Bürger entscheiden. Sondern es geht um Verfahren, bei denen Bürger den Landtag „beraten". Welche der folgenden Aussagen gibt am ehesten Ihre Meinung dazu wieder?" (N= 24)

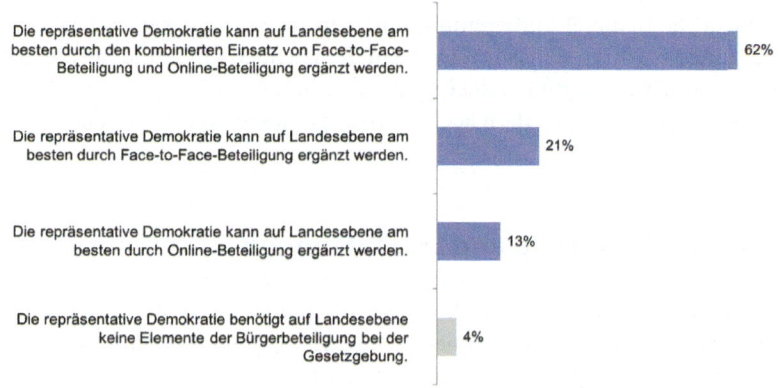

Abb. 25 Ergänzung der repräsentativen Demokratie durch Bürgerbeteiligung an der Gesetzgebung aus Sicht der Abgeordneten

Zusammenfassend lässt sich festhalten:

- Die Landtagsabgeordneten bewerten die unterschiedlichen Beteiligungsverfahren grundsätzlich positiv. Wie die Ministeriums-Mitarbeiter sehen sie Vorteile der Face-to-Face-Beteiligung, wenn es um neue Ideen und substantielle Beiträge geht. Der Online-Beteiligung schreiben sie vor allem eine wichtige Transparenz-Funktion zu.
- Die partizipative Gesetzgebung sollte möglichst frühzeitig einsetzen – am besten nach der Vorlage eines Eckpunktepapiers (oder sogar konsultativ in einem Face-to-Face-Verfahren bei der Erstellung eines Eckpunktepapiers).
- Die Beteiligungsverfahren ersetzen nicht die repräsentative Demokratie, sondern sie ergänzen sie auf sinnvolle Weise. Die Bedeutung der Legislative ändert sich durch die Beteiligungsverfahren nicht. Aber die Beteiligungsverfahren stellen einen Kanal dar, der Abgeordneten eine Einschätzung der Sicht von Bürgern und Betroffenen ermöglicht. Andere Kanäle, etwa die Kontakte zu Verbänden oder zu den Bürgerinnen und Bürgern im Wahlkreis sind jedoch wichtiger.

- Die Landtagsabgeordneten fänden es gut, wenn die Bürgerinnen und Bürger über das Beteiligungsportal auch Themen vorschlagen könnten, mit denen sich die Exekutive beschäftigen soll.
- Auch die Rolle der Exekutive ändert sich durch die Beteiligungsverfahren nicht grundsätzlich. Die Exekutive bereitet nach wie vor die Beratungen im Parlament vor. In dieser Vorbereitung wird jedoch – noch stärker als dies ohne Beteiligungsverfahren der Fall wäre – ein Thema auch durch die „Brille der Bürger" betrachtet. Damit hat die Exekutive nicht nur die fachliche Seite ihrer Vorbereitung im Blick, sondern auch die Akzeptanzseite von Vorlagen.

5   Fazit: Bewertung und Empfehlungen

Mittels verschiedener Verfahren wurde in der vorliegenden Studie der Umgang der Exekutive und der Legislative mit Online-Beteiligungsverfahren und mit Face-to-Face-Verfahren analysiert. Auch wurde die Sicht der Ministeriums-Mitarbeiter und der Landtagsabgeordneten zu verschiedenen Beteiligungs-Aspekten untersucht. Vor diesem Hintergrund werden im Folgenden die in Baden-Württemberg eingesetzten Verfahren der partizipativen Gesetzgebung grundsätzlich bewertet.

1. *Partizipative Gesetzgebung ist sinnvoll:* Die Beteiligungsmöglichkeiten für Bürgerinnen und Bürger an der Landesgesetzgebung sind grundsätzlich sinnvoll. Die repräsentative Demokratie wird durch den kombinierten Einsatz von Face-to-Face-Beteiligung und Online-Beteiligung bereichert. Die Beteiligungsverfahren haben sich bewährt. Sowohl die befragten Mitarbeiter der federführenden Ministerien als auch die befragten Landtagsabgeordneten bewerten die in Baden-Württemberg eingesetzten Verfahren zur partizipativen Gesetzgebung positiv.
2. *Partizipativer Fußabdruck durch Face-to-Face-Verfahren:* Ein Einfluss auf die Landesgesetzgebung geht am ehesten von einer frühzeitigen Beteiligung der Bürgerinnen und Bürger, von Betroffenen, Verbänden und Experten aus – am besten bereits bei der Festlegung von Eckpunkten, spätestens aber zwischen der Vorlage der Eckpunkte und dem Referentenentwurf. Und der Einfluss geht deutlich stärker von der Face-to-Face-Beteiligung aus, weniger von der Online-Beteiligung. Bei der Face-to-Face-Beteiligung spielen sowohl Verbändeanhörungen eine wichtige Rolle, als auch der direkte Austausch mit Bürgern und nicht-organisierten Betroffenen.

3. *Face-to-Face-Verfahren führen zu inhaltlicher Substanz:* Grundsätzlich führen Face-to-Face-Verfahren zu mehr inhaltlicher Substanz und zu mehr Vertrauen unter den Beteiligten als Online-Verfahren. Die Kommentare auf dem Beteiligungsportal liefern selten substantielle Beiträge, die über die Beiträge aus der Face-to-Face-Beteiligung hinausgehen.

4. *Online-Verfahren haben Stärken:* Trotz der inhaltlich substantielleren Beiträge aus der Face-to-Face-Beteiligung haben Online-Verfahren ihre Berechtigung. Online-Verfahren bringen zwar keine neuen oder unerwarteten Anregungen, sie sind dennoch aus drei Gründen wichtig: a) Online-Verfahren sind symbolisch von Bedeutung, denn sie bieten jedem Bürger und jeder Bürgerin die Möglichkeit, eigene Anregungen zu formulieren. Auch wenn die Möglichkeit nur wenig genutzt wird, ist ihre Existenz bereits wertvoll. b) Online-Verfahren sind vor allem wichtig im Hinblick auf die Transparenz von Verwaltungshandeln. Sie machen deutlich, an welcher Stelle des Gesetzgebungsverfahrens was diskutiert wird. Damit entsprechen sie einer häufig zu hörenden Forderung der Bürgerinnen und Bürger. c) Online-Verfahren führen dazu – wie Face-to-Face-Verfahren auch –, dass Mitarbeiterinnen und Mitarbeiter aus den federführenden Ministerien die von ihnen für die legislative Beratung vorbereiteten Themen bewusster durch die Brille der Bürgerinnen und Bürger sehen.

5. *Entschärfung von Konflikten durch Face-to-Face-Verfahren:* Grundsätzlich lassen sich potentiell konflikthaltige Themen vor allem durch Face-to-Face-Verfahren „entschärfen". Face-to-Face-Verfahren können zu einer einvernehmlichen oder zu einer breit getragenen Lösung führen. Dies gelingt am ehesten, wenn die Beteiligung frühzeitig stattfindet und wenn ihr ein Beteiligungs-Scoping vorausgeht. Dabei sind auch jene Personengruppen zu identifizieren, die nicht organisiert sind, die aber einen wichtigen Beitrag zur Formulierung von Eckpunkten leisten können. Auch das Einbeziehen von Zufallsbürgern ist hier sinnvoll. Flankierende Online-Verfahren können dann zusätzlich die notwendige Transparenz herstellen.

6. *Abgestimmte Kombination aus Face-to-Face-Beteiligung, Online-Beteiligung und Verbändeanhörung:* Für die Landtagsabgeordneten und für die Mitarbeiter der federführenden Ministerien liefern die traditionellen Verbändeanhörungen wichtige fachliche Hinweise auf die Ausgestaltung eines Gesetzentwurfs. Wie diese Form der Beteiligung mit informellen Face-to-Face-Verfahren und mit Online-Verfahren kombiniert und verzahnt werden kann, hängt unter anderem von der Reichweite eines zu regelnden Gesetzes-Gegenstandes ab, von seinem konkreten Lebensbezug und von seiner Konflikthaltigkeit.

Beteiligungsverfahren sind mittlerweile vor allem bei Bau- und Infrastruktur-projekten üblich. Dass das Land Baden-Württemberg Beteiligungsverfahren auch bei der Gesetzgebung durchführt, hat sich bewährt und ist nachahmenswert. Die positiven Erfahrungen könnten in anderen Bundesländern dazu motivieren, Gesetzesvorhaben partizipativ anzugehen. Für die partizipative Gesetzgebung sind einige Rahmenbedingungen förderlich:

1. *Partizipative Gesetzgebung sollte in eine umfassende Beteiligungsstrategie eingebettet sein:* Die partizipative Gesetzgebung kann vor allem dann zu den gewünschten Effekten führen, wenn sie nicht isoliert betrachtet wird. Sinnvoll ist eine Einbettung in eine umfassende Beteiligungsstrategie, wie sie in der „Politik des Gehörtwerdens" in Baden-Württemberg formuliert wurde. Dabei geht es hier nicht um direkt-demokratische Elemente, sondern es geht um Verfahren der informellen Beteiligung, bei der Bürgerinnen und Bürger sowie nicht-organisierte Betroffene die Exekutive und die Legislative mit Anregungen versorgen, sie also „beraten". Die Formate der informellen Beteiligung sollten in einer umfassenden Beteiligungsstrategie auch mit den bestehenden, traditionellen Beteiligungsformen verzahnt werden – allen voran mit der Verbändeanhörung. Am Beispiel der Online-Kommentierungen im Beteiligungsportal wird dies deutlich: Die Stellungnahmen der Verbände werden bislang überwiegend auf dem postalischen Weg an die Ministerien gesendet. Sinnvoll wäre es, wenn die Verbände bereits vor der Verbändeanhörung (und zusätzlich zu ihr) ihre Stellungnahme auf dem Online-Beteiligungsportal veröffentlichen würden; dies würde die Transparenz erhöhen und mitunter weitere Diskussionen anregen.

2. *Partizipative Gesetzgebung sollte durch verbindliche Rahmenbedingung geregelt sein:* Ob bei einem Gesetzesvorhaben Beteiligungsverfahren eingesetzt werden oder nicht, sollte nicht dem Zufall überlassen werden. Stattdessen sollte der Einsatz partizipativer Gesetzgebung transparent und verbindlich geregelt sein. In Baden-Württemberg ist die Gesetzgebung für die Exekutive in der Verwaltungsvorschrift „VwV Regelungen" geregelt. Nach der Test-Phase in der 15. Legislaturperiode ist zumindest das Hochladen von Vorhaben auf dem Beteiligungsportal inzwischen verbindlich vorgeschrieben. Auch sollten klare Strukturen für die Beteiligungsverfahren existieren – beispielsweise ein Online-Beteiligungsportal, das die verschiedenen Informationen und Funktionalität rund um die partizipative Gesetzgebung bündelt und auch als Informations-Plattform fungiert.

3. *Partizipative Gesetzgebung sollte durch einen entsprechenden Aufbau von Kompetenz in der Verwaltung gefördert werden:* Partizipative Gesetzgebung liegt in den Händen der Mitarbeiterinnen und Mitarbeiter in den Fachministerien. Zu den dort vorhandenen Kompetenzen zählen Sachkunde und Rechts-Kenntnisse.

Der Umgang mit partizipativer Gesetzgebung gehört meist noch nicht zum allgemeinen Kompetenzbestand. Demensprechend sollten die Mitarbeiterinnen und Mitarbeiter mit Hilfe von Fortbildungsangeboten gefördert werden. Zudem sollte ihnen Unterstützung zentral zur Verfügung gestellt werden. In Baden-Württemberg steht mit der Stabsstelle für Zivilgesellschaft und Bürgerbeteiligung eine Unterstützungsstruktur zur Verfügung. Darüber hinaus sollte neben einer personellen Aufstockung erwogen werden, innerhalb eines jeden Fachministeriums eine Koordinations- und Beratungsstelle einzurichten – etwa in der jeweiligen Zentralabteilung. Die Koordination dieser Personen und der Erfahrungsaustausch über die Ministerien hinweg sollte dann vom Staatsministerium bzw. von der Staatskanzlei des Bundeslandes geleistet werden.

4. *Bei allen Gesetzesvorhaben sollte das federführende Ministerium ein Beteiligungs-Scoping durchführen:* Zu Beginn eines Vorhabens ist abzuwägen, welche Form von Beteiligung für das Vorhaben angemessen ist. Das kann mal ein Online-Verfahren sein, mal ein Face-to-Face-Verfahren und mal eine Kombination aus Online- und Face-to-Face-Verfahren. Es geht also nicht darum, immer ein besonders aufwändiges Beteiligungsverfahren durchzuführen, sondern jene Formate auszuwählen, die für das jeweilige Vorhaben angemessen sind. Dazu gehören auch begründete Überlegungen, welche Personengruppen an der partizipativen Gesetzgebung beteiligt werden sollten.

Dies alles zusammen würde zu einer Bereicherung der repräsentativen Demokratie um Elemente einer partizipativen Gesetzgebung beitragen: Die Exekutive ermöglicht es Bürgerinnen und Bürgern, nicht-organisierten Betroffenen sowie Verbänden, im Rahmen der repräsentativen Demokratie freiwillig und in einem transparenten Verfahren Gesetzesvorhaben zu kommentieren bzw. diese inhaltlich mit zu entwickeln. Die Exekutive macht bei Gesetzesvorhaben deutlich, wie diese Kommentare und Anregungen in den Gesetzentwurf eingeflossen sind, der dem Landtag zur Beratung und Entscheidung vorgelegt wird. Dieses Vorgehen verfolgt das Ziel, dass die Exekutive der Legislative einen qualitativ hochwertigen Entwurf vorlegen kann, der auch von breiten Teilen der Öffentlichkeit akzeptiert wird.

Literaturverzeichnis

Arndt, Ulrich. 2014: Die frühe Öffentlichkeitsbeteiligung in Baden-Württemberg. *Verwaltungsblätter für Baden-Württemberg* 5/2015: 192–197.

Baden-Württemberg Stiftung, Hrsg. 2015. *Demokratie-Monitoring Baden-Württemberg 2013/2014. Studien zu Demokratie und Partizipation*. Wiesbaden: Springer VS.

Barnes, Samuel H., Max Kaase, Klaus R. Allerbeck, Barbara Farah, Felix J. Heunks, Ronald Inglehart, M. Kent Jennings, Hans-Dieter Klingemann, Allan Marsh, und Leopold Rosenmayr. 1979. *Political Action. Mass Participation in Five Western Democracies*. Beverly Hills, London: Sage.

Bertelsmann Stiftung, und Staatsministerium Baden-Württemberg, Hrsg. 2014: *Partizipation im Wandel. Unsere Demokratie zwischen Wählen, Mitmachen und Entscheiden*. Gütersloh: Verlag Bertelsmann Stiftung.

Boger, Luisa, Arne Rausch, Anne Salbach, Janina Sendatzki, Bettina Schulz, und Inkeri Schmalz. 2012. *Der Konflikt um den Nationalpark Nordschwarzwald. Eine Analyse der Kommunikationsstrategien beteiligter Konfliktparteien sowie deren Resonanz in der Tagespresse*. Stuttgart: Universität Hohenheim. https://komm.uni-hohenheim.de/nationalpark. Zugegriffen: 1. September 2018.

Bündnis 90/Die Grünen, und SPD Baden-Württemberg. 2011. *Koalitionsvertrag vom 9.5.2011, „Der Wechsel beginnt"*. www.gruene-bw.de/fileadmin/gruenebw/dateien/Koalitionsvertrag-web.pdf. Zugegriffen: 1. September 2018.

Haug, Volker. 2014. „Partizipationsrecht" – Ein Plädoyer für eine eigene juristische Kategorie. *Die Verwaltung. Zeitschrift für Verwaltungsrecht und Verwaltungswissenschaft* 47/2: 221–241.

Haug, Volker, und Susanne Schmid. 2014. Der Ausbau der Bürgerbeteiligung in Baden-Württemberg – eine Zwischenbilanz zur „Politik des Gehörtwerdens". *Verwaltungsblätter für Baden-Württemberg* 8/2014: 281–286.

Jennings, M. Kent, Jan W. van Deth, unter Mitwirkung von Samuel H. Barnes, Dieter Fuchs, Felix J. Heunks, Ronald Inglehart, Max Kaase, Hans-Dieter Klingemann, und Jacques J. A. Thomassen. 1990. *Continuities in Political Action. A Longitudinal Study of Political Orientations in Three Western Democracies*. Berlin, New York: de Gruyter.

Kaase, Max. 1992. Politische Beteiligung. In *Die westlichen Länder. Band 3 des Lexikons der Politik*, Hrsg. Manfred G. Schmidt, 339–346. München: C.H.Beck.

Klages, Helmut, und Angelika Vetter. 2011. Bürgerbeteiligung als Weg zur lebendigen Demokratie – Bedingungen für ein realistisches Konzept. In *Die Zukunft der Bürgerbeteiligung*, Hrsg. Stiftung Mitarbeit, 230–254. Bonn: Verlag Stiftung Mitarbeit.

Masser, Kai, Franziska Fischer, und Tobias Ritter. 2015. *Evaluation des Kommentieren-Bereichs des Beteiligungsportals des Landes Baden-Württemberg. Speyerer Forschungsberichte 284*. Speyer: Deutsches Forschungsinstitut für öffentliche Verwaltung.

Ministerium für Umwelt, Klima und Energiewirtschaft. 2013. *Auswertung der Bürgerbeteiligung zur Novelle des EWärme-Gesetzes*. Stuttgart: Ministerium für Umwelt, Klima und Energiewirtschaft. https://beteiligungsportal.baden-wuerttemberg.de/fileadmin/redaktion/beteiligungsportal/UM/EWaermeG/Auswertung_EWärmeG_Beteiligung.pdf. Zugegriffen: 1. September 2018.

Ministerium für Umwelt, Klima und Energiewirtschaft. o. J.. *Wir gehen neue Wege! Gehen Sie mit! BEKO*. Stuttgart: Ministerium für Umwelt, Klima und Energiewirtschaft. https://

um.baden-wuerttemberg.de/fileadmin/redaktion/m-um/intern/Dateien/Dokumente/2_Presse_und_Service/Publikationen/Klima/BEKO_Informationsbroschuere.pdf. Zugegriffen: 1. September 2018.

Ministerium für Wissenschaft, Forschung und Kunst. 2012. *Auswertung der Online-Beteiligung zur Wiedereinführung der Verfassten Studierendenschaft in Baden-Württemberg.* Stuttgart: Ministerium für Wissenschaft, Forschung und Kunst. http://mwk.baden-wuerttemberg.de/fileadmin/redaktion/m-mwk/intern/dateien/pdf/Verfasste_Studierendenschaft/Abschlussbericht_Online-Beteiligung_VerfassStud.pdf. Zugegriffen: 1. September 2018.

Münch, Ursula, Eike-Christian Hornig, und Uwe Kranenpohl, Hrsg. 2014. *Direkte Demokratie. Analysen im internationalen Vergleich.* Baden-Baden: Nomos.

Nanz, Patrizia, und Miriam Fritsche. 2012. *Handbuch Bürgerbeteiligung. Verfahren und Akteure, Chancen und Grenzen.* Bonn: Bundeszentrale für politische Bildung.

Renn, Ortwin. 2005. Partizipation – ein schillernder Begriff. *Gaia* 14/3: 227–228.

Scheel, Oliver, und Sarah-Kristina Wist. o. J.. *Kurzzusammenfassung der Evaluation der BEKO-Beteiligung.* Stuttgart: ZIRIUS – Uni Stuttgart. https://um.baden-wuerttemberg.de/index.php?id=9978. Zugegriffen: 1. September 2018.

Staatsministerium Baden-Württemberg. o. J. *Beteiligung zum Nationalpark Schwarzwald.* https://beteiligungsportal.baden-wuerttemberg.de/de/informieren/beteiligungsprojekte-der-landesregierung/lp-15/nationalpark-nordschwarzwald/. Zugegriffen: 1. September 2018.

VDI. 2014. *VDI-Richtlinie 7001 – Kommunikation und Öffentlichkeitsbeteiligung bei Planung und Bau von Infrastrukturprojekten. Standards für die Leistungsphasen der Ingenieure.* Berlin: Beuth Verlag.

Vetter, Angelika, Saskia Geyer, und Ulrich Eith. 2015. Die wahrgenommenen Wirkungen von Bürgerbeteiligung. In *Demokratie-Monitoring Baden-Württemberg 2013/2014. Studien zu Demokratie und Partizipation*, Hrsg. Baden-Württemberg Stiftung, 223–342. Wiesbaden: Springer VS.

VwV Öffentlichkeitsbeteiligung. 2014. *Verwaltungsvorschrift der Landesregierung zur Intensivierung der Öffentlichkeitsbeteiligung in Planungs- und Zulassungsverfahren vom 17. Dezember 2013* (GABl. Nr. 2, 2014, S. 22), in Kraft getreten am 27. Februar 2014. https://beteiligungsportal.baden-wuerttemberg.de/fileadmin/redaktion/beteiligungsportal/StM/131217_VwV-Oeffentlichkeitsbeteiligung.pdf. Zugegriffen: 1. September 2018.

VwV Regelungen. 2018. *Verwaltungsvorschrift der Landesregierung und der Ministerien zur Erarbeitung von Regelungen vom 27. Juli 2010* (GABl. Nr. 8, S. 277), zuletzt geändert durch Verwaltungsvorschrift vom 12. Dezember 2017 (GABl. Nr. 1, S. 2), in Kraft getreten am 1. Januar 2018. https://stm.baden-wuerttemberg.de/fileadmin/redaktion/dateien/PDF/180101_VwV-Regelungen_NKR.pdf. Zugegriffen: 1. September 2018.

Das Beteiligungsportal des Landes Baden-Württemberg
Eine Analyse der Nutzerfreundlichkeit

Philipp Maxhofer

Zusammenfassung

Die partizipative Landesgesetzgebung in Baden-Württemberg setzt sowohl auf Face-to-Face- als auch auf Online-Formate. Das Beteiligungsportal des Landes Baden-Württemberg ist seit 2013 das zentrale Online-Format. Hier können Bürgerinnen und Bürger vor allem Gesetzesvorhaben der Landesregierung kommentieren. Ferner können sie sich über Bürgerbeteiligung informieren. Der Erfolg einer solchen Beteiligungsplattform hängt unter anderem von ihrer Usability ab. Die Nutzerfreundlichkeit des Beteiligungsportals ist durchwachsen. Mit der Behebung einiger Probleme, Komplexitätsreduktionen und einer generellen Umstrukturierung ließe sich die Usability mit verhältnismäßig geringem Aufwand auf ein sehr gutes Niveau heben. Dies sind einige Ergebnisse der empirischen Untersuchung der Usability. Dabei wurden User-Tests, eine User-Befragung und eine Heuristic Evaluation kombiniert. Im Mittelpunkt standen unter anderem die Merkmale Learnability, Efficiency, Memorability, Errors und Satisfaction.

Schlüsselbegriffe

Gesetzgebung, Bürgerbeteiligung, Online-Beteiligung, Usability, Eyetracking

© Springer Fachmedien Wiesbaden GmbH, ein Teil von Springer Nature 2019   79
F. Brettschneider (Hrsg.), *Gesetzgebung mit Bürgerbeteiligung*, Politik gestalten – Kommunikation, Deliberation und Partizipation bei politisch relevanten Projekten, https://doi.org/10.1007/978-3-658-24144-5_2

1   Einleitung

„Eine neue politische Kultur des Dialogs und der Offenheit für Vorschläge, unabhängig davon wer sie macht, wird mit uns in Baden-Württemberg Einzug halten. Wir laden alle in unserer Gesellschaft ein, mit uns gemeinsam am Baden-Württemberg der Zukunft zu arbeiten – Verbände und Organisationen, Unternehmen und die Bürgerinnen und Bürger aus allen Teilen unseres Landes" (Bündnis 90/ Die Grünen und SPD 2011, S. 2). Diese Einladung findet sich im Koalitionsvertrag, den die Grünen und die SPD nach der Landtagswahl 2011 in Baden-Württemberg geschlossen haben. Es sollte eine „Politik des Gehörtwerdens" in Baden-Württemberg etabliert werden.

Im formalen Gesetzgebungsprozess in Baden-Württemberg war bis dahin keine direkte Einflussnahme durch Bürger vorgesehen. Vereinfacht dargestellt folgen auf ein Eckpunktepapier, welches nur die groben Rahmenbedingungen enthält, der Referentenentwurf und schließlich der Gesetzentwurf. Dieser wird dann im Landtag diskutiert und ggf. beschlossen (siehe den Beitrag von Brettschneider in diesem Band). Nach der Landtagswahl 2011 wurden jedoch Möglichkeiten der partizipativen Gesetzgebung geschaffen, um Meinungen, Anregungen und Interessen der Bürger im Verlauf des Gesetzgebungsprozesses unmittelbar einbringen zu können. Die Gründe dafür lagen unter anderem beim Konflikt zu Stuttgart 21, auf welchen hin die neugewählte grün-rote Landesregierung in ihrem Koalitionsvertrag die Absicht mit aufnahm, partizipative Elemente zu stärken (vgl. Reidinger 2016, S. 276f.). Beteiligungsverfahren wurden von der Exekutive ins Leben gerufen, um es möglich zu machen, dass dem Landtag fachlich solide sowie von der Bevölkerung akzeptierte Entwürfe vorgelegt werden (siehe den Beitrag von Brettschneider in diesem Band).

Für die informelle Beteiligung am Gesetzgebungsverfahren gibt es verschiedene Face-to-Face-Formate sowie ein Instrument für Online-Beteiligung, das Beteiligungsportal Baden-Württemberg. Die Face-to-Face-Formate umfassen das gesamte Spektrum von Beteiligungsformaten, bei denen sich die Personen von Angesicht zu Angesicht begegnen, austauschen und an gemeinsamen Lösungsvorschlägen arbeiten. Als Instrument für Online-Beteiligung führte die Landesregierung 2013 das Beteiligungsportal Baden-Württemberg ein, auf welchem man sich über Partizipation im Allgemeinen sowie über bestimmte Gesetzentwürfe informieren sowie Kommentare zu diesen abgeben kann.

In Baden-Württemberg werden verschiedene Online- und Face-to-face-Formate in zahlreichen Varianten kombiniert. Sie erstrecken sich von einer reinen Online-Beteiligung, über eine Mischung von Online- und Face-to-Face-Formaten bis hin zu komplexen Modellen verzahnter Beteiligungsformate. Insgesamt

halten die Parlamentarier in Baden-Württemberg den Einsatz von Beteiligungs-
instrumenten für sinnvoll. In einer Befragung befürworteten auch zahlreiche
Landtagsabgeordnete die Ergänzungen der repräsentativen Demokratie durch
Bürgerbeteiligung in der Gesetzgebung. Mehr als die Hälfte von ihnen bevorzugt
eine Kombination aus Online- und Face-to-Face-Beteiligung. Als sinnvollsten
Zeitpunkt für eine Online-Kommentierung schätzen sie den Zeitraum zwischen
dem Eckpunktepapier und dem Referentenentwurf ein (siehe den Beitrag von
Brettschneider in diesem Band).

Damit eine Beteiligungs-Webseite ein Erfolg werden kann, muss sie in der
Bevölkerung so bekannt sein, dass eine gewisse Mindestanzahl an Bürgerinnen
und Bürgern die Seite nutzt. Außerdem muss die Usability der Website dergestalt
sein, dass diesen Nutzern die gewünschte Beteiligung möglichst unkompliziert
und angenehm ermöglicht wird.

Der Aufbau einer Internetseite sollte einem alten Prinzip der Architektur folgen:
„Form ever follows function" (Balzert et al. 2009, S. 2). Da eine Website den Nutzern die gesuchten Informationen schnell, übersichtlich und nach einer logischen
Struktur zur Verfügung stellen sollte, ist ihre Usability nicht nur wichtig, sondern
elementarer Bestandteil des Web-Erfolgs. Mit Hilfe der Web-Usability-Forschung
wird in dem vorliegenden Beitrag das Beteiligungsportal Baden-Württembergs auf
seine Benutzerfreundlichkeit hin untersucht. Auf dieser Basis werden Verbesserungsvorschläge erarbeitet, um die Website für Nutzer zu optimieren und Zufriedenheit sowie Akzeptanz zu schaffen (vgl. Zerfaß und Zimmermann 2004, S. 6 f.).
Der vorliegende Beitrag beantwortet dementsprechend folgende Forschungsfragen:

▶ Wie gut ist die Usability des Beteiligungsportals Baden-Württemberg? Welche
   Schwächen weist die Seite auf? Und wie kann die Usability verbessert werden?

2   Politische Partizipation – online und Face-to-Face

2.1   Partizipationsformen

Van Deth (2009, S. 141) definiert politische Partizipation als „alle Aktivitäten von
Bürgern mit dem Ziel, politische Entscheidungen zu beeinflussen." Laut van Deth
beschränkt sich die politische Partizipation bei einem Großteil der Bürger auf das
Wählen. Nichtsdestotrotz ist in den vergangenen Jahren ein Zuwachs der Partizi-
pationsansprüche der Bevölkerung zu verzeichnen. Dies hängt mit einer Vielzahl
von Herausforderungen zusammen, denen sich repräsentative Demokratien stellen

müssen. Im Vergleich mit anderen politischen Systemen muss die Demokratie zusätzliche Leistungen wie politische Einfluss-, Beteiligungs- und Kontrollmöglichkeiten bieten (vgl. Geißel et al. 2014, S. 11). Im Kern repräsentativer Demokratien stehen politische Parteien sowie deren Politiker, die legitimiert durch das Volk und in seinem Interesse handeln. Rechtsstaatlichkeit, Gewaltenteilung sowie periodische Wahlen sollen dafür sorgen, dass sich die Träger politischer Verantwortung stets nah entlang der Bevölkerungsinteressen bewegen. Nach einer Phase der Zufriedenheit in den OECD-Ländern in der Nachkriegszeit, besonders bedingt durch einen ökonomischen Boom, zeigten sich ab der Mitte der 1960er-Jahre erste Krisenerscheinungen. Die Beteiligungsansprüche der Bevölkerung hängen bis heute mit einem Misstrauen der Bürger zusammen, ob die Politik tatsächlich in ihrem Interesse handelt (vgl. Geißel et al. 2014, S. 12). Politikwissenschaftler sprechen daher von einer „Krise der Repräsentation" (Michelsen und Walter 2013), in welcher kritische Bürger die Funktionalität und Güte der demokratischen Entscheidungsfindung hinterfragen.

In Kenntnis dieser Entwicklung wird weltweit mit einer Vielzahl verschiedener Beteiligungsverfahren experimentiert. Diese sollen substituierend wirken; der Fokus auf einer repräsentativen Entscheidungsfindung soll bestehen bleiben. Dabei geht es sowohl um deliberative, dialogorientierte Verfahren als auch um direktdemokratische Formate.

Deliberative, dialogorientierte Verfahren (die Begriffe werden hier synonym verwendet) sind Formate der Bürgerbeteiligung, in welchen Bürgerinnen und Bürger online und offline debattieren. Beispiele dafür können die klassische Bürgerversammlung, das Erarbeiten einer politischen Agenda in Bürgerforen oder Online-Debatten sein. Im Kern stehen jedenfalls Debatten innerhalb der Zivilgesellschaft. Oftmals haben diese gar keinen oder lediglich einen geringen Einfluss auf die politische Entscheidungsfindung. Im besten Fall haben die politischen Instanzen jedoch ein offenes Ohr für die Debatten und deren Ergebnisse. So können Bürger an der politischen Entscheidungsfindung teilhaben, ohne dass die Souveränität der Parlamente in Frage gestellt wird (vgl. Geißel et al. 2014, S. 17). Die Vorteile von deliberativen Beteiligungsverfahren sind vielfältig. So sollen beispielsweise möglichst viel Wissen, verschiedene Meinungen und Tendenzen von Akteuren und Betroffenen in den Entscheidungsprozess einfließen. Außerdem wird angenommen, dass eine Entscheidung dann umso mehr Akzeptanz findet, je stärker jemand in ihren Findungsprozess involviert war. Im besten Fall ist auch von politischen Lernprozessen auf Bürgerseite auszugehen. Zum einen im Sinne einer Verbesserung der inhaltlichen Kompetenzen, zum anderen soll auch ein verbessertes Verständnis politischer Kompromissfindung erreicht werden. Für viele stellt die Förderung einer „aktiven und verantwortlichen Wahrnehmung der Bürgerrolle (active citizenship) einen zentralen Ertrag dialogorientierter Verfahren" (Geißel et al. 2014, S. 17) dar.

Eine weitere wichtige Erwartungshaltung ist der Einfluss auf politische Entscheidungen. Dabei sollten Macht und materieller Einfluss in der Debatte eine untergeordnete Rolle spielen. Auch Expertenmeinungen sollten in deliberativen Verfahren Einfluss finden, diese aber nicht dominieren. Die Fachleute und Politiker sollten vielmehr die Expertise und Perspektive der Bürger aufgreifen und einfließen lassen. Brettschneider (siehe Beitrag in diesem Band) prägt hier den Begriff der partizipativen Gesetzgebung und definiert ihn wie folgt:

> „Die Exekutive ermöglicht es Bürgerinnen und Bürgern, nicht-organisierten Betroffenen sowie Verbänden, im Rahmen der repräsentativen Demokratie freiwillig und in einem transparenten Verfahren Gesetzesvorhaben zu kommentieren bzw. diese inhaltlich mit zu entwickeln. Die Exekutive macht bei Gesetzesvorhaben deutlich, wie diese Kommentare und Anregungen in den Gesetzentwurf eingeflossen sind, der dem Landtag zur Beratung und Entscheidung vorgelegt wird. Dieses Vorgehen verfolgt das Ziel, dass die Exekutive der Legislative einen qualitativ hochwertigen Entwurf vorlegen kann, der auch von breiten Teilen der Öffentlichkeit akzeptiert wird."

Die Partizipation betrifft dabei die Bürger (Partizipationssubjekt) als Individuen selbst. Die Partizipationstätigkeit ist der Versuch der Einflussnahme auf bestehende Gesetzesvorhaben sowie die eigenständige Beschäftigung mit Ideen für Gesetzesvorschläge. Meinungsbildungsprozesse bezogen auf Gesetzesvorhaben sind das Partizipationsobjekt. Wichtig ist zudem die Freiwilligkeit bei der Beteiligung (siehe Beitrag von Brettschneider in diesem Band). Partizipative Gesetzgebung soll fünf Funktionen erfüllen:

- *Legitimationsfunktion:* Durch Partizipation kann staatliches Handeln legitimiert sein. Während ansonsten vor allem die Legislative durch Wahlen legitimiert wird, kann hier die Legitimation in Bezug auf die Leistungen der Exekutive gestärkt werden.
- *Akzeptanzfunktion:* Durch die Möglichkeit der Einflussnahme auf das Gesetzgebungsverfahren wird bei den Bürgern auch dessen Akzeptanz erhöht. Insbesondere bei konfliktträchtigen Gesetzesvorhaben wird so die Möglichkeit geschaffen, dass durch Beteiligung Konflikte vermieden werden, weil damit in einer frühen Phase gesellschaftlich tragfähige Lösungen geschaffen werden können.
- *Kontroll- und Transparenzfunktion:* Durch die Beteiligung werden verschiedene Positionen in einer Sachfrage offensichtlich. Auch ist die Exekutive gezwungen, ihren Standpunkt fundierter zu begründen. Dadurch ergeben sich Transparenz und eine damit einhergehende Kontrolle.
- *Ausgleichsfunktion:* Partizipation soll einen „Ausgleich zwischen ‚oben und unten' herbeiführen. Denn die politischen Institutionen haben eine stärkere

Ausgangsposition im jeweiligen Entscheidungsprozess als der individuelle oder auch verbandsmäßig organisierte Partizipant. Indem der Partizipant mit Beteiligungsrechten gestärkt wird, bewirkt er zugleich Erklärungs- und Rechtfertigungspflichten bei den politischen Institutionen, was zu einem (gewissen) Ausgleich der unterschiedlichen Ausgangs- und Machtpositionen führt" (Haug 2014, S. 238ff.).

- *Qualitätsfunktion:* Bürger können mit ihrem Alltagswissen oder in bestimmten Fällen auch mit ihrem Fachwissen dazu beitragen, die Qualität der Gesetzesvorschläge zu verbessern. Bei Gesetzentwürfen, die nah an der Lebensrealität vieler Menschen liegen, ist dies eher der Fall als bei Spezialthemen.

2.2   Eigenschaften der Online-Partizipation

Online-Partizipation, gelegentlich auch E-Partizipation genannt, erfährt in den letzten Jahren einen merkbaren Bedeutungszuwachs. „E-Partizipation umfasst alle internetgestützten Verfahren, die Bürgerinnen und Bürgern eine aktive Teilhabe an politischen Entscheidungsprozessen ermöglichen" (Nanz und Fritsche 2012, S. 88). Der Bereich der Online-Beteiligung erstreckt sich von elektronischen Petitionen und staatlich initiierten Diskussionen zu Gesetzesinitiativen über Chancen zur Mitsprache bei lokalen Vorhaben bis hin zu Debatten über die Verwendung von Kommunalbudgets. Diesen Online-Verfahren ist gemein, dass Bürger über das Internet ihre Meinungen und Kritik schriftlich mitteilen, mit anderen in einen Dialog treten, diskutieren und mit ihren Äußerungen politische Entscheidungsprozesse beeinflussen können (vgl. Nanz und Fritsche 2012, S. 88f.). Die Formen der Online-Partizipation sind meist keine gänzlich neuen, sie ähneln vielmehr bestehenden Verfahren (vgl. Metje 2005, S. 26).

Partizipativen Online-Formaten werden verschiedene Vorteile zugeschrieben: Zum einen ermöglichen sie eine schnelle und unmittelbare Meinungsäußerung, welche nicht mit der Teilnahme an einer klassischen vor Ort stattfindenden Veranstaltung einhergeht und somit auch terminunabhängig ist. Somit können Beteiligungsbarrieren erheblich gesenkt werden, wodurch die Zahl der Teilnehmer in der Bevölkerung erhöht werden kann. Des Weiteren wird Personen die Teilnahme erleichtert, die sich aufgrund von Schüchternheit oder schlechten rhetorischen Fähigkeiten nicht in der Lage sehen, bei einer klassischen Diskussionsrunde das Wort zu ergreifen und ihren Standpunkt zu vertreten. Weil online ein Sachverhalt länger diskutiert werden kann, steigt zudem die Chance zur Reflexion. Dies gilt besonders für jüngere Generationen. Für andere Bevölkerungsteile hingegen stellt Online-Beteiligung häufig eine Hürde dar. So haben beispielsweise ältere Menschen oftmals weniger technische Kenntnisse oder keinen Internetzugang (vgl. Nanz und

Fritsche 2012, S. 89f.). Neben dem unausgewogenen Zugang verschiedener Bevölkerungsgruppen gibt es auch an der Qualität der Diskussionen häufig Kritik. „Wie die Analyse der Diskursqualität zeigte, ist eine Vielzahl der Webforen wie auch der sozialen Netzwerke durch mangelnde Dialoge und eine Dominanz von Monologen charakterisiert" (Kersting 2016, S. 95). Online-Beteiligungsformate sind also keine partizipativen Wundermittel, stellen jedoch eine gute Ergänzung zu bestehenden Beteiligungsformen dar. Dafür müssen sie jedoch eine gute Nutzerfreundlichkeit aufweisen – also eine gute Usability.

3   Das Beteiligungsportal des Landes Baden-Württemberg

Das Beteiligungsportal Baden-Württemberg ist unter der URL https://beteiligungsportal.baden-wuerttemberg.de/ zu erreichen. Ein alternativer Zugangsweg führt über die Website der Landesregierung (baden-wuerttemberg.de), auf welcher das Portal prominent in der Hauptnavigationsleiste verlinkt ist. Es handelt sich beim Beteiligungsportal um eine Website der Landesregierung Baden-Württemberg. Die übergreifende Verantwortung für das Beteiligungsportal liegt bei der Stabsstelle für Zivilgesellschaft und Bürgerbeteiligung im Staatsministerium. Die technische Umsetzung erfolgt durch die Medien- und Filmgesellschaft (MFG) Baden-Württemberg. Für die Inhalte zu den Gesetzesvorhaben, welche auf dem Beteiligungsportal kommentiert werden können, sind die jeweiligen Fachministerien verantwortlich (siehe den Beitrag von Brettschneider in diesem Band).

Im Zeitraum vom 01. Oktober 2016 bis zum 30. September 2017 wurden einzelne Seiten des Beteiligungsportals in Summe 179.327 mal aufgerufen. Am häufigsten geschah dies in Firefox (25 %), Internet Explorer (23,9 %) und Google Chrome (17,9 %). Für diese drei Browser ist die Seite optimiert. Ferner ist sie responsiv, es gibt also auch eine für mobile Endgeräte optimierte Version. 74,5 % der Aufrufe erfolgten jedoch in der Desktopversion, für knapp ein Viertel der Aufrufe wurde die mobile Version genutzt. Da bei den Nutzern des Beteiligungsportals der Fokus deutlich auf der Desktopversion liegt, wurde diese im vorliegenden Beitrag untersucht.

3.1   Geschichte und Ziele des Beteiligungsportals

Am 14. März 2013 ging das Beteiligungsportal Baden-Württemberg online. Zeitgleich gingen auch die ersten beiden Kommentierungsverfahren live. Die Themen waren das Umweltverwaltungsgesetz und das Polizeistrukturgesetz. Im Zuge des Ausbaus der Bürgerbeteiligung in Baden-Württemberg wurde die Einführung des Beteiligungsportals von der Landesregierung Baden-Württemberg „als ein wichtiger Schritt, die Bürgerbeteiligung auf allen Ebenen sichtbar zu machen und eigene Online-Beteiligung durchführen zu können" (Reidinger 2016, S. 285), gesehen.

Neben Informationen rund um Bürgerbeteiligung und direkte Demokratie gibt es Usern die Chance, Gesetzentwürfe zu kommentieren, welche die Landesregierung in den Landtag einbringen will. Darüber hinaus ermöglicht es den Landesministerien, das Portal zu nutzen, um eigene Online-Beteiligungsprozesse durchzuführen. Durch das Onlineangebot wird die bisher durchgeführte Verbändeanhörung im Gesetzgebungsverfahren ausgebaut um das Angebot, dass sich jeder zu einem Gesetz öffentlich äußern kann. Um Ressourcen zu sparen und nicht auf alle Kommentare einzeln zu antworten, wird im Anschluss an die Kommentierungsphase vom entsprechenden Ressort eine zusammenfassende Stellungnahme verfasst, in welcher zu den wichtigsten Aspekten der Kommentierung Stellung bezogen wird.

Im zwölfmonatigen Zeitraum von Anfang Oktober 2016 bis Ende September 2017 wurden in 35 Beteiligungsverfahren insgesamt mehr als 800 Kommentare abgegeben. Diese Kommentare wurden mit knapp 13.000 Upvotes oder Downvotes versehen. Die Beteiligungsprozesse wurden nicht nur zu Gesetzesvorschlägen durchgeführt. Teilweise konnten auch Maßnahmenkataloge, beispielsweise zur Digitalisierung oder zur Luftreinhaltung, kommentiert werden.

„Das Land Baden-Württemberg ist bestrebt, die Online-Beteiligung neben den bereits etablierten Wegen (zum Beispiel der Verbändeanhörung) in bestehende Verfahren einzubauen" (Reidinger 2016, S. 285). Eine solche Online-Beteiligung ist derzeit in der politischen Landschaft Deutschlands noch experimentell, nur der Landtag von Thüringen hat eine ähnliche Plattform ins Leben gerufen, welche die Kommentierung von Gesetzentwürfen im parlamentarischen Prozess ermöglicht (forum-landtag.thueringen.de). Alle Baden-Württemberger sind eingeladen, an den Beteiligungs-Prozessen auf dem Beteiligungsportal teilzunehmen. Der Wohnort wird jedoch nicht überprüft. Es gibt keinerlei Einschränkungen bezüglich Alter oder Herkunft. Um ein Nutzungskonto anzulegen, ist lediglich eine gültige E-Mail-Adresse erforderlich.

3.2   Aufbau und Inhalte des Beteiligungsportals

Der Kopfteil der Seite ist auf allen Unterseiten des Beteiligungsportals gleich (siehe Abb. 1). Links oben findet sich das Logo des Beteiligungsportals inklusive des

Texts „Beteiligungsportal Baden-Württemberg". Es dient als Verlinkung auf die Startseite. Rechts oben finden sich die beiden Verlinkungen „Registrieren" sowie „Anmelden". Hier kann man einen Nutzer-Account anlegen bzw. sich in diesen einloggen, sofern ein solcher bereits erstellt wurde. Direkt darunter findet sich die Suchleiste, über die mithilfe von Suchbegriffen seitenintern nach Inhalten gesucht werden kann. Darunter ist die Hauptnavigationsleiste der Seite platziert, mit den drei Hauptnavigationspunkten „Mitmachen", „Vorschlagen" und „Informieren" und einer Verlinkung auf die Seite der Landesregierung. Durch ein Mouseover öffnet sich unter den drei Hauptnavigationspunkten jeweils das zugehörige Untermenü mit verschiedenen verlinkten Unterpunkten.

Abb. 1 Kopfteil des Beteiligungsportals

Darunter findet sich hinter dem Hinweis: „Sie sind hier:" eine Orientierungshilfe dafür, wo sich der Besucher auf der Website im Moment aufhält. Unterhalb davon kommen dann dynamische Inhalte, die sich je nach Unterseite unterscheiden.

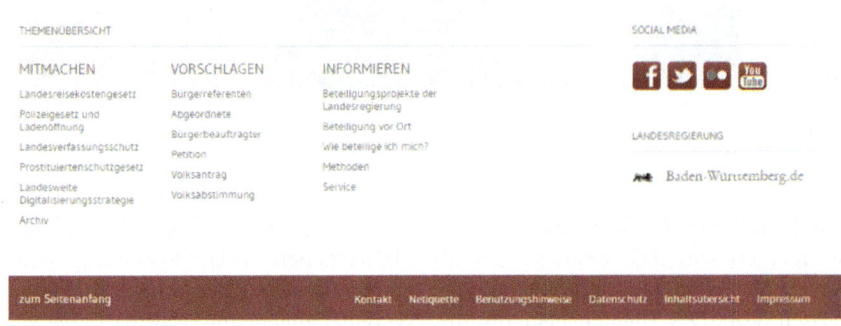

Abb. 2 Unteres Ende des Beteiligungsportals

Am unteren Rand der Seite findet sich dann wiederum eine Fußleiste, die seiten-übergreifend gleich bleibt (siehe Abb. 2). Hier ist eine Themenübersicht zu finden, welche die drei Punkte aus der Hauptnavigation „Mitmachen", „Vorschlagen" sowie „Informieren" inklusive einiger Unterpunkte wieder aufgreift. Besonders der Bereich „Mitmachen" unterliegt hier einer anhaltenden Dynamik, da die kommentierbaren Gesetzesvorschläge immer wieder wechseln.

Auf gleicher Höhe finden sich auf der rechten Seite Icons, welche zu den Social Media Auftritten der Landesregierung (Twitter, Flickr und Youtube) verlinken sowie auf den offiziellen Facebook-Account der Staatsrätin Gisela Erler. Darunter findet sich eine weitere Verlinkung auf die Website der Landesregierung. In der rot abgesetzten Zeile am äußeren, unteren Ende verweisen Links zu einem Kontakt-formular, zur Netiquette der Website, den Benutzungshinweisen, den Hinweisen zum Datenschutz, zur Inhaltsübersicht und zum Impressum.

Die Startseite: Während die oben beschriebenen Fuß- und Kopfzeilen auf jeder Unterseite in dieser Form vorhanden sind, unterscheiden sich die restlichen Elemente je nach Seite. Auf der Startseite befindet sich oben ein Slider, in welchem verschiedene Themen in kurzen zeitlichen Abständen durchrotieren (siehe Abb. 3).

Abb. 3   Slider auf der Startseite

Auf der linken Seite des Sliders befindet sich jeweils ein großes Bild, während auf der rechten Seite das Thema kurz textlich beschrieben ist. Der Slider leitet den Nutzer bei einem Klick auf die jeweilige Unterseite weiter, auf welcher das Thema vertieft wird. Das Themenspektrum umfasst dabei allgemeine Informationen zu politischer Partizipation, konkrete Informationen zu bestimmten Themen oder Gesetzgebungsverfahren sowie Neuigkeiten und Gemischtes, wie beispielsweise ein Video-Interview mit dem Ministerpräsidenten Winfried Kretschmann. Darunter finden sich dann, ähnlich wie bei mancher Online-Zeitung, Vorschauen für verschiedene Themen, bestehend aus Bild, Überschrift und einem knappen Teasertext (siehe Abb. 4).

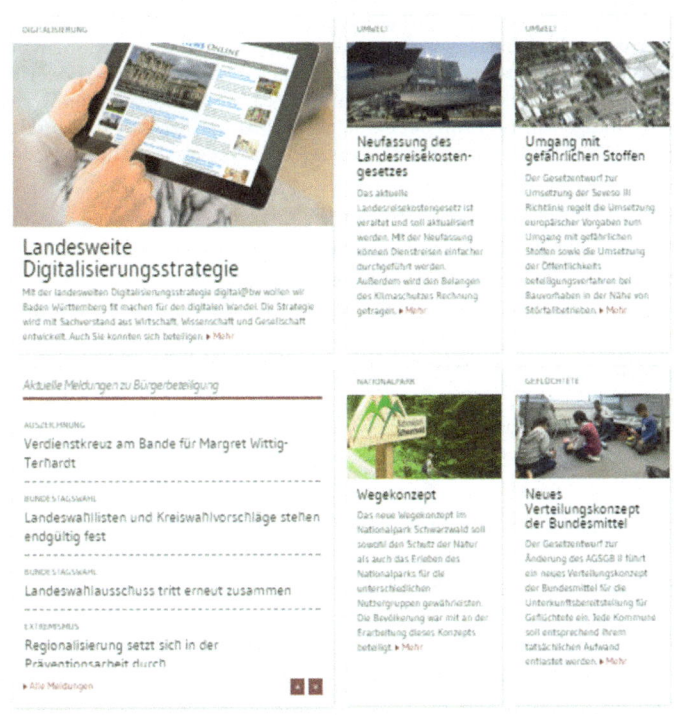

Abb. 4   Inhalte auf der Startseite des Beteiligungsportals

Darüber hinaus gibt es beispielsweise eine Liste mit Verlinkungen zu aktuellen Artikeln, eine Verlinkung auf eine Karte mit einer Übersicht der aktuellen Beteiligungsprojekte in Baden-Württemberg, eine Verlinkung zu einem Quiz über Bürgerbeteiligung sowie zu einem Porträt über die derzeitige Staatsrätin Gisela Erler. Außerdem finden sich noch eine Box, die auf aktuelle Kommentare verlinkt, sowie ein Feld für die Anmeldung zum Newsletter.

Mitmachen: Der zentrale Punkt der drei Hauptnavigationspunkte ist der Bereich „Mitmachen". In diesem Bereich geht es vor allem um die Online-Kommentierung von aktuellen politischen Vorhaben. Auf der Hauptseite des Navigationspunktes wird der Bereich so beschrieben:

> „Die Landesregierung möchte die Bürgerinnen und Bürger bei aktuellen Gesetzentwürfen und wichtigen politischen Vorhaben beteiligen. Hier stellen wir Ihnen aktuelle Beteiligungsprozesse der Landesregierung und ihrer nachgeordneten Behörden dar und laden Sie zum Mitmachen ein. Sie können Vorhaben kommentieren, bewerten und sich an Umfragen beteiligen. Nach Abschluss der Online-Konsultation wertet das jeweils zuständige Ministerium oder eine nachgeordnete Behörde die von den Bürgerinnen und Bürgern eingebrachten Anregungen aus und nimmt dazu Stellung."

Unterhalb dieser Einführung findet sich – ähnlich der Startseite – die Darstellung verschiedener Themen. Durch ein Stift- oder ein Lupen-Icon wird signalisiert, ob der entsprechende Beitrag derzeit kommentiert werden kann. Auf der Seite eines kommentierbaren Gesetzentwurfs ist oben ein Zeitstrahl platziert, über den einzuordnen ist, in welcher Phase des Partizipationsprozesses sich der Gesetzentwurf momentan befindet (siehe Abb. 5).

Abb. 5   Zeitstrahl eines Beteiligungsprojektes

Darunter wird der entsprechende Gesetzentwurf textlich beschrieben. Unten befindet sich das Kommentarfeld, über welches Bürger ihre Meinung, Kritik oder Verbesserungsvorschläge äußern können (siehe Abb. 6). Im Bereich darunter werden diese veröffentlichten Kommentare dann angezeigt. Sie können über die Icons „Daumen-hoch" bzw. „Daumen-runter" unterstützt oder abgelehnt werden. In der Marginalspalte werden die Kontaktdaten (Anschrift, Telefon, E-Mail und Website) des jeweils zuständigen Ministeriums dargestellt.

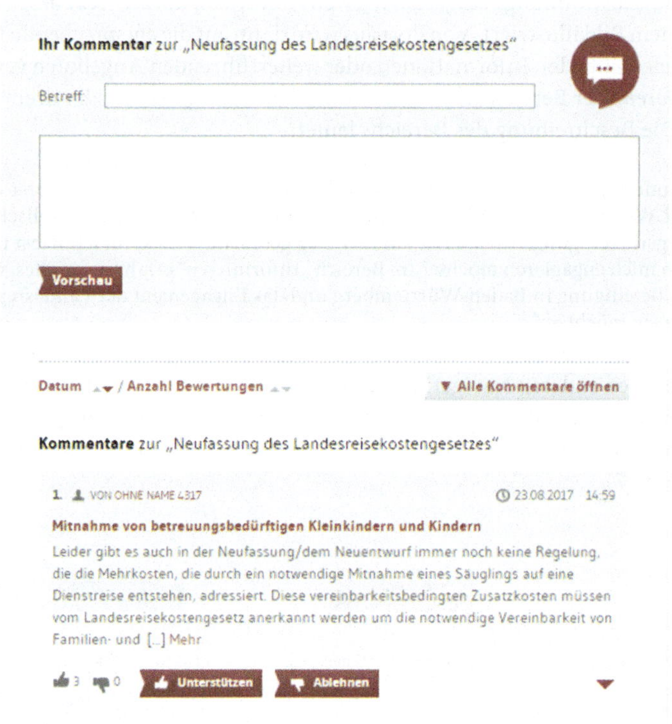

Abb. 6   Kommentarsektion

Vorschlagen: Im zweiten Hauptbereich der Seite geht es vor allem darum, Bürgern Ansprechpartner für politische Beteiligung zu geben und sie über andere Möglichkeiten der politischen Beteiligung zu informieren. Die Beschreibung der Seite lautet:

> „Bringen Sie sich ein! Es ist ein Gewinn für die Gesellschaft, wenn sich Bürgerinnen und Bürger in die Politik einmischen. Ihnen stehen bestimmte Rechte zu. Es gibt Ansprechpartner, die Ihnen bei Anliegen weiter helfen. An dieser Stelle geht es nicht darum, dass die Landesregierung Ihnen ein Angebot macht, sich zu beteiligen. Auf den folgenden Seiten wollen wir Sie informieren, wie Sie sich in die Politik einbringen können."

Auf der Oberseite sind die sechs Unterseiten „Bürgerreferenten", „Ihre Abgeordneten", „Bürgerbeauftragter des Landes", „Petition", „Volksantrag" sowie „Volksbegehren und Volksabstimmung" aufgeführt, jeweils mit einem kurzen Text beschrieben und mit einem Bild illustriert. Von dort aus wird dann auf die entsprechende Unterseite mit tiefergehenden Informationen oder weiterführenden Angeboten verlinkt.

Informieren: Der Bereich „Informieren" ist der umfangreichste der drei Hauptbereiche. Die Beschreibung des Bereichs lautet:

> „Die Landesregierung macht eine Politik des Gehörtwerdens. Was bedeutet das konkret? Was haben die Landesregierung und ihre Staatsrätin für Zivilgesellschaft und Bürgerbeteiligung Gisela Erler auf den Weg gebracht? Was kann ich selbst tun, wenn ich mich engagieren möchte? Im Bereich „Informieren" erfahren Sie alles, was Sie über Beteiligung in Baden-Württemberg und das Engagement der Landesregierung wissen möchten."

Wie auch bei den anderen Navigationspunkten öffnet sich ein Dropdown-Menü bei einem Mouseover. In diesem werden die Unterpunkte des Informieren-Bereichs aufgeführt. Besonders ist hier, dass auch die zweite Ebene darunter mit aufgeführt ist (siehe Abb. 7).

Abb. 7   Dropdown-Navigation bei „Informieren"

4 Usability

Die Usability-Forschung ist als Disziplin in der Kommunikationswissenschaft bei weitem nicht mehr so jung, wie man vermuten könnte. Bereits in den 1980er Jahren wurde zum Thema Nutzerfreundlichkeit geforscht, wobei der Fokus noch nicht auf der Web-Usability lag. Studien, wie etwa „Using scenarios to develop user friendly videotext systems" vom heute führenden Experten für Usability, Jakob Nielsen, aus dem Jahr 1987 zeigen, wie die Prioritäten damals anders gelagert waren. Im Jahr 1997 wurde schließlich mit der DIN EN ISO 9241 eine internationale Normreihe zur Usability definiert (vgl. Sarodnick und Brau 2016, S. 20). In den letzten Jahren hat sich in der Usability-Forschung der Fokus erkennbar in Richtung Websites und Web-Applikationen verschoben.

Bei der Usability-Forschung steht das Medium im Mittelpunkt. Lasswell (1948, S. 37) fragt in seiner bekannten Formel der Massenkommunikation: „Who says what in which channel to whom with what effect?". In diesem Sinne lässt sich die Usability-Forschung insbesondere beim „Channel", also beim Medium, verorten, da es sich beim Untersuchungsobjekt um eine Website oder Ähnliches handelt. Jedoch geschieht dies in engem Bezug zu den Bedürfnissen der Nutzer, welche häufig in Usability-Studien integriert werden (vgl. Nielsen 1995b, S. 26ff.). Dabei wird die tatsächliche Nutzung analysiert, um Rückschlüsse auf das Medium selbst ziehen zu können. Usability-Untersuchungen haben meist den praktischen Anspruch, nicht nur den Status Quo der untersuchten Usability widerzuspiegeln, sondern eine Verbesserung dieser zu erwirken. Die Güte von Usability ist dabei stets untrennbar mit den Usern verbunden, da sie sich über eine einfache, schnelle und erfolgreiche Nutzung definiert (vgl. Zerfaß und Zimmerman 2004, S. 5). Ist der Nutzer in der Lage, die Website entsprechend zu bedienen? Versteht er den Zweck der Seite? Findet er die gesuchten Informationen und sind Services intuitiv benutzbar (vgl. Zerfaß und Zimmerman 2004, S. 5)?

Usability lässt sich als ein Unterpunkt der allgemeinen Systemakzeptanz einordnen (siehe Abb. 8). Hier ist zunächst zwischen sozialer und praktischer Akzeptanz zu unterscheiden. Die soziale Akzeptanz kann sich je nach Individuum unterscheiden. Ein Beispiel dafür könnte etwa die Nutzung einer Online-Dating-App sein, welche manchen Personen unangenehm wäre. Die praktische Akzeptanz lässt sich hinsichtlich diverser Kategorien analysieren, beispielsweise Kosten, Kompatibilität zu anderen Systemen oder Usefulness. Hinter Usefulness versteckt sich die Frage, ob ein System geeignet ist, ein bestimmtes Ziel zu erreichen. Sie lässt sich wiederum in die beiden Begriffe Utility und Usability aufteilen. Utility meint dabei, ob ein System prinzipiell die notwendigen Funktionen umfasst. Usability beschreibt, wie gut benutzbar diese Funktionalitäten sind (vgl. Nielsen 1993, S. 24f.).

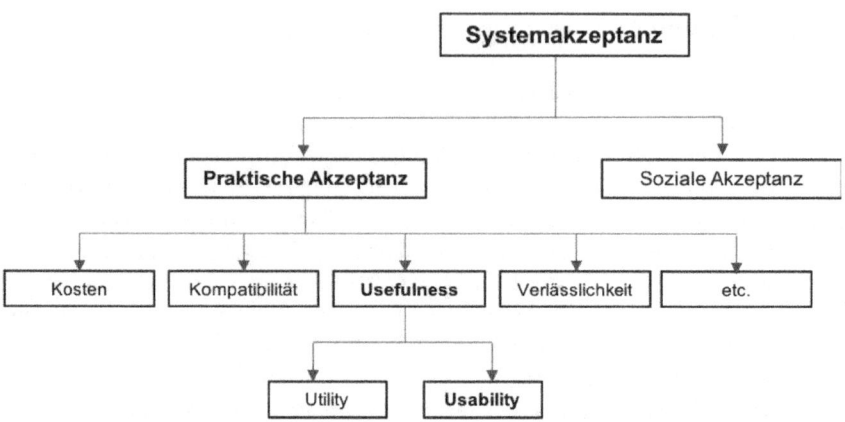

Abb. 8 Modell der Systemakzeptanz
Quelle: in Anlehnung an Nielsen (1993, S. 25).

Nielsen und Loranger (2006, S. 10) definieren Usability wie folgt: „Usability is a quality attribute relating to how easy something is to use. More specifically, it refers to how quickly people can learn something, how efficient they are while using it, how memorable it is, how errorprone it is, and how much users like using it."

Usability spielt für die verschiedensten Aspekte der digitalen Welt eine Rolle, seien es Apps, Software, Automaten oder Websites. Im vorliegenden Beitrag liegt der Fokus auf einer Website. Usability ist ein Ziel bei der Gestaltung eines technischen Systems. Sie ist abhängig von der Passung von System, Nutzer und Aufgabe. Technische Systeme sind dabei immer in Prozesse integriert und müssen diesen in Funktionsumfang sowie Handlungsreihenfolge entsprechen (vgl. Sarodnick und Brau 2016, S. 20). Es wird dabei die Prozessangemessenheit von der Aufgabenangemessenheit unterschieden. Die Prozessangemessenheit beschreibt, ob eine Funktion eines Programmes, einer Website etc. für den Nutzer überhaupt notwendig und im Prozess der Erledigung seiner Aufgabe zielführend ist. Die Aufgabenangemessenheit umfasst die Frage, ob die Gestaltung dieser Systemfunktion selbst angemessen ist (vgl. Sarodnick und Brau 2016, S. 20). Prozessangemessenheit und Aufgabenangemessenheit sind dabei häufig nicht ganz trennscharf.

In der entsprechenden ISO-Norm wird Usability definiert als „das Ausmaß, in dem ein Produkt von einem Benutzer verwendet werden kann, um bestimmte Ziele in einem bestimmten Kontext effektiv, effizient und zufriedenstellend zu erreichen" (ISO 9241). Laut der ISO-Norm enthält eine Benutzungsschnittstelle alle

Bestandteile eines interaktiven Systems (Software/Hardware), die Informationen und Steuerelemente zur Verfügung stellen, welche der Nutzer benötigt, um seine Aufgabe zu erfüllen. Die grafische Benutzeroberfläche, auch graphical user interface (GUI) genannt, ist damit nur ein Teil der Benutzeroberfläche, zu der auch nicht-sichtbare Elemente wie Grundkonzepte oder Begriffe gehören. Schnittstellen bestehen nach einem Modell von Sarodnick und Brau (2016, S. 21) aus drei Komponenten:

1. Konzeptuelle Komponente
   • Aufgabenebene: Kompetenzen und Ziele des Nutzers bezüglich der Aufgabe
   • Semantische Ebene: Objekte und Funktionalität des Systems
2. Kommunikative Komponente
   • Syntaktische Ebene: notwendige Kenntnisse des Nutzers, um mit dem System umgehen zu können
   • Interaktionsebene: physikalische Ein- und Ausgabeoperationen (Tastendruck, Ton, Mausbewegung, Ausdruck etc.) und dafür eingesetzte Medien (Tastatur, Lautsprecher/Mikrofon, Maus, Drucker etc.)
3. Physische Komponente
   • Gestaltung und räumliche Anordnung der Systembestandteile (z. B. Tastenfeld vs. Touchscreen bei einem Geldautomaten).

Dementsprechend empfiehlt sich bei der Erstellung von Nutzerschnittstellen ein Top-Down-Vorgehen. Ausgangspunkt ist demnach die konzeptuelle Ebene. Hier werden das Einsatzfeld und die Bedeutung des Systems analysiert und im Anschluss ein Konzept für das System und dessen Funktionen entwickelt. Dieses Konzept stellt die Grundlage für die kommunikative Komponente dar, welche die Interaktion und ihre Medien bestimmt. Aus der kommunikativen Komponente können dann Anforderungen für die physische Komponente entwickelt werden. In der Praxis muss das Top-Down-Vorgehen meist um ein Bottom-Up-Vorgehen ergänzt werden, zumal technische oder finanzielle Limitationen die Umsetzung eines optimalen Konzeptes nur eingeschränkt möglich machen (vgl. Sarodnick und Brau 2016, S. 21).

4.1 Bedeutung von Usability

Die Bedeutung von Usability kann kaum hoch genug eingeschätzt werden. So kann die Usability einer Website für ein Unternehmen sehr konkrete Auswirkungen haben. Eine Optimierung der Usability kann sich nach Zerfaß und Zimmermann (2014, S. 6f.) auf verschiedenen Ebenen auswirken:

- Die Website wird effizienter und effektiver genutzt.
- Etwaige Verunsicherungen, Misserfolge und Lernaufwand gehen zurück.
- Die subjektive Zufriedenheit mit dem Internetauftritt steigt.
- Es gibt einen positiven Einfluss auf die Akzeptanz der Inhalte und die Inanspruchnahme von Services.
- Der Beitrag der Website im Wertschöpfungsprozess wird gesichert.
- Dies trägt letztlich dazu bei, dass der Return on Investment (ROI) steigt und der ökonomische sowie strategische Unternehmenserfolg sichergestellt wird.

Im hier untersuchten Fall des Beteiligungsportals Baden-Württemberg handelt es sich beim erhofften Return on Investment nicht um einen monetären Vorteil, da es nicht das Ziel der Landesregierung ist, finanzielle Gewinne zu erwirtschaften. Stattdessen müssen hier die spezifischen Zielsetzungen der Website betrachtet werden. Je besser die Usability der Website ist, desto besser sollte dementsprechend auch politische Partizipation möglich sein.

4.2 Allgemeine Anforderungen an Usability

Nielsen (1993, S. 26) legt fünf Anforderungen an Usability fest: Learnability, Efficiency, Memorability, Errors und Satisfaction.

Learnability: Das System sollte vom Nutzer schnell und einfach verstanden und erlernt werden können. Nutzer benötigen für Systeme häufig eine gewisse Einlernzeit. Ausnahmen sind beispielsweise Walk-up-and-use-Systeme in Museen, die für einmalige Benutzung gedacht sind und daher eine umgehend erfolgreiche Nutzung möglich machen müssen. Systeme mit einer guten Learnability zeichnen sich dadurch aus, dass bereits nach kurzer Zeit eine gute Nutzungskompetenz beim User vorhanden ist. Häufig kann der erste Teil der Lernkurve übersprungen bzw. beschleunigt werden, indem Vorwissen und Fähigkeiten aus anderen Systemen transferiert werden. Bei Websites gibt es beispielsweise häufig übergreifende Standards, welche übernommen werden sollten (vgl. Nielsen 1993, S. 27ff.).

Efficiency: Im Anschluss soll der Nutzer unkompliziert und effizient mit dem System arbeiten können. Die Effizienz bezieht sich auf die Leistungsfähigkeit, die das System einem Nutzer mit hoher Expertise ermöglicht. Wie effizient und effektiv kann ein erfahrener Nutzer Fragestellungen bearbeiten und lösen? Unter Umständen können sich Efficiency und Learnability in die Quere kommen, wenn es um die Entscheidung geht, eine Funktion besonders effizient oder besonders leicht verständlich zu gestalten (vgl. Nielsen 1993, S. 30f.).

Memorability: Neben erfahrenen Nutzern und neuen Nutzern gibt es noch eine dritte Nutzergruppe: die Gelegenheitsnutzer. Diese müssen ein System nicht gänzlich neu erlernen, da sie es bereits genutzt haben. Sie müssen sich lediglich an die Funktionalitäten erinnern. Das Beteiligungsportal stellt vermutlich eine Website dar, auf der sich viele Gelegenheitsnutzer wiederfinden, die hin und wieder einen neuen Gesetzesvorschlag kommentieren. Von einer hochfrequenten Nutzung ist hier bei den wenigsten Usern auszugehen. Memorability beschreibt, dass auch nach längeren Pausen ein System gut benutzbar sein sollte (vgl. Nielsen 1993, S. 31f.).

Errors: Hier geht es um die Fehler, die ein Nutzer während der Benutzung der Website macht. Fehler sind in diesem Kontext jegliche Handlungen, die den Nutzer seinem Ziel nicht näherbringen. Es sollten möglichst wenige Fehler gemacht werden. Außerdem sollten die Fehler keine schwerwiegenden Folgen haben, im besten Fall also nur die Zeit kosten, welche die Aktion selbst in Anspruch genommen hat. Schwerwiegendere Fehler können entstehen, weil sie unentdeckt bleiben oder die Arbeit des Nutzers zunichte machen. Solchen Fehlern sollte besondere Beachtung geschenkt werden. Ein System mit einer guten Usability muss eine niedrige Fehlerrate aufweisen (vgl. Nielsen 1993, S. 32f.).

Satisfaction: Der Nutzer sollte in seiner subjektiven Wahrnehmung mit dem Produkt (der Website) zufrieden sein. Diese Satisfaction ist besonders bei Systemen wichtig, die außerhalb eines Arbeitskontextes verwendet werden und zur Unterhaltung gedacht sind. Hier ist Effizienz weniger wichtig, möglicherweise möchte der Nutzer nicht bloß schnell etwas erledigen, sondern verbringt gerne Zeit auf der Website, da er sich unterhalten fühlt (vgl. Nielsen 1993, S. 33ff.). Für das Beteiligungsportal ist zum einen anzunehmen, dass viele Nutzer dieses teilweise zur Unterhaltung nutzen, da sie sich gerne mit politischen Inhalten befassen. Zum anderen ist dennoch davon auszugehen, dass sie eine politische Agenda verfolgen und selbstverständlich bei gewissen Funktionalitäten einen reibungslosen Ablauf erwarten.

4.3 Usability-Engineering: Die Stellschrauben einer guten Usability

„Usability-Engineering ist der methodische Weg zur Erzeugung der Eigenschaft Usability" (Sarodnick und Brau 2016, S. 23). Es stellt einen Teilprozess bei der Entwicklung technischer Systeme dar und läuft iterativ ab. Eine wichtige Aufgabe beim Usability-Engineering ist es, unnötige Komplexität zu vermeiden und die Komplexität eines Produktes auf ein ideales Maß zu beschränken. Ziel des Usability-Engineerings ist es, Funktionalitäten zu entwickeln, die den User in der Bearbeitung seiner Aufgaben optimal unterstützen (vgl. Richter und Flückiger 2010, S. 7). Diese Aspekte der Usability lassen sich auf verschiedenen Ebenen beeinflussen. Zimmermann (2004, S. 9) empfiehlt, sich in Bezug auf die Usability eines Webangebots immer wieder auf folgende Fragen zu beziehen:

- Wird das Produkt sofort erkannt und verstanden?
- Werden die richtigen Funktionalitäten angeboten?
- Sind „Critical Tasks" einfach zu lösen?
- Sind Seitenlayout und Navigation effektiv?
- Sind die Downloadzeiten akzeptabel?
- Sind Kunden und Besucher zufrieden?
- Wo liegen die Schwachstellen?
- Ist das Navigations-Wording verständlich?

Gleichzeitig kritisiert Zimmermann (2004, S. 14) folgende, häufig auftretenden Fehler:

- Die Begriffe der Navigationspunkte sind nicht selbsterklärend.
- Die Navigation ist oft nicht sofort sichtbar sowie nicht durchgängig auf den Unterseiten zu finden.
- Der Rezipient weiß selten, wo er sich gerade befindet.
- Die Inhalte sind dem Medium nicht angepasst, Texte sind zu lang und zu
- unstrukturiert, Informationen sind veraltet.
- Die Seite ist nicht zielgruppengerecht, die unterschiedlichen Bedürfnisse verschiedener Zielgruppen werden nicht bedient.

Zwar ist Usability immer fallbezogen zu betrachten, einige allgemeingültige Erkenntnisse dazu sind dennoch vorhanden. Elementare Bestandteile sind die Seitennavigation, die Suchfunktion sowie die Webtexte. Weitere Usability-Heuristiken finden sich in Kapitel 5.2.

Seitennavigation: Wie ist es allgemein um die Struktur der Website bestellt? Ist der Aufbau logisch, sind die Wege intuitiv? Generell ist es bedeutend, dass die Struktur der Website nach den Bedürfnissen und der Logik der User aufgebaut ist. Diese erwarten, dass eine Website logisch und einfach alle wichtigen Informationen strukturiert und sie mit möglichst wenigen Klicks zum Ziel gelangen lässt. Dazu ist es wichtig, das Feedback der User einzuholen. Für diese macht häufig eine andere Struktur Sinn als für Mitarbeiter, die möglicherweise interne Strukturen übertragen. Da die Sinnhaftigkeit einer Navigationsstruktur stets vom Einzelfall abhängt, ist es nicht einfach, allgemeingültige Regeln abzuleiten. Aber die Navigation sollte dennoch übergreifend auf allen Unterseiten als Konstante dienen. Sie gibt dem Nutzer fortwährend ein Gefühl dafür, wo er sich auf der Website gerade aufhält. Auch sollten die wichtigsten Navigationselemente stets sichtbar sein (vgl. Nielsen und Loranger 2006, S. 171ff.).

Suchfunktion: Nutzer sollten mit entsprechenden Schlagwörtern problemlos in der Lage sein, über die Suchfunktion an die für sie relevanten Informationen zu gelangen. Essentiell ist hierbei der Algorithmus, der hinter der Suche steht (vgl. Wöhrmann 2004, S. 22). Während die großen, globalen Suchmaschinen wie Google meist sehr gute Ergebnisse liefern, haben die Suchmaschinen auf Websites häufig Probleme. Dabei sind die Website-Entwickler vermeintlich im Vorteil, da sie mit einer viel kleineren Zahl an Seiten zurechtkommen müssen und über tiefgehende interne Informationen verfügen (vgl. Nielsen und Loranger 2006, S. 140). Für die Suchfunktion sollte es eine Textbox geben, die klar der Suche zuzuordnen ist. Sie sollte nicht zu schmal sein, um auch bei längeren Sucheingaben den Suchbegriff vollständig sehen zu können.

Die Seite mit den Suchresultaten sollte sich an bekannten Suchmaschinen orientieren: eine Liste mit Resultaten geordnet nach Relevanz, wobei der wichtigste Eintrag oben steht. User scannen Resultate im Normalfall von oben nach unten (vgl. Nielsen und Loranger 2006, S. 151). Als Daumenregel empfehlen Nielsen und Loranger (2006, S. 138) für alle Websites mit 100 oder mehr Unterseiten eine Suchfunktion, während die anderen darauf verzichten können.

Webtexte: Auch das Wording für die Navigation muss sinnvoll und verständlich sein. Vermutet die Zielgruppe hinter entsprechend benannten Verlinkungen das, was dort tatsächlich eingegliedert ist? Klar verständliche Begriffe sind die Voraussetzung dafür, dass sich ein Nutzer effektiv und schnell auf einer Seite zurechtfindet (vgl. Wöhrmann 2004, S. 17ff.). Aber auch bezogen auf den Fließtext gelten für das Internet einige Besonderheiten. Dies liegt unter anderem daran, dass Nutzer Texte größtenteils nicht wirklich lesen, sondern nur überfliegen oder scannen. Dabei beachten sie besonders Überschriften, Bilder und Grafiken, hervorgehobene Wörter und Textstellen (fett, kursiv, größer oder andersfarbig), Tabellen und in Stichpunkten aufgearbeiteten Text. Nutzer möchten meist so schnell wie möglich an gesuchte Informationen kommen und geben einem Webangebot dabei nicht viel Zeit (vgl. Nielsen 1997, S. 1). Mit dem richtigen Schreibstil lässt sich die Usability einer Website erheblich verbessern. Der Text sollte zu diesem Zweck prägnant, gut zu scannen und eher in einem sachlichen als in einem werblichen Stil geschrieben sein. Dennoch sollte auf eine verständliche Sprache geachtet werden, um keine potenziellen Nutzer aufgrund der Komplexität eines Textes zu verlieren. Hier sollte auch stets die Zielgruppe eines Angebots im Blick behalten werden (vgl. Nielsen und Morkes 1997, S. 6ff.). Es bietet sich an, längere Texte im umgekehrten Pyramidenstil zu verfassen, die essentiellen Informationen also zuerst zu liefern, um in Anschluss auf Details und Hintergründe einzugehen. Texte sollten klassisch in Absätze mit einem Kerngedanken pro Absatz strukturiert sein, auch Zwischenüberschriften sind hilfreich. Darüber hinaus wird empfohlen, Humor nur mit Vorsicht einzusetzen. Hyperlinks im Text, die auf externe Websites verweisen, können die Glaubwürdigkeit einer Website erhöhen (vgl. Nielsen und Morkes 1997, S. 6ff.; Nielsen und Loranger 2006, S. 280ff.).

4.4 Partizipative Gesetzgebung, das Beteiligungsportal und dessen Usability im Zusammenhang

Partizipative Gesetzgebungsverfahren in Baden-Württemberg bestehen aus Face-to-Face-Formaten sowie aus dem Beteiligungsportal Baden-Württemberg. Häufig werden Face-to-Face- und Online-Formate miteinander kombiniert. Die Exekutive kann somit gemeinsam mit den Bürgerinnen und Bürgern an Gesetzesvorschlägen arbeiten. Im besten Fall werden der Legislative im Anschluss hochwertige Gesetzentwürfe vorgelegt, welche von den Bürgern aufgrund der Funktionen von partizipativen Gesetzgebungsverfahren legitimiert sind, akzeptiert werden sowie transparent und damit kontrollierbar sind. Außerdem steigt die Qualität der Entwürfe, da Bürger ihr Alltags- oder Fachwissen einbringen können und Ungleichgewichte, ausgelöst durch Akteure mit starker Machtposition, ausgeglichen werden (siehe Abb. 9).

Im Zentrum des vorliegenden Beitrags steht das Beteiligungsportal Baden-Württemberg. Um erfolgreich zu sein, benötigt das Portal einerseits einen gewissen Bekanntheitsgrad, um eine Mindestanzahl an Nutzern zu erreichen. Diese Nutzer müssen dann eine gewisse Systemakzeptanz, bestehend aus sozialer Akzeptanz und praktischer Akzeptanz, zeigen. Die praktische Akzeptanz speist sich beispielsweise aus den Kosten und der Verlässlichkeit des Systems, insbesondere aber aus der Usefulness. Auf diese zahlen die Utility und die Usability mit ihren fünf Attributen (Learnability, Efficiency, Errors, Satisfaction, Memorability) ein. Die Usability des Beteiligungsportals Baden-Württemberg ist der Kern der vorliegenden Untersuchung.

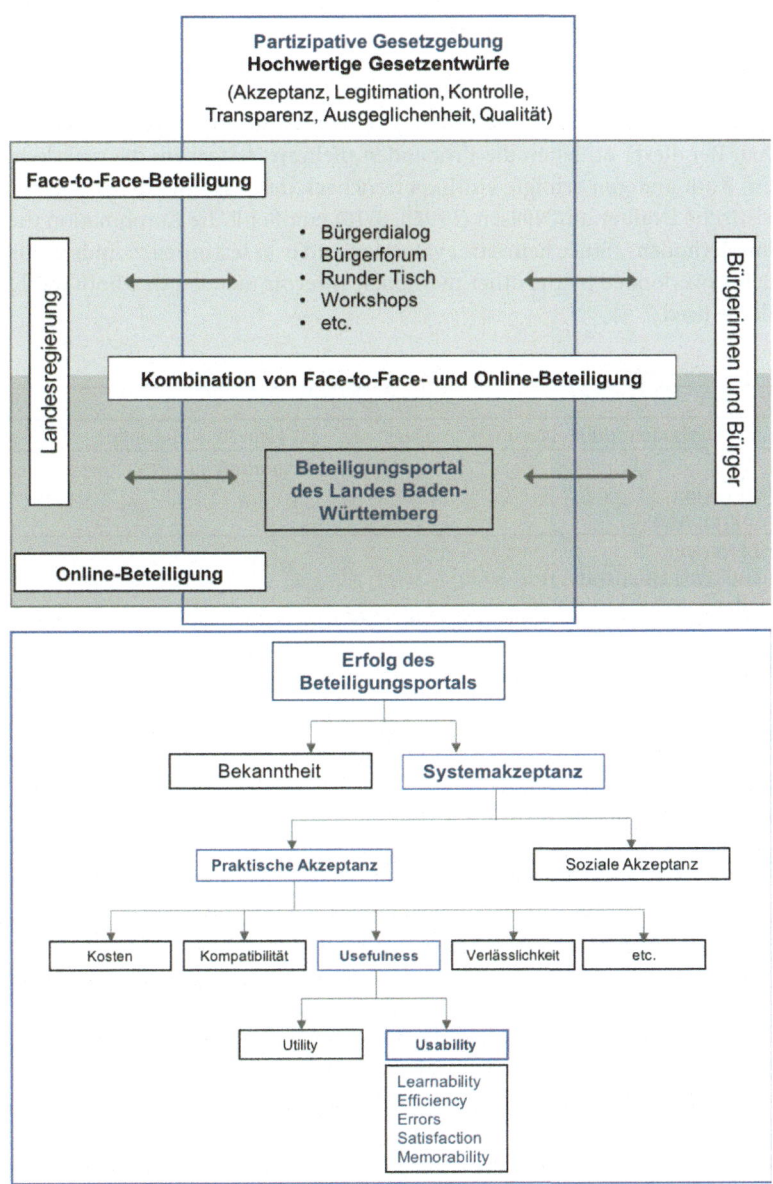

Abb. 9 Partizipative Gesetzgebung, das Beteiligungsportal und dessen Usability

5   Das Studien-Design

Zur Evaluation der Usability des Beteiligungsportals wurde eine Methodenkombination angewendet (siehe Abb. 10). Zum einen wurde eine Nutzerstudie durchgeführt. Bei dieser erhielten die Probanden mehrere Aufgaben, die sie erledigen sollten. Zum anderen erfolgte ein Expertencheck der Usability, eine sogenannte Heuristische Evaluation. Nielsen (1995b, S. 18) empfiehlt die Kombination dieser beiden Methoden: „Since heuristic evaluation and user testing each finds usability problems overlooked by the other method, it is recommended that both methods should be used."

Methodenmix	
Methoden mit Nutzern	Experten-Methode
User-Test • Eyetracking • Thinking Aloud	*Heuristic Evaluation*
User-Befragung • qualitative Leitfadeninterviews mit standardisierten Elementen	

Abb. 10 Studien-Design

Für die Evaluation einer Website kann eine ganze Bandbreite an Methoden genutzt werden. Neben den beiden genannten Methoden kommen in der Praxis auch Pluralistic Walktrough, Cognitive Walktrough sowie Feature Inspection zum Einsatz. Studien zeigen jedoch, dass sich die Heuristische Evaluation und der User-Test der größten Beliebtheit erfreuen, da Usability-Experten diesen beiden Methoden den größten Nutzen zuschreiben (vgl. Nielsen 1995b, S. 26ff.). Darüber hinaus hat die Forschung gezeigt, dass sich die beiden Methoden gut ergänzen, da sie häufig unterschiedliche Probleme zu Tage fördern und nicht bloß repetitiv die gleichen Ergebnisse liefern (vgl. Nielsen 1993, S. 226).

Um sicherzustellen, dass sich die Ergebnisse der beiden Methoden auf die gleiche Version der Website ohne zwischenzeitliche Updates beziehen, wurden sie in relativ kurzer zeitlicher Abfolge innerhalb von zwei Wochen durchgeführt. Somit ergänzen sich die Ergebnisse, und verschiedene Aussagen zu gleichen Aspekten, welche durch Änderungen der Website hervorgerufen werden, können vermieden werden. Aus forschungspragmatischen Gründen erfolgte die Durchführung der Nutzerstudie vor der heuristischen Evaluierung. Alle Ergebnisse dieses Beitrags beziehen sich auf den Stand des Beteiligungsportals zwischen 30. Juni 2017 und 14. Juli 2017.

5.1   Nutzerstudie

Nutzerstudien gelten als eine der wichtigsten Methoden zur Bewertung von Usability. „User testing with real users is the most fundamental usability method and is in some sense irreplaceable, since it provides direct information about how people use computers and what their exact problems are with the concrete interface being tested" (Nielsen 1993, S. 165). Häufig wird auch von Nutzertest, Usability-Test oder Benutzbarkeitstest gesprochen (vgl. Sarodnick und Brau 2016, S. 163). Bei User-Tests werden Probanden in einer Laborsituation mit der zu testenden Software oder Website konfrontiert. Dabei werden ihnen Szenarios vorgelegt, welche sie bearbeiten sollen.

In der vorliegenden Studie wurden bei den User-Tests Eyetracking und Thinking Aloud angewendet. Im Anschluss an die Bearbeitung der Aufgabenstellungen wurde zudem mit jedem Probanden eine kurze Befragung durchgeführt. Auf diese Aspekte wird in folgenden Abschnitten genauer eingegangen. Insgesamt wurde mit zehn Probanden gearbeitet. Nielsen (1993, S. 169) geht davon aus, dass für die meisten User-Studien bereits eine Zahl von fünf bis sechs Probanden ausreichend ist. Faulkner (2003, S. 379ff.) fand in einer Studie heraus, dass bei zehn Probanden im Schnitt bereits knapp 95 Prozent der insgesamt vorhandenen Usability-Probleme gefunden werden. Da jeder zusätzliche Proband den Forschungsaufwand deutlich, den Anteil der gefundenen Usability-Probleme hingegen nur minimal erhöht, sind zehn Probanden eine angemessene Zahl. Eine detaillierte Beschreibung der Probanden erfolgt in Kapitel 5.1.5.

5.1.1   Eyetracking

Beim Eyetracking arbeitet man mit „der Reflexion eines Infrarotpunktes von dem scharf sehenden Bereich der Netzhaut auf das betrachtete Objekt" (Gehrau 2013, S. 596). Die Aufzeichnungen durch den Eyetracker bestehen aus Fixationen und Sakkaden. Während Fixationen die konkreten Punkte bezeichnen, die ein Proband auf der Webseite betrachtet, versteht man unter Sakkaden die schnellen Augenbewegungen eines Probanden (vgl. Jacob und Karn 2003, S. 579). Nutzer geben einer Website heute häufig nur noch wenig Zeit. Vieles wird überflogen oder nur kurz betrachtet. Daher ist es entscheidend, dass der Blick ständig auf die wichtigen Aspekte geleitet wird. Eyetracking kann folgende Fragen beantworten:

- Welche Elemente werden wahrgenommen bzw. nicht wahrgenommen?
- In welcher Reihenfolge werden die Elemente wahrgenommen?
- Wie schnell werden Elemente wahrgenommen?
- Wo erwarten Nutzer Informationen oder Elemente?
- Werden Informationen nur überflogen oder intensiv gelesen?
- Lenken sekundäre Informationen von primären ab?
- Gibt es Unterschiede bei der Orientierung zwischen verschiedenen Nutzergruppen, z. B. Neunutzern und erfahrenen Nutzern? (vgl. Sarodnick und Brau 2016, S. 175).

Zudem können die Zeiten interpretiert werden, in denen der Nutzer keine Aktion durchgeführt hat. Allerdings ist ein Blick nicht mit aktiver Wahrnehmung bzw. kognitiver Verarbeitung gleichzusetzen. Jedoch legen Studien nahe, dass der visuelle und der kognitive Fokus häufig identisch sind (vgl. Blake 2013, S. 180).

Zum Eyetracking können entweder stationäre oder mobile Systeme verwendet werden. In der vorliegenden Studie wurde ein stationärer Eyetracker verwendet. „Ein zentraler Vorteil stationärer Systeme ist die Möglichkeit einer automatischen *Synchronisation* der aufgezeichneten Blickkoordinaten mit dem präsentierten Stimulusmaterial" (Blake 2013, S. 375). Das bedeutet, dass während der Szenarien jeweils eine Bildschirmaufnahme als Video gespeichert und dann synchron unter die Blickverlaufsdaten gelegt werden kann. Damit valide Daten durch Blickbeobachtungen gewonnen werden können, sollte eine möglichst natürliche Rezeptionssituation hergestellt werden. Remote Eyetracker machen es Probanden aufgrund ihrer großen Ähnlichkeit zu PC-Monitoren leicht, die Beobachtungssituation auszublenden und sich natürlich zu verhalten (vgl. Blake 2013, S. 376). Genauere Informationen zum verwendeten Equipment sind in Kapitel 5.1.6 zu finden.

5.1.2 Thinking Aloud

Zusätzlich zum Eyetracking fand die Methode des „lauten Denkens" Anwendung. Beim lauten Denken, oder auch Thinking Aloud, handelt es sich um „eine Methode zur Erfassung bewusster, handlungsbegleitender Kognitionen und Emotionen" (Gediga und Hamborg 2002, S. 44). Das Thinking Aloud ist eine häufig bei Usability-Tests eingesetzte Methode, da durch das laute Denken „die Gründe, Motivationen und prozessuale Strukturen der Handlungen aufgedeckt werden" (Yom und Wilhelm 2004, S. 27). Klassisch wurde Thinking Aloud als eine psychologische Forschungsmethode verwendet, sie findet aber seit einigen Jahren auch in der Evaluation von Benutzerschnittstellen verstärkt Anwendung (vgl. Sarodnick und Brau 2016, S. 170). Dabei werden die Probanden angehalten, während der Bearbeitung der Aufgaben ihre Gedanken möglichst frei und kontinuierlich auszusprechen. Häufig kann es während der Bearbeitung der Aufgaben notwendig werden, die Probanden an das laute Denken zu erinnern, da sie sonst aufhören, sich zu äußern (vgl. Sarodnick und Brau 2016, S. 170). Hier sind beispielsweise folgende Fragen hilfreich:

- „Was denken Sie gerade?
- Was denken Sie, was diese Meldung zu bedeuten hat?
- Welche Reaktion haben Sie erwartet?" (Sarodnick und Brau 2016, S. 171).

Einer der großen Vorteile von Thinking Aloud besteht darin, dass mit nur wenigen Probanden relevante qualitative Informationen gewonnen werden können.

> "By verbalizing their thoughts, the test users enable us to understand how they view the computer system and this again makes it easy to identify the users' major misconceptions. One gets a very direct understanding of what parts of dialogue cause the most problems, because the thinking-aloud method shows how users interpret each individual interface item" (Nielsen 1993, S. 195).

Die Methode weist jedoch auch Schwächen auf. Sie ist beispielsweise nicht gut mit Performance-Messungen kompatibel, da das laute Denken die Handlungsprozesse verlangsamt (vgl. Sarodnick und Brau 2016, S. 170). Ein weiterer Nachteil ist, dass möglicherweise auch weniger oder andere Fehler als in einer natürlichen Nutzungssituation auftreten, da den Testpersonen Inkonsistenzen im eigenen Denken eher bewusst werden (vgl. Berry und Broadbent 1990; Wright und Converse 1992).

5.1.3 Szenarios

Die Erstellung der Szenarios ist ein essentieller Bestandteil beim Design einer User-Studie. Dabei ist es zum einen entscheidend, dass die Kernaspekte bzw. kritischen Aspekte des Angebots bearbeitet werden, damit in der Auswertung wirklich relevante Informationen gewonnen werden. Zum anderen muss ein Augenmerk auf die Gestaltung der Szenarios und deren Formulierungen gelegt werden, ansonsten können die Ergebnisse stark beeinflusst werden. Das Wording in den Aufgaben kann beispielsweise Einfluss darauf nehmen, wie gut eine Aufgabe gelöst und bearbeitet werden kann. Hier sollte darauf geachtet werden, dass möglichst nicht allein durch Begrifflichkeiten der Weg zum Ziel offensichtlich wird (vgl. Schade 2017).

Im vorliegenden Fall wurden vier Szenarios erstellt. Sie orientierten sich an essentiellen Aspekten und Bestandteilen des Beteiligungsportals: die Registrierung, die Änderung des Nutzernamens, das Nutzen der Kommentarfunktion sowie das generelle Zurechtfinden auf der Website. Außerdem wurden die Seitennavigation sowie die Kennzeichnung von kommentierbaren und nicht-kommentierbaren

Beiträgen aufgenommen. Ebenfalls wurde die Verständlichkeit des Zeitstrahls auf den Seiten von Gesetzentwürfen getestet.

Zunächst erfolgte eine kurze Erklärung des generellen Szenarios:

„Die Beteiligungsseite der Landesregierung ist eine Webseite, bei der sich Bürger Baden-Württembergs über aktuelle Gesetzentwürfe informieren können. Sie können dort auch selbst aktiv ihre Ideen einbringen, z. B. Gesetzentwürfe kommentieren. Stellen Sie sich vor, Sie möchten als politikinteressierter Bürger die Webseite nutzen.“

Im Anschluss wurden nacheinander vier Aufgaben gestellt. Da eine abgeschlossene Registrierung die Voraussetzung für weitere Aufgaben war, blieb die Reihenfolge der Aufgaben bei jedem Probanden gleich. Der Kenntnisstand der Probanden zur Seite unterschied sich demnach bei den einzelnen Aufgaben. Die Aufgaben waren wie folgt formuliert:

- *Szenario 1:* Um beispielsweise Gesetzentwürfe kommentieren zu können, benötigen Sie einen Nutzer-Account. Bitte erstellen Sie einen Account und ändern Sie im Anschluss Ihren Nutzernamen zu einem Namen Ihrer Wahl.
- *Szenario 2:* Finden Sie einen beliebigen Gesetzentwurf, der derzeit von Bürgern kommentiert werden kann. Bitte geben Sie einen Kommentar ab. Im Anschluss löschen Sie diesen Kommentar bitte wieder.
- *Szenario 3:* Suchen Sie den Beitrag zum Gesetzesvorschlag „Stärkung der Realschulen“. Öffnen Sie den Gesetzentwurf als PDF. Finden Sie im Anschluss die Stellungnahme des Ministeriums zu den Bürgerkommentaren.
- *Szenario 4:* Finden Sie die Unterseite zur nachhaltigen Digitalisierung. Informieren Sie sich über das Unterthema „Intelligente Energiesysteme“. Informieren Sie sich im Anschluss zum Themenbereich „Green IT“.

5.1.4   User-Befragung

Im Anschluss an den eigentlichen Test mit den Probanden fand eine kurze Befragung statt. Diese war als qualitatives Leitfadeninterview angelegt und enthielt zusätzlich standardisierte Elemente, die von den Probanden eigenständig ausgefüllt wurden. Dabei handelte es sich um allgemeine Einschätzungen zur Güte der Website, zur Schwierigkeit der einzelnen Aufgaben sowie zur Soziodemografie der Befragten.

Ziel der Befragung war es zunächst, allgemeines Feedback und Kritik zur Rezeption der Website zu erhalten. Außerdem sollten spezielle Aspekte wie die Gestaltung und die Navigationsstruktur angesprochen werden. Darüber hinaus wurden nochmals die einzelnen Aufgabenstellungen aus den vorhergehenden Tests mit etwaigen Problemen und positiven Aspekten besprochen. Insgesamt gliederte sich der Fragebogen in vier Teile.

Der erste Teil des Leitfadens bezog sich auf die Website im Allgemeinen. Hier wurden beispielsweise Fragen gestellt wie „Als Sie die Seite zum ersten Mal gesehen haben: Wie war Ihr erster Eindruck der Seite? Was haben Sie gedacht?" Ferner wurde nach positiven und negativen Elementen gefragt. Außerdem wurden folgende Aspekte in standardisierter Weise auf einer sechsstufigen Likert-Skala (vgl. Pfendert und Zerfaß 2004, S. 51ff.; Nielsen 1993, S. 36) abgefragt: Strukturiertheit, Einfachheit, Informationsgehalt, Sympathie, Modernität und für wie gelungen die Website im Allgemeinen gehalten wurde.

Im zweiten Teil wurden die einzelnen Aufgaben durchgesprochen. Zur Erinnerung bekamen die Probanden nochmals die Texte der Aufgabenstellungen an die Hand, dann ordneten sie den einzelnen Aufgaben einen Schwierigkeitsgrad zu. Im Anschluss wurden u. a. folgende Fragen gestellt: „Wie sind Sie an die Aufgabe herangegangen? Beschreiben Sie Ihre Vorgehensweise? Gab es ein Problem? Was genau war bei der Aufgabe das Problem?" Passend zu den einzelnen Szenarios wurde bei Bedarf individuell nachgehakt.

Im dritten Teil wurden die beiden Themen Navigation sowie Gestaltung abgefragt, u. a. mit folgenden Fragen: „Ist die Ausgangsseite durchdacht? Machen die Benennungen und Links Sinn? Wie finden Sie die Aufteilung der Haupt-Navigation oben auf der Seite?" oder „War die Gestaltung angemessen? Was könnte man am Design ändern?"

Im vierten Teil wurden soziodemografische Informationen zu den Probanden erhoben.

Die Interviews wurden aufgezeichnet und transkribiert. Die Auswertung erfolgte mithilfe der Software MAXQDA. Für die Codierung wurde ein Kategoriensystem ausgearbeitet, wobei sich die Kategorien einerseits aus theoretischen Überlegungen und andererseits aus praktischen Elementen der Seite ergaben. Darüber hinaus wurde das Codebuch während der Analyse der Interviews induktiv ergänzt. Im Folgenden werden die Hauptkategorien mit ihren untergeordneten Kategorien kurz vorgestellt.

- *Attribute von Usability:* Hier wurden Aussagen kodiert, welche sich auf eine der fünf Attribute von Usability bezogen (Satisfaction, Efficiency, Learnability, Errors, Memorability). Sie stellten auch die Unterkategorien dar.
- *Szenarien:* Hier wurden Aussagen kodiert, welche sich auf die vier Szenarien bezogen, wobei jedes Szenario als eine Unterkategorie diente.
- *Zentrale Elemente:* Hier wurden Aussagen kodiert, welche sich auf das Design und die Gestaltung, den Text, die Suchfunktion und die Navigation sowie die Struktur der Website bezogen – alles Elemente der Seite, die im Hinblick auf Usability zentral sind.

- *Konkrete Unterseiten und Seitenelemente*: Hier wurden Statements zu Unterseiten bzw. Elementen von Unterseiten gesammelt, welche speziell für die Seite oder die Untersuchung zentral sind – namentlich Seiten von Gesetzentwürfen, die Symbole Lupe und Stift, die Startseite, der Zeitstrahl bei Gesetzentwürfen und die Kommentarfunktion.
- *Allgemeine Bewertungen zur Seite:* Hier wurden allgemeine positive und negative Bewertungen zu den Seiten kodiert, in zwei weiteren Unterkategorien außerdem Vergleiche zu anderen Seiten sowie Vorschläge der Befragten zu Veränderungen am Beteiligungsportal.

5.1.5 Stichprobe

Die Teilnehmer der User-Studie wurden aus forschungspragmatischen Gründen willkürlich ausgewählt, weshalb die Repräsentativität der Stichprobe nicht gewährleistet ist. Dennoch wurden einige Kriterien für die Auswahl der Probanden festgelegt: Zum einen waren alle Probanden in Baden-Württemberg wahlberechtigt. Ferner sollte die Stichprobe ein gewisses Maß an Diversität (bezogen auf Alter, Geschlecht und formalen Bildungsgrad) aufweisen. Auch die Internetaffinität der Probanden wurde beachtet. Hier sollte es ein ausgeglichenes Verhältnis zwischen internetaffinen und nicht-internetaffinen Probanden geben, da es der Anspruch des Beteiligungsportals ist, auch von Menschen mit geringeren Internetfähigkeiten genutzt zu werden. Die Suche erfolgte über ein Netzwerk aus Bekannten, welche gebeten wurden, adäquate Probanden vorzuschlagen. In einem telefonischen Vorgespräch wurden dann jeweils die Eckpunkte der Studie erklärt und die Tauglichkeit der Probanden überprüft. Die Internetaffinität wurde anhand von Fragen zur Häufigkeit der Nutzung, zum Nutzungsverhalten sowie zur Selbsteinschätzung ermittelt.

Die Website wurde mit zehn Probanden getestet (siehe Tab. 1). Die Probanden waren zwischen 22 und 79 Jahre alt. Das Durchschnittsalter lag bei 48,5 Jahren. Es waren Studenten, Berufstätige sowie Rentner vertreten, ebenso wie verschiedene Bildungsabschlüsse. Einige Probanden nutzten das Internet intensiv und täglich, andere hingegen nur ein bis dreimal pro Woche. Bei der Selbsteinschätzung der Internetfähigkeit auf einer Skala von 1 (sehr fähig) bis 6 (unfähig) war jeder Wert mindestens einmal vertreten. Es ergab sich ein Durchschnittswert von 3,5. Diese Ergebnisse deckten sich auch mit der Zielsetzung der Vorgespräche: Alle als wenig internetaffin eingeschätzten Probanden gaben sich selbst eine Note zwischen 4 und 6, die übrigen eine Note zwischen 1 und 3.

Tab. 1 Überblick über die Probanden

Code	Geschlecht	Alter	Bildungs-abschluss	Selbsteinschätzung der Internetaffi-nität (Skala von 1–6)	Politikinteresse (Skala von 1–6)	
					allgemein	Landes-politik Ba-Wü
P01	männlich	26	Bachelor	1 (sehr fähig)	1	3
P02	männlich	79	Diplom	5 (ziemlich unfähig)	4	4
P03	weiblich	58	Diplom	5 (ziemlich unfähig)	4	4
P04	männlich	56	Hauptschule/ Berufsaus-bildung	3 (eher fähig)	3	3
P05	weiblich	73	Diplom	6 (unfähig)	2	4
P06	weiblich	33	Diplom	1 (sehr fähig)	2	2
P07	weiblich	56	Fachhochschul-reife/ Berufs-ausbildung	4 (eher unfähig)	2	3
P08	weiblich	54	Realschule/ Berufsausbil-dung	5 (ziemlich unfähig)	2	2
P09	weiblich	22	Abitur	3 (eher fähig)	4	4
P10	männlich	28	Abitur/ Berufs-ausbildung	2 (ziemlich fähig)	3	3

Nur ein Proband (P04) hatte bereits vorher kurzen Kontakt mit dem Beteiligungsportal, die Nutzung lag jedoch schon einige Monate zurück. Die anderen Probanden hatten bis zu der Einladung zu der Studie noch nicht von der Website gehört. Auch das allgemeine Politikinteresse sowie das Interesse an der Landespolitik Baden-Württembergs wurden auf einer Skala von 1 (sehr stark) bis 6 (gar nicht) abgefragt. Das Interesse für Landespolitik bewegte sich im mittleren Bereich zwischen 2 und 4. Mit der Selbsteinschätzung zum allgemeinen Politikinteresse verhält es sich ähnlich, das durchschnittliche Interesse ist jedoch leicht stärker.

5.1.6 Durchführung und technisches Setup

Die Durchführung der User-Studie erfolgte zwischen dem 30. Juni und dem 5. Juli 2017. Pro Proband war ein Zeitfenster von eineinhalb Stunden eingeplant. Die Studie fand an der Universität Hohenheim statt. Nach der Anonymitätszusicherung wurden die Teilnehmer über den Ablauf der Studie aufgeklärt. Bezogen auf die Szenarios wurden die Probanden auf die Möglichkeit hingewiesen, eine Aufgabe jederzeit abzubrechen. Bevor mit dem ersten Szenario begonnen wurde, fand eine Kalibrierung des Eyetrackers statt. Nachdem alle Szenarios abgeschlossen waren, fand die abschließende Befragung statt, deren Audio ebenso aufgezeichnet wurde.

Für die User-Tests wurde ein technisches Setup bestehend aus einem Laptop, einem monitorbasierten Eyetracker sowie einem USB-Mikrofon und einem externen Audioaufnahmegerät verwendet. Bei dem monitorbasierten Eyetracker, welcher Augenbewegungen bei 60 Hz erfasst, handelte es sich um den Tobii Pro T60XL. Das System ist in einen 25-Zoll-Monitor integriert und höhenverstellbar, um eine Anpassung an die Größe verschiedener Probanden vornehmen zu können (vgl. Tobii 2017). Das Gerät wurde mit einem Laptop verbunden, von welchem aus der Untersuchungsleiter die Tests steuerte. An diesem Laptop wurden zudem eine Maus und eine Tastatur angeschlossen, welche die Probanden bei der Bearbeitung der Szenarios verwendeten. Das integrierte USB-Mikrofon zeichnete den Ton im Labor während der Szenarios auf, um im Nachgang die Videos mit den Blickverläufen synchron mit dem lauten Denken der Probanden analysieren zu können. Zusätzlich erfolgte zur Absicherung die Tonaufzeichnung mit einem externen Audioaufnahmegerät, welches auch im Anschluss für die leitfadengestützte Befragung der Probanden verwendet wurde. Zur Aufzeichnung und Auswertung der User-Tests wurde die Software Tobii Studio 3.4.7 verwendet. Als Browser wurde der Internet Explorer von Microsoft verwendet. Tobii Studio ermöglicht eine Auswertung bezogen auf einzelne URLs und getrennt nach verschiedenen Probanden und Szenarios. Zur Visualisierung stehen Gaze Plots und Heatmaps zur Verfügung.

5.2   Heuristische Evaluation

Bei der Heuristischen Evaluation handelt es sich um eine Methode, bei der Usability-Experten eine Website auf die Erfüllung verschiedener Usability-Kriterien hin untersuchen. In diesem Prozess stoßen sie auf auftretende Probleme und Schwachstellen. Bei der Heuristischen Evaluation handelt es sich um die informellste aller Usability-Untersuchungsmethoden (vgl. Nielsen 1995a, S. 377).

Normalerweise werden bei dieser Methode mehrere Evaluatoren eingesetzt, da so die Wahrscheinlichkeit steigt, eine größere Zahl an Usability-Problemen aufzudecken. Studien zeigen jedoch, dass offensichtliche Probleme in der Regel von fast allen Experten gefunden werden. Andere Probleme hingegen werden jeweils nur von einzelnen Experten entdeckt. In der vorliegenden Studie wurde die Heuristische Evaluation aus forschungspragmatischen Gründen von einem einzelnen Experten durchgeführt. Wäre lediglich die Methode der Heuristischen Evaluation eingesetzt worden, wäre dies unzureichend. In Kombination mit der Nutzerstudie ergibt sich jedoch ein umfassendes Bild.

Zwar ist die Methode relativ informell, jedoch orientiert sich der Experte bei der Evaluation an verschiedenen Kriterien (Heuristiken). Neben der Hilfe bei der Identifikation von Problemen stellen die Heuristiken eine Möglichkeit dar, die verschiedenen Schwachstellen zu kategorisieren (vgl. Sarodnick und Brau 2016, S. 146.). Auch die Schwere der Probleme wird bei der Heuristischen Evaluation in Betracht gezogen. Nielsen (1994, S. 155ff.) schlägt hierzu drei Kriterien zur Bewertung vor:

Die Häufigkeit, mit welcher ein Problem auftritt.
Die Wirkung und Tragweite des Problems, sobald es auftritt.
Die Dauer, über die ein Nutzer ein Problem als solches wahrnimmt.

Sarodnick und Brau (2016, S. 222) empfehlen in Anlehnung an Nielsen die Dokumentation der Fatalität auf einer Fünferskala von 0 bis 4. Im Normalfall werden mit der Null von anderen Evaluatoren benannte Probleme bewertet, welche jedoch selbst nicht als Problem wahrgenommen wurden. Da es bei der vorliegenden heuristischen Untersuchung lediglich einen Experten gab, fiel dieser Punkt auf der Skala weg. Es wurde also mir einer Vierer-Skala gearbeitet:

- 1 = Kosmetisches Problem: Braucht nicht zwingend behoben zu werden, außer es steht genügend Zeit dafür zur Verfügung.
- 2 = Geringfügiges Usability-Problem: Der Behebung sollte untergeordnete Priorität gegeben werden.
- 3 = Bedeutendes Usability-Problem: Es ist wichtig, es zu beheben. Es sollte daher eine hohe Priorität erhalten.
- 4 = Usability-Katastrophe: Es ist ein Muss, dieses Problem schnell zu beheben.

Bereits 1990 erstellte Nielsen einen Satz von zehn Heuristiken, welche für Websites relevant sind. Diese Heuristiken entwickelte Nielsen (1995a) im Laufe der Jahre weiter:

1. *Sichtbarkeit des Systemstatus:* Die Website soll den Nutzer stets darüber im Klaren halten, was gerade passiert, und ihm innerhalb angemessener Zeit Feedback geben.
2. *Übereinstimmung zwischen System und realer Welt:* Die Website soll sich der Sprache des Nutzers bedienen und Wörter, Phrasen sowie Konzepte verwenden, die der Nutzer kennt. Die Eigensprache des Systems soll hingegen vermieden

werden. Die Website soll Konventionen der realen Welt folgen und Informationen logisch und natürlich darstellen und sortieren.

3. *Nutzerkontrolle und Freiheit:* Benutzer wählen häufig versehentlich Funktionen und benötigen in Folge dessen einen simplen Notausgang oder Weg zurück. Die Website sollte auch „Rückgängig" und „Wiederholen" unterstützen.

4. *Konsistenz und Standards:* Nutzern sollte klar sein, ob verschiedene Begriffe, Situationen oder Aktionen dasselbe bedeuten. Plattformgängige Konventionen sollten eingehalten werden.

5. *Fehlervermeidung:* Gute Fehlermeldungen sind wichtig, besser ist es natürlich, wenn diese Fehler gar nicht erst auftauchen. Fehleranfällige Bedingungen sollten überprüft und, wenn möglich, beseitigt werden.

6. *Erkennen statt Erinnern:* Die Merkfähigkeit der Nutzer sollte nicht übermäßig beansprucht werden. Der Anspruch an sie sollte möglichst klein gehalten werden, indem Objekte, Aktionen und Optionen visualisiert werden. Der User sollte zudem nicht gezwungen werden, sich zwischen einzelnen Dialogschritten Informationen zu merken. Anleitungen zum Gebrauch der Website sollten an die Hand gegeben werden, wann immer notwendig.

7. *Flexibilität und Nutzungseffizienz:* Beschleunigungsmöglichkeiten, „versteckt" vor neuen Nutzern, können die Interaktionsgeschwindigkeit für erfahrene User erhöhen, sodass die Website sowohl für Anfänger als auch für Experten geeignet ist. Häufige Aktionen sollten individualisiert werden können.

8. *Ästhetisches und minimalistisches Design:* Dialoge sollten keine Informationen enthalten, welche irrelevant sind oder kaum gebraucht werden. Jede irrelevante Information konkurriert mit relevanter Information und verringert deren relative Sichtbarkeit.

9. *Hilfe beim Erkennen, Verstehen und Bearbeiten von Fehlern:* Fehlermeldungen sollten in klarer Sprache dargestellt werden. Außerdem sollten sie präzise das Problem anzeigen und konstruktiv einen Lösungsweg vorschlagen.

10. *Hilfe und Dokumentation:* Es ist zwar besser, wenn eine Website ohne Dokumentation nutzbar ist, manchmal kann es aber auch notwendig sein, Hilfe und eine Dokumentation anzubieten. Informationen dieser Art sollten leicht zu durchsuchen, auf die Aufgabe des Nutzers konzentriert und nicht zu umfangreich sein. Es sollten konkrete Schritte zur Ausführung angegeben sein.

Die Durchführung einer Heuristischen Evaluation für einen Experten nimmt üblicherweise ein bis zwei Stunden in Anspruch (vgl. Nielsen 1994, S. 28). Im vorliegenden Fall wurde die Analysedauer ausgeweitet, da so bei nur einem Evaluator die Wahrscheinlichkeit gesteigert wurde, zusätzliche Probleme aufzudecken. Dabei bewegt sich der Experte auf der Website und befasst sich mit einer möglichst großen

Zahl an verschiedenen Unterseiten sowie Funktionen und notiert zeitgleich jegliche (potenzielle) Usability-Probleme, die ihm bewusst werden. Dabei verwendet er eine Tabelle, in welche er für jedes Usability-Problem folgende Informationen aufnimmt:

- *Benennung des Problems:* Dem Problem wird ein möglichst prägnanter und aussagekräftiger Titel zugewiesen.
- *Problembeschreibung:* Das Problem wird in kurzer aber ausreichend verständlicher Form beschrieben.
- *Gewicht des Problems:* Das Gewicht des Problems wird auf einer Vierer-Skala definiert. Grundlage dafür sind die bereits beschriebene Skala sowie die bereits beschriebenen Kriterien zur Bestimmung der Schwere eines Problems.
- *Heuristische Kategorie:* Das Problem wird einer Kategorie der zehn Heuristiken nach Nielsen zugeordnet.
- *Verweis:* Optional kann hier ein Verweis auf ein Beispiel auf der Seite erfolgen, etwa in Form eines Hyperlinks.

Im vorliegenden Fall handelte es sich bei dem Usability-Experten auch um den Versuchsleiter bei den User-Tests. Da die User-Tests zeitlich vor der Heuristischen Untersuchung stattfanden, stand der Experte zu diesem Zeitpunkt noch unter dem Einfluss der User-Tests. Um hier keine Redundanz zu erzeugen, wurden in der Heuristischen Evaluation nur Probleme aufgenommen, die nicht bereits im Rahmen der User-Studie offensichtlich geworden waren. Dennoch fanden in der Heuristischen Evaluation möglicherweise auch Probleme Beachtung, welche nur dadurch in das Bewusstsein des Experten gerückt waren. Dies wirkt sich jedoch in keiner Weise negativ auf die Forschungsergebnisse aus, da nicht die Qualität der Methode unter Beobachtung stand, sondern eine möglichst große Zahl an Usability-Problemen des Beteiligungsportals aufgedeckt werden sollte. Während für die Nutzerstudie der Internet Explorer verwendet wurde, kam bei der Heuristischen Evaluation der Browser Chrome von Google zum Einsatz, welcher der in Deutschland meistverwendete Browser ist (vgl. Statista 2018). Somit können ggf. auch browserspezifische Probleme aufgedeckt werden.

6 Ergebnisse

Durch die Methodenkombination konnten diverse Schwachstellen in der Usability aufgedeckt werden. Im Folgenden werden diese beschrieben und belegt. Außerdem werden, sofern möglich, Verbesserungsvorschläge unterbreitet.

Im Rahmen der Befragung gab es einen kurzen standardisierten Teil, in welchem die Probanden das Beteiligungsportal allgemein bewerteten. Zu beachten ist hierbei, dass die Zahl der Befragten bei lediglich zehn liegt. Auch stützen sie ihre Antworten nur auf den Eindruck, den sie bei der kurzen Nutzung der Seite im Rahmen der Szenarios gewinnen konnten.

Tab. 2   Ergebnisse der quantitativen Befragung

strukturiert	1-----2-----3-----4-----5-----6	unstrukturiert	(Mittelwert: 3,1)
einfach	1-----2-----3-----4-----5-----6	kompliziert	(Mittelwert: 4,1)
informativ	1-----2-----3-----4-----5-----6	nicht informativ	(Mittelwert: 2,4)
sympathisch	1-----2-----3-----4-----5-----6	unsympathisch	(Mittelwert: 3,3)
modern	1-----2-----3-----4-----5-----6	altbacken	(Mittelwert: 2,5)
Zusammenfassend:			
gelungen	1-----2-----3-----4-----5-----6	misslungen	(Mittelwert: 3,2)

Die Seite wird als eher informativ (2,4) und modern (2,5) wahrgenommen, jedoch als tendenziell kompliziert (4,1) (siehe Tab. 2). Dazwischen liegen die Einschätzungen zur Strukturiertheit (3,1) und zur Sympathie (3,3). Das zusammenfassende Meinungsbild ergibt mit Einzelbewertungen zwischen 2 und 6 einen Durchschnitt von 3,2. Es lässt sich festhalten, dass die Seite bei einem Großteil der Befragten gut bis befriedigend ankommt, wenn auch nicht sehr gut. Einige der Probanden sind jedoch weitgehend unzufrieden. Probanden, die sich selbst eine geringere Webkompetenz attestieren, bewerten die Seite besser als diejenigen mit einer subjektiv guten Onlinekompetenz. Möglicherweise lässt sich dies damit erklären, dass Erstere ihre Misserfolge eher auf ihr eigenes Unvermögen schieben als auf Unzulänglichkeiten in der Usability der Website. Ferner weisen sie möglicherweise eine niedrigere Erwartungshaltung als intensive Internetnutzer auf.

6.1   Die Szenarios

Die Szenarios stellen ein zentrales Element der vorliegenden Studie dar. Im Folgenden wird daher ausgeführt, wie gut die Probanden jeweils mit den einzelnen Szenarien zurechtkamen, wie sie ihre Schwierigkeit bewerteten, ob sie die Aufgaben erfolgreich abschließen konnten und wie lange sie dazu benötigten. Eine genaue inhaltliche Aufschlüsselung der Probleme erfolgt anschließend. Die Aufarbeitung etwaiger Usability-Probleme erfolgt entlang von bedeutenden Elementen der Website und nicht anhand der Szenarios. So können Probleme, die übergreifend auftreten, konsolidiert dargestellt werden.

Tab. 3 Abschluss der Szenarien nach Probanden

	P01	P02	P03	P04	P05	P06	P07	P08	P09	P10
Szenario 1	erledigt	nicht erledigt	nicht erledigt	erledigt	nicht erledigt	erledigt	erledigt	nicht erledigt	erledigt	erledigt
Szenario 2	erledigt	nicht erledigt	nicht erledigt	erledigt	nicht erledigt	erledigt	nicht erledigt	nicht erledigt	erledigt	erledigt
Szenario 3	erledigt	nicht erledigt	nicht erledigt	erledigt	nicht erledigt	erledigt	nicht erledigt	erledigt	erledigt	erledigt
Szenario 4	erledigt	erledigt	nicht erledigt	erledigt	nicht erledigt	erledigt	erledigt	nicht erledigt	erledigt	erledigt

Insgesamt wurden 24 von 40 Szenarien erfolgreich erledigt, 16 wurden abgebrochen (siehe Tab. 3). Dabei waren bei jedem Szenario wenigstens fünf und maximal sieben Probanden erfolgreich. Fünf Probanden waren bei allen Szenarios erfolgreich. Hierbei handelte es sich um jene Versuchspersonen, welche sich selbst mindestens eine befriedigende Note für ihre Internetfähigkeiten gaben. Die anderen Probanden, welche sich schlechter bewerteten, hatten hingegen merkbare Probleme. P07 konnte zwei Aufgaben nicht erledigen, P02 und P08 drei der Aufgaben und P03 und P05 schafften es bei keiner einzigen Aufgabe bis zum angestrebten Ergebnis. Hier wird deutlich, welch starken Einfluss die individuellen Internetfähigkeiten der User auf die erfolgreiche Nutzung des Beteiligungsportals haben.

Die Probanden wiesen jeder Aufgabe eine Schwierigkeit zwischen 1 (sehr leicht) und 10 (sehr schwer) zu. Szenario 1 wurde als am leichtesten empfunden, gefolgt von Szenario 4 und Szenario 2 (siehe Tab. 4). Szenario 3 wurde als am schwersten wahrgenommen. Diese Wertung muss teilweise kritisch hinterfragt werden. Beispielsweise war für die Bearbeitung von Szenario 2 eine Registrierung notwendig. Wenn die Probanden diese in Szenario 1 nicht eigenständig abschließen konnten, griff der Versuchsleiter ein und führte die Registrierung durch bzw. leitete die Probanden dabei an. So kann ein verzerrtes Bild der Schwierigkeit nicht ausgeschlossen werden, da den Versuchspersonen im Nachgang ihres Scheiterns die Lösung präsentiert wurde.

Tab. 4   Bewertung der Schwierigkeitsgrade der Szenarien

	P01	P02	P03	P04	P05	P06	P07	P08	P09	P10	Mittelwert
Szenario 1	2	6	5	2	8	1	1	6	1	3	3,5
Szenario 2	6	7	8	3	8	5	1	5	2	4	4,9
Szenario 3	8	5	10	2	8	4	8	5	8	2	6,0
Szenario 4	3	4	10	3	8	2	1	9	4	1	4,5

Im Mittel brachten die Probanden 06:30 Minuten mit der Bearbeitung einer Aufgabe zu (siehe Tab. 5). Generell sind die Zeiten aber nur bedingt aussagekräftig. Dies liegt unter anderem am Thinking Aloud. Manche Probanden bemühten sich offenkundig sehr, möglichst konstant laut mitzusprechen; so kamen sie langsamer voran, als sie dies vermutlich normalerweise getan hätten. Andere hingegen sprachen kaum oder nur auf Aufforderung. Ferner war im Laufe der Aufgaben ein gewisser Ermüdungseffekt festzustellen. So arbeitete beispielsweise P03 bei Szenario 1 noch länger als eine Viertelstunde an einer Lösung, bei der letzten Aufgabe nur noch weniger als fünf Minuten.

Tab. 5   Bearbeitungsdauer nach Szenario und Proband

	P01	P02	P03	P04	P05	P06	P07	P08	P09	P10	Mittelwert
Szenario 1	01:34	17:34	16:26	03:12	19:05	02:09	04:01	10:29	03:02	03:02	08:03
Szenario 2	02:51	07:50	13:05	06:24	10:52	09:10	09:19	11:06	07:15	06:24	08:25
Szenario 3	02:23	07:03	07:22	04:24	05:44	02:46	08:01	07:09	09:57	02:54	05:46
Szenario 4	00:33	03:20	04:48	02:58	09:24	0:36	02:12	06:04	03:15	01:26	03:46

Auch durch die Website selbst ist eine komplette Vergleichbarkeit zwischen einzelnen Probanden nicht möglich. Teilweise führte ein und dieselbe Handlung bei verschiedenen Probanden zu unterschiedlichen Ergebnissen. Als Beispiel ist hier der Link „Registrieren" zu nennen, welcher manches Mal auf die angedachte Registrierungsseite und manches Mal auf die „falsche" Unterseite zur Anmeldung führte.

6.1.1   Szenario 1

Die Anweisung an die Probanden bei Szenario 1 lautete: *„Um beispielsweise Gesetzentwürfe kommentieren zu können, benötigen Sie einen Nutzer-Account. Bitte erstellen Sie einen Account und ändern Sie im Anschluss Ihren Nutzernamen zu einem Namen Ihrer Wahl.“* In der Praxis gliederte sich die Aufgabe in zwei Teile, da aus technischen Gründen durch den Versuchsleiter nach der Registrierung zunächst die Bestätigung der Mailadresse erfolgen musste, bevor die Probanden ihren Nutzernamen ändern konnten. Mit einem Mittelwert von 3,5 (Skala von 1 bis 10) wurde das Szenario im Vergleich mit den anderen Szenarios als am einfachsten eingeschätzt. Insgesamt schafften es sechs der zehn Probanden, die komplette Aufgabe eigenständig zu erledigen. Dabei handelte es sich um die Probanden, die ihre Internetfähigkeiten mit einer Note von 1 bis 4 bewerteten. Die restlichen vier Probanden, welche sich selbst die Note 5 oder 6 gaben, schafften es nicht, das Szenario in Gänze zufriedenstellend abzuschließen. Auffällig ist auch, dass diesen Probanden beide Teile der Aufgabe (Registrieren sowie Nutzernamen ändern) schwer fielen. Nur P08 schaffte es, den Nutzernamen zu ändern. Die restlichen drei Probanden (P02, P03, P05) konnten keinen der beiden Teilbereiche eigenständig abschließen. Die sechs Probanden, welche die Aufgabe erfolgreich abschließen konnten, schafften dies im Durchschnitt in 03:02 Minuten. Die vier nicht erfolgreichen Probanden befassten sich zwischen 10:29 und 19:05 Minuten mit Szenario 1, was einen Mittelwert von 15:53 Minuten ergab (siehe Tab. 6).

Tab. 6   Übersicht Szenario 1

	P01	P02	P03	P04	P05	P06	P07	P08	P09	P10	Mittelwert
Internet-affinität (1-6)	1	5	5	3	6	1	4	5	3	2	3,5
Schwierigkeit (1-10)	2	6	5	2	8	1	1	6	1	3	3,5
Bearbeitungs-zeit (in Min.)	01:34	17:34	16:26	03:12	19:05	02:09	04:01	10:29	03:02	03:02	08:03
Status	erl.	n.erl.	n.erl.	erl.	n.erl.	erl.	erl.	n.erl.	erl.	erl.	

Anmerkung: erl. = erledigt; n.erl. = nicht erledigt

Insgesamt lässt sich festhalten, dass sich bei Szenario 1 die Internetaffinität in besonderem Maße bemerkbar machte. Die Gründe liegen zum einem im Verständnis des Konzepts eines Nutzer-Accounts und zum anderen darin, dass sich für Registrierung und Anmeldung auf Website gewisse Standards etabliert haben, welche den erfahreneren Nutzern vertraut sind. Kritisch ist anzumerken, dass der Begriff „Nutzer-Account" in der Handlungsanweisung vermutlich nicht optimal gewählt war, da er einigen Probanden nicht bekannt war. Eventuell wäre „Nutzer-Profil" oder „Benutzer-Konto" besser geeignet gewesen.

6.1.2   Szenario 2

Die Anweisung an die Probanden bei Szenario 2 lautete: *„Finden Sie einen beliebigen Gesetzentwurf, der derzeit von Bürgern kommentiert werden kann. Bitte geben Sie einen Kommentar ab. Im Anschluss löschen Sie diesen Kommentar bitte wieder."* Die Hälfte der Probanden konnte diese Aufgabe erfolgreich abschließen, die anderen Probanden brachen sie ab (siehe Tab. 7). Auffällig ist hierbei, dass dieselben Probanden in der Lage waren, die Aufgabe erfolgreich zu gestalten, wie bei Szenario 1. Lediglich P07 war bei Szenario 2 nicht mehr erfolgreich. Die durchschnittliche Bearbeitungszeit lag bei 08:25 Minuten, wobei die erfolgreichen Probanden im Schnitt lediglich 06:24 Minuten an der Aufgabe arbeiteten, wohingegen die restlichen Probanden knapp vier Minuten länger versuchten, sie zu lösen. Mit einem Wert von 4,9 wurde die Aufgabe von den Probanden als die zweitschwerste eingestuft.

Die Gründe für die langen Bearbeitungszeiten und die niedrige Erfolgsquote sind vielfältig und werden in Kapitel 6.2.2 aufgeschlüsselt. Ein besonders starkes Usability-Problem war jedoch hauptverantwortlich: Im rechten oberen Eck suggerierten die Links zu „Mein Profil" und „Abmelden", dass die Probanden eingeloggt seien, obwohl dies tatsächlich nicht der Fall war. Dies sorgte für große Probleme und Irritationen.

Tab. 7   Übersicht Szenario 2

	P01	P02	P03	P04	P05	P06	P07	P08	P09	P10	Mittelwert
Internet-affinität (1-6)	1	5	5	3	6	1	4	5	3	2	3,5
Schwierigkeit (1-10)	6	7	8	3	8	5	1	5	2	4	4,9
Bearbeitungszeit (in Min.)	02:51	07:50	13:05	06:24	10:52	09:10	09:19	11:06	07:15	06:24	08:25
Status	erl.	n.erl.	n.erl.	erl.	n.erl.	erl.	n.erl.	n.erl.	erl.	erl.	

Anmerkung: erl. = erledigt; n.erl. = nicht erledigt

6.1.3 Szenario 3

Die Anweisung an die Probanden bei Szenario 3 lautete: *„Suchen Sie den Beitrag zum Gesetzesvorschlag ‚Stärkung der Realschulen'. Öffnen Sie den Gesetzentwurf als PDF. Finden Sie im Anschluss die Stellungnahme des Ministeriums zu den Bürgerkommentaren."* Dieses Szenario wurde von den Probanden als am schwersten bewertet, mit einem Schnitt von 6,0 (siehe Tab. 8). Die Bearbeitungsdauer lag mit durchschnittlich 05:46 Minuten unter der Bearbeitungsdauer der zwei vorigen Szenarien, was mitunter wohl daran lag, dass die Probanden weniger Geduld hatten und früher abbrachen. So lag die durchschnittliche Zeit der erfolgreichen Probanden bei 04:55 Minuten, der Schnellste löste die Aufgabe in 02:23 Minuten. Die Zeit der nicht erfolgreichen Probanden lag im Schnitt bei 07:02 Minuten.

Insgesamt sechs der zehn Probanden schlossen das Szenario erfolgreich ab. Dabei handelte es sich wieder um ähnliche Probanden wie bei den Aufgaben zuvor. Die größte Schwierigkeit lag für die Probanden darin, die Unterseite zum Gesetzesvorschlag „Stärkung der Realschulen" ausfindig zu machen. Die vier nicht erfolgreichen Probanden scheiterten an dieser Hürde.

Tab. 8 Übersicht Szenario 3

	P01	P02	P03	P04	P05	P06	P07	P08	P09	P10	Mittelwert
Internet-affinität (1-6)	1	5	5	3	6	1	4	5	3	2	3,5
Schwierigkeit (1-10)	8	5	10	2	8	4	8	5	8	2	6,0
Bearbeitungs-zeit (in Min.)	02:23	07:03	07:22	04:24	05:44	02:46	08:01	07:09	09:57	02:54	05:46
Status	erl.	n.erl.	n.erl.	erl.	n.erl.	erl.	n.erl.	erl.	erl.	erl.	

Anmerkung: erl. = erledigt; n.erl. = nicht erledigt

6.1.4 Szenario 4

Die Anweisung an die Probanden bei Szenario 4 lautete: *„Finden Sie die Unterseite zur nachhaltigen Digitalisierung. Informieren Sie sich über das Unterthema ‚Intelligente Energiesysteme'. Informieren Sie sich im Anschluss zum Themenbereich ‚Green IT'".* Die Probanden schätzten dieses Szenario als das zweitleichteste Szenario ein. Sieben der zehn Probanden konnten das Szenario erfolgreich abschließen – mehr als bei jeder anderen Aufgabe (siehe Tab. 9). Drei Probanden waren dennoch nicht erfolgreich. Für P02 war dies die einzige Aufgabe, die er erfolgreich bewältigen konnte. Die Bearbeitungszeit lag im Durchschnitt bei 03:46 Minuten und damit deutlich niedriger als bei den anderen Szenarios. Die erfolgreichen Probanden erledigten die Aufgabe im Mittel in 02:17 Minuten, der Schnellste schaffte es in knapp 33 Sekunden. Abgebrochen wurde die Aufgabe im Schnitt nach 06:45 Minuten. Wie bereits in Szenario 3 zeigte sich hier bei den gescheiterten Probanden eine höhere und schnellere Bereitschaft zum Abbruch als in den ersten Szenarien. Da die Szenarien bei allen Probanden in der gleichen Reihenfolge durchgeführt wurden, ist bei der vierten und letzten Aufgabe möglicherweise von einem gewissen Lerneffekt auszugehen, sodass sie sich an dieser Stelle besser auf der Website zurechtfanden.

Tab. 9   Übersicht Szenario 4

	P01	P02	P03	P04	P05	P06	P07	P08	P09	P10	Mittelwert
Internet-affinität (1-6)	1	5	5	3	6	1	4	5	3	2	3,5
Schwierigkeit (1-10)	3	4	10	3	8	2	1	9	4	1	4,5
Bearbeitungs-zeit (in Min.)	00:33	03:20	04:48	02:58	09:24	00:36	02:12	06:04	03:15	01:26	03:46
Status	erl.	erl.	n.erl.	erl.	n.erl.	erl.	erl.	n.erl.	erl.	erl.	

6.2   Usability-Probleme

Die auftretenden Usability-Schwachstellen lassen sich anhand elementarer Bestandteile des Beteiligungsportals und wichtiger Elemente guter Nutzbarkeit gliedern. Dabei finden sowohl die Registrierung und das Nutzerprofil als auch die Kommentarfunktion Beachtung. Ferner werden die Suchfunktion, die Startseite und das Design thematisiert. Auch werden Navigation und Struktur der Seite als zwei besonders wichtige Aspekte analysiert.

6.2.1   Registrierung und Nutzerprofil

Eines der zentralen Ziele des Beteiligungsportals ist die Partizipation von Bürgerinnen und Bürgern. Sie sollen sich dort mithilfe von Kommentaren und Klicks auf ein Daumen-Hoch- bzw. Daumen-Runter-Symbol einbringen, indem sie Kritik an Plänen der Regierung oder Gesetzesvorhaben äußern oder ihre Ideen und Perspektiven dazu formulieren. Um eine Kommentierung vorzunehmen, muss ein Nutzer-Account erstellt werden. Dies bringt in der Praxis einige Usability-Probleme mit sich, die im Folgenden erläutert werden.

Zunächst ist hier die Frage zu stellen, ob ein Nutzer-Account tatsächlich zur Notwendigkeit für eine Beteiligung gemacht werden sollte. Möglicherweise kann damit die Qualität der Beiträge gesichert werden, da so eine geringere Anonymität suggeriert wird. Auf der anderen Seite stellt dies für diverse Nutzer eine deutliche Hürde dar, was die Anzahl der Kommentare möglicherweise merkbar verringert. Auch P06, die mit der Erstellung des Accounts keine Probleme hatte, beschreibt diesen als Hürde: „Was ich vielleicht nicht so gut finde, ist, dass man sich anmelden muss, um was zu kommentieren. Also, ich finde Benutzerprofile anlegen immer nervig. Würde für mich ein Hinderungsgrund sein, da mitzumachen."

Die Registrierung ist auf dem Beteiligungsportal übergreifend über alle Unterseiten in der rechten, oberen Ecke zu finden. Direkt daneben findet sich der Link zur Anmeldung. Er dient dazu, sich in seinen Account einzuloggen, sofern schon ein Nutzerprofil registriert wurde (siehe Abb. 11).

Abb. 11 Registrieren und Anmelden

Wegen der Bedeutung der Registrierungs-Funktion wurde diese in die Usability-Testung mit den Probanden integriert. Hierbei stellte sich heraus, dass die Hälfte der Nutzer nicht in der Lage war, sich eigenständig einen Nutzer-Account anzulegen. Einigen von ihnen war das Konzept eines Nutzerprofils per se nicht klar. Zwar nutzten beide in gewisser Regelmäßigkeit das Internet, jedoch nicht zwingend Websites, auf welchen sie sich einloggen müssen. P03 gab beispielsweise zu: „Ich weiß gar nicht, was ‚ein Profil erstellen' ist." Und P02 äußerte sich: „Wie macht man das? Sowas hab' ich noch nie gemacht."

Eine weitere Schwierigkeit stellte die (für einige Probanden) unauffällige Platzierung des Registrierungs-Links dar. Die internetaffinen Probanden hatten damit wenige Probleme. Für sie ist die Platzierung der Registrierung gelernt, da es sich um eine Art Konvention handelt, dass sie in der rechten, oberen Ecke zu finden ist. „Das war eigentlich simpel, weil die Funktionalitäten mich stark an Funktionalitäten auf anderen Websites zur Erstellung eines Accounts erinnert haben. Also es war eher alles schlüssig, weil ähnlich und simpel wie auf anderen Webseiten." (P10). Auch P06 wies darauf hin, dass sie die Platzierung der Registrierung und Anmeldung im oberen, rechten Eck gewohnt sei, P04 bezeichnete den Vorgang als „Standard".

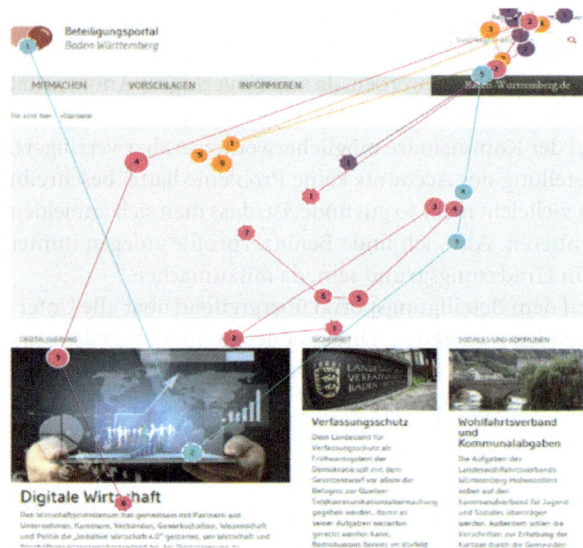

Abb. 12 Gazeplot Startseite, internetaffine Probanden

Wie der Gazeplot in Abbildung 12 zeigt, landete bei dieser Gruppe (P01, P04, P06, P09, P10) spätestens die sechste Fixation auf den Links zu Registrierung und Anmeldung. Dies dauerte nur knapp über zwei Sekunden. P01 erklärte das so: „War eigentlich ganz klar, ich meine, da haben wir durch den ganz klassischen Aufbau, auch nichts Besonderes. Registrieren, Anmelden ist meistens oben rechts, das heißt, da schau ich auch zuerst hin."

Bei der anderen Gruppe stellte sich dies anders dar. P08 gab im Interview an: „Ich habe halt nicht gewusst, wo ich hin muss, um diesen Account zu erstellen. Das habe ich nicht gekonnt. Weil ich das ja noch nie gemacht habe." Diese Probanden klickten sich häufig durch diverse Unterseiten und fanden dennoch nicht zur Registrierung. Die erfolglosen Probanden probierten es im Schnitt über acht Minuten. Jedoch fiel ihnen der Link kaum ins Auge.

Problematisch an der Platzierung der Registrierung ist, dass sie nirgendwo anders auf der Seite zu finden ist. Wer nicht auf den Link stößt, kann sich weder registrieren noch anmelden. Einer potenziell relativ breiten Nutzerschaft aus unerfahreneren Internetnutzern bleibt somit die Kernfunktion der Seite – das Kommentieren – verwehrt. Die für viele Nutzer schlüssige Platzierung rechts oben sollte weiterhin bestehen bleiben. Zusätzlich sollten Registrierung und Anmeldung jedoch darüber hinaus prominent platziert werden. Zum einen könnte dies beispielsweise eingebunden in eine knappe Erklärung zur Nutzung des Beteiligungsportals auf der Startseite erfolgen. Darüber hinaus ist es sicherlich sinnvoll, die Verlinkung zur Anmeldung bzw. Registrierung auf jeder Seite darzustellen, auf welcher ein Kommentar abgegeben werden kann.

Klickt man auf den Link zur Registrierung, wird man auf die Registrierungs- bzw. Anmeldeseite weitergeleitet. Dabei handelt es sich um zwei verschiedene Unterseiten, bei denen jeweils auch auf die andere Seite verlinkt wird (siehe Abb. 13).

Abb. 13 Anmeldeseite und Registrierungsseite

Hier trat bei einigen Probanden der Fehler auf, dass sie auf „Registrieren" klickten, jedoch fälschlich auf die Anmeldeseite geleitet wurden (z. B. P01, P06). Bei anderen (z. B. P04, P07) wiederum funktionierte die Verlinkung auf die korrekte Seite einwandfrei. Ein Schema war hierbei nicht erkennbar. P06 geht dabei von einem eigenen Anwendungsfehler aus: „Ich habe erst auf Anmelden statt Registrieren geklickt, aber gut, wenn man nicht richtig liest, passiert das halt." Die falsch Weitergeleiteten erkannten dies entweder sofort oder gaben zunächst ihre Mailadresse und das Passwort ein, um daraufhin die Fehlermeldung wegen eines falschen Benutzernamens oder Passworts zu erhalten. Auffällig ist auch, dass auch auf der Registrierungsseite oben im Browser-Tab „Anmeldung" steht. Ansonsten traten auf der Registrierungsseite bei den Probanden, welche es bis dahin geschafft hatten, keine Usability-Probleme auf. Der Ablauf mit der Eingabe der Mailadresse und der doppelten Eingabe des Passworts mit anschließender Bestätigung war klar. Im Anschluss musste die Mailadresse bestätigt werden. Dazu wird dem User eine E-Mail geschickt, in der sich ein Bestätigungslink für den Abschluss der Registrierung befindet. Im Rahmen der Heuristischen Evaluation stellte sich heraus, dass dieser Link teilweise zu einer Seite des Beteiligungsportals führt, auf welcher eine Fehlermeldung mit der Anweisung erscheint, zunächst die Bestätigung des Accounts vorzunehmen. Bei nochmaligem Klicken auf die Verlinkung in der E-Mail tritt der Fehler meist nicht wieder auf. Des Öfteren tritt der Fehler auch gar nicht auf. Ein Muster ist hier wiederum nicht zu erkennen.

Ein weiterer Usability-Fehler: Nach der Anmeldung werden dem Nutzer in der oberen rechten Ecke nicht weiterhin die Links zu Anmeldung und Registrierung angezeigt, sondern die Möglichkeit zur Abmeldung und die Verlinkung zu „Mein Profil". Dies signalisiert dem Nutzer, dass er gerade eingeloggt ist. Mit dem Schließen des Browsers findet eine automatische Abmeldung des Nutzers statt. Öffnet man jedoch kurze Zeit später erneut den Browser, scheint es, als wäre man immer noch eingeloggt, denn im oberen, rechten Eck stehen irreführender Weise immer noch die beiden Links „Abmelden" sowie „Mein Profil". Klickt man beispielsweise auf „Mein Profil", wird man auf die Anmeldeseite weitergeleitet. Auch andere Aktionen, zu welchen der Login erforderlich ist, lassen sich nicht durchführen. Dies stellt im User-Test ein besonders großes Problem dar. Da nach den einzelnen Szenarien der Browser geschlossen wird, tritt dieses Problem durchgehend auf. Bei Szenario 2 gehen also viele User davon aus, sie seien angemeldet. Tatsächlich ist dem aber nicht so. „Es gab zwei Fehlermeldungen, also zwei Mal die gleiche Fehlermeldung mit, ‚Fehler beim Anmelden', obwohl ich dann überprüft habe, dass ich angemeldet bin. Daraufhin habe ich mich nochmal ab- und nochmal angemeldet und dann hat's funktioniert." (P10). Mit dem Überprüfen ist hier der Blick in die obere rechte Ecke gemeint, welcher von den meisten Probanden früher oder später ausgeführt wird. Das Usability-Problem verunsicherte die Probanden: „Ich weiß jetzt nicht, ob das ein technischer Fehler war. Also weil ich war ja eigentlich angemeldet, er hat ‚Abmelden' angezeigt. Aber es ging nicht. (…) Also wahrscheinlich hätte ich normalerweise schon gedacht, was ist das für ein Mist?" (P06). Dadurch, dass sie nicht angemeldet waren, konnten die Probanden keinen Kommentar abgeben. Genauer wird dies in Kapitel 6.2.2 ausgeführt.

Änderung des Nutzernamens: Bei der Registrierung eines Nutzer-Accounts wird dem Nutzer automatisch ein Nutzername zugewiesen. Dieser besteht aus der Wortkombination „OHNE NAME" sowie einer drei- bis vierstelligen Zahlenkombination. Betrachtet man die abgegebenen Kommentare, fällt auf, dass der Großteil der kommentierenden Nutzer ihren Nutzernamen nicht geändert hat.

Um die Gründe hierfür offenzulegen, wurde diese Aufgabe mit in die User-Tests aufgenommen. Bei Szenario 1 sollten die Probanden nach der Registrierung ihren Nutzernamen zu einem Namen ihrer Wahl ändern. Die schnellste Vorgehensweise hierzu ist die Anmeldung in den Nutzer-Account und dann der Klick auf „Mein Profil". Für die meisten Probanden war dieser erste Schritt klar, beispielsweise für P10: „Ja ist ziemlich klar, dass im selben Umfeld von ‚Anmelden' und ‚Registrieren' jetzt ‚Mein Profil' zu finden ist." Auf den Klick hin öffnet sich die in Abbildung 14 dargestellte Unterseite. Hier kann im obersten Textfeld der bestehende Name gelöscht und durch einen neuen Namen ersetzt werden. Im Anschluss muss die Änderung durch einen Klick auf den Speichern-Button bestätigt werden.

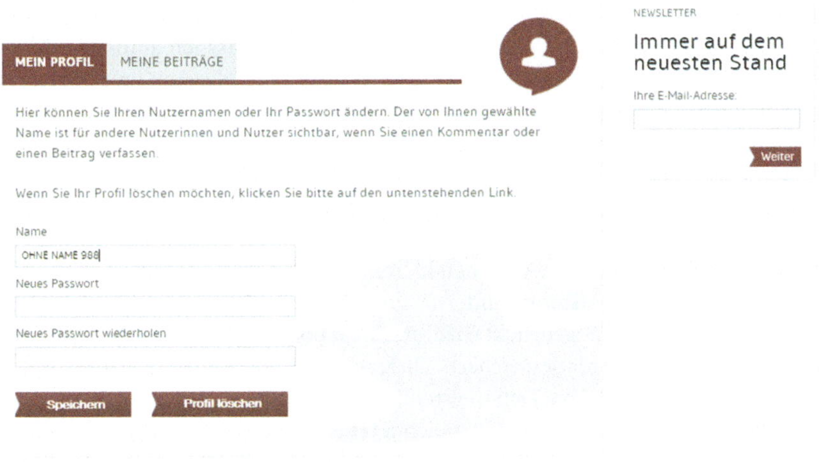

Abb. 14 Unterseite „Mein Profil"

Sieben der zehn Probanden schafften es, diesen Abschnitt von Szenario 1 ohne Hilfestellung durch den Untersuchungsleiter abzuschließen. Bei den drei erfolglosen Probanden scheiterte es daran, dass sie den Link zu „Mein Profil" nicht fanden bzw. nicht wussten, dass dies der zielführende Weg war. Hierbei handelte es sich jeweils um die Probanden, die auch mit den anderen Aufgabenstellungen Probleme hatten. Ob eine durchgehende prominentere Platzierung des Links Sinn macht, ist fraglich, da die meisten Nutzer vermutlich keine allzu großen Probleme damit haben, dieses Menü zu finden. Außerdem handelt es sich dabei um keine extrem kritische Funktion für die Nutzung des Beteiligungsportals. Gegebenenfalls wäre aber ein einmaliger Hinweis nach dem Klicken der Bestätigungs-Mail denkbar, bei welchem auf die Möglichkeit der Änderung des Nutzernamens hingewiesen und auf die entsprechende Seite verlinkt wird. So bekommen alle frisch Registrierten einen zusätzlichen Anstoß, diese Änderung vorzunehmen und ihr Profil zu individualisieren.

Aber auch auf der Seite „Mein Profil" wurden einige Usability-Schwachstellen erkennbar: Zum einen war nicht jedem sofort klar, dass sich in dem Eingabefeld unter „Name" einfach der Nutzername umschreiben lässt (z. B. P09). Deutlich häufiger trat jedoch ein anderes Problem auf: Fünf der sieben Probanden, welche es bis auf die Seite schafften, gaben zusätzlich in beide Felder ihr Passwort ein, obwohl sie nur den Nutzernamen ändern wollten. Dabei gaben manche das bestehende Passwort ein, wie beispielsweise P01: „Ein neues Passwort mache ich nicht, mal schauen ob es auch so klappt." Andere hingegen tippten ein gänzlich neues Passwort ein, wie zum Beispiel P10: „Was mich jetzt irritiert ist, dass ich automatisch ein neues Passwort vergeben muss." Festzuhalten ist jedenfalls, dass ein großer Teil der Probanden fälschlicherweise davon ausging, eine Passworteingabe bzw. -änderung sei erforderlich. Dies hängt vermutlich mit der optischen Gestaltung der beiden Elemente zusammen, die durch ihre Nähe so wirken, als hingen sie zusammen. Hier würde es zum einen helfen, die beiden Teile räumlich und zusätzlich durch ein grafisches Element (etwa einen trennenden Strich oder zwei farbige Kästen) zu trennen. Ferner könnten die Aktionen klarer überschrieben werden, mit „Nutzername ändern" sowie „Passwort ändern".

Nachdem „Speichern" gedrückt wird, erscheint über den Eingabefeldern die Meldung: „Ihre Eingabe wurde gespeichert." Diese unterscheidet sich durch fettgedruckte Lettern vom restlichen Text. Den meisten Probanden fällt sie auf, manchen jedoch nicht. P03 beklagt: „Ich erwarte, dass ich jetzt ein ‚OK' bekomme, dass das alles vollzogen ist. Aber das kommt nicht. Es bleibt alles gleich. Ich muss doch wissen, ob das funktioniert hat. Und das sagt es mir nicht." Ein deutlicheres Hervorheben der Bestätigung wäre hier wünschenswert.

Versucht man seinen Nutzernamen in einen bereits bestehenden Nutzernamen zu ändern, erscheint die Benachrichtigung: „Ihre Änderungen konnten leider nicht gespeichert werden." Dies wird jedoch nicht spezifiziert, der Nutzer wird also nicht informiert, woran die Änderung scheitert. Hier wäre eine Spezifizierung der Fehlermeldung wünschenswert, so wie dies etwa bei einem zu kurzen Passwort bereits der Fall ist. Ferner sollte der Nutzername, welcher bereits vergeben war, nicht im Eingabefeld stehen bleiben, da dies suggeriert, es handle sich um den aktuellen Nutzernamen des Users.

In Tabelle 10 sind die wichtigsten Usability-Probleme und Handlungsempfehlungen im Bereich Registrierung und Nutzerprofil zusammengefasst.

Tab. 10 Usability-Probleme und Handlungsempfehlungen im Bereich Registrierung und Nutzerprofil

Usability-Problem	Handlungsempfehlungen
Unerfahrenere Nutzer haben Probleme mit der Erstellung eines Nutzerprofils, was für sie eine deutliche Hürde darstellt.	Es sollte geprüft werden, inwieweit Nutzerprofile zur Kommentierung tatsächlich notwendig sind.
Die Platzierung der Registrierung und Anmeldung ist unzureichend.	Die Platzierung rechts oben ist für erfahrene Nutzer sinnvoll, daher sollte sie dort belassen werden. Zusätzlich sollte sie an anderer Stelle für unerfahrene Nutzer prominent platziert werden, beispielsweise auf den Kommentarseiten selbst.
Die Verlinkung von Registrierung und Anmeldung ist fehlerhaft – manchmal kommt man bei einem Klick auf „Registrieren" auf die Anmeldeseite.	Sicherstellen, dass die Verlinkungen jeweils korrekt sind.
Fehler bei der Registrierungsmail.	Weiterleitung auf Seite mit Fehlermeldung beheben.
„Abmelden" und „Mein Profil" wird angezeigt, obwohl der Nutzer tatsächlich ausgeloggt ist. Dies suggeriert dem Nutzer, er sei eingeloggt.	Nach dem Logout (und sei es nur durch das Schließen des Browsers) muss wieder „Registrieren" und „Anmelden" angezeigt werden.
Bei der Änderung des Nutzernamens halten viele Probanden eine gleichzeitige Änderung des Passworts für notwendig.	Klare Benennung und deutliche optische Trennung der beiden Elemente ist wünschenswert.

6.2.2 Kommentierung

Als zentrales Element des Beteiligungsportals wurde der Kommentieren-Bereich untersucht. Dabei wurden einige verbesserungswürdige Elemente identifiziert. Auf dem Beteiligungsportal sind verschiedene Gesetzesvorhaben (z. B. Polizeigesetz) sowie grundlegende politische Fragen (z. B. Luftreinhaltung) für einen gewissen Zeitraum zur Kommentierung freigegeben. Im oberen Bereich findet sich der Zeitstrahl mit den verschiedenen Phasen eines Beteiligungsprozesses. Darunter wird in einem Text der Sachverhalt oder das Gesetzesvorhaben beschrieben. Wiederum darunter findet sich das Kommentarfeld, in welchem die Nutzer einen Betreff und ihren Kommentar eintragen können. Unterhalb davon erscheinen die veröffentlichten Kommentare.

Was die Platzierung des Kommentarbereichs anbelangt, kommt Kritik von einigen Usern. Für P01 bekommt die Kommentierung deutlich zu wenig Raum:

„Für ein Forum, ein Diskussionsforum, finde ich viel zu wenig Platz für das Diskussionsforum per se. Das ist nicht im Fokus. Das Gesetzesvorhaben ist im Fokus. Und am Ende hat man eine kleine Spalte wie bei einem Spiegel Online-Artikel, wo man einen Ein-Satz-Kommentar abgeben kann, aber ich glaube gerade bei Gesetzesvorschlägen sollte das irgendwie prominenter platziert sein... Nicht ganz, ganz unten auf der Seite. Und dann so, dass es auch nicht so wirklich auffällt."

Hier ist es sicherlich wichtig, eine gewisse Balance zwischen Text und Kommentarfeld zu finden. Auf der einen Seite sollte das Kommentieren im Vordergrund stehen, auf der anderen Seite möchte man den Inhalten auch Raum geben, um eine inhaltlich wertvolle Diskussion zu ermöglichen. Es fällt jedoch auf, dass viele Nutzer etwas Zeit brauchen, bis sie auf der Seite auf die Kommentarfunktion stoßen. Bei P02 (Szenario 2) dauert es beispielsweise knapp 40 Sekunden.

Eine mögliche Lösung wäre, das Kommentarfeld auf der Seite zu fixieren, sodass es von Anfang an beim Aufruf der Unterseite sichtbar ist. Beim Scrollen im Textbereich bleibt das Kommentarfeld dann an seinem Platz bestehen. Mehrere Probanden (z. B. P02 und P03) versuchten außerdem über einen Klick auf den Begriff „Online-Kommentierung" im Bereich der Phasen-Übersicht zur Kommentarfunktion zu gelangen. Dieser Begriff ist jedoch nicht verlinkt und es passiert dementsprechend in der Folge nichts. Es wäre sinnvoll, eine Verlinkung zu hinterlegen, wobei bei einem Klick ein automatisches Scrolling auf der Seite zur Kommentarfunktion hin erfolgt.

P02 äußerte Kritik an der Aufbereitung der Informationen zu den Gesetzentwürfen, im konkreten Fall zum Polizeigesetz. Den Umfang finde er angemessen, jedoch wünsche er sich eine lebendigere Aufbereitung der Information, beispielsweise mit Schlagworten sowie Pro- und Contra-Tabellen.

Kritik äußerten P01 sowie P10 zudem an der Strukturierung der abgegebenen Kommentare. Diese werden rein chronologisch geordnet, wobei der neuste Kommentar stets oben platziert wird. Darunter folgen weitere Kommentare. Sind genügend Kommentare vorhanden, werden die Kommentare auf mehrere Seiten verteilt. Zwischen diesen Seiten lässt sich mittels einer Navigation am unteren Ende der Kommentare hin und her springen. Für P10 hat dies den Nachteil, dass somit eine inhaltliche Diskussion zwischen den Nutzern schwer möglich sei:

„Ich habe immer den Eindruck, wenn es so eine Kommentarfunktion gibt wie hier, dass das im Nachhinein sehr schwer wirklich sachlich einbaubar ist. Weil das eben so ein Kommentarfeld ist, was dann nachher einfach nur im zeitlichen Ablauf sammelt und nicht thematisch zugeordnet oder irgendwie strukturiert wird und deswegen finde ich das immer ein bisschen schwierig, wenn es einfach nur untereinander landet."

Falls eine inhaltliche Diskussion zwischen den Nutzern gewünscht wird, wäre eine Funktion sinnvoll, mit welcher auf die Kommentare anderer Nutzer geantwortet werden kann. Als Beispiel hierzu könnte man etwa die Kommentarfunktion sozialer Netzwerke wie Facebook anführen, in welcher dies ermöglicht wird. P01 schlägt vor, bestimmte Kommentare hervorzuheben, um damit eine Diskussionsgrundlage zu schaffen: „Und dann, man könnte sich vorstellen, vielleicht so Top 3 Meinungen – Diskutieren Sie über die Meinungen der Nutzer."

Abgeben eines Kommentars: Nur die Hälfte der Probanden schaffte es, einen Kommentar abzugeben. Selbst die Probanden mit großer Internetkompetenz hatten hier Probleme, da sie mit einem Usability-Fehler zu kämpfen hatten. So gab es auf der Kommentierungsseite keinen Hinweis darauf, dass zum Abgeben eines Kommentars eine Registrierung bzw. Anmeldung erforderlich ist. So ist es denkbar, dass Nutzer der Seite sich große Mühe machen, sich ausführlich zu einem Thema zu äußern und in langwieriger Arbeit einen Kommentar verfassen. Sobald sie auf „Veröffentlichen" klicken, lädt die Seite neu. Im Anschluss ist der Kommentar nicht wie erwartet bei den abgegebenen Kommentaren zu finden. Stattdessen scheint nur eine Fehlermeldung auf, welche dem Nutzer von einem Fehler bei der Anmeldung berichtet. Der Kommentar wurde somit nicht nur nicht veröffentlich, sondern er ist zudem nicht mehr auf der Seite auffindbar, das Feld zur Eingabe des Kommentars bleibt leer. Damit war die Mühe, die sich der Nutzer beim Verfassen des Beitrags machte, umsonst. Der Text ist verloren. Dabei handelt es sich sicherlich um ein äußerst frustrierendes Nutzungs-Erlebnis, welches die Motivation für eine weitere Verwendung des Portals stark mindert. Es sollte also ein deutlicher Hinweis vorhanden sein, welcher auf die Notwendigkeit einer Anmeldung zur Kommentarabgabe hinweist. Besser noch sollte die Anmeldung zur obligatorischen Voraussetzung gemacht werden, um überhaupt Text in das Kommentarfeld eintragen zu können. Dabei sollte dies deutlich erklärt werden und eine Eingabemaske für die Anmeldung sollte direkt dort vorhanden sein.

Diese Usability-Schwäche sorgte in Kombination mit einem bereits beschriebenen Problem bezüglich der Anzeige von „Abmelden" und „Mein Profil", obwohl die Probanden nicht eingeloggt waren, für deutliche Probleme. Die meisten Probanden überprüften oben rechts, ob ihre Anmeldung noch Gültigkeit besaß. Im Glauben, sie seien angemeldet, verfassten sie im Anschluss einen Kommentar und schickten diesen ab. Nach dem Neuladen der Seite scrollten sie in der Erwartung, ihren Kommentar veröffentlich zu sehen, nach unten, fanden diesen aber nicht vor. Lediglich die Fehlermeldung „Fehler bei der Anmeldung" war zu sehen. Von den zehn Probanden kamen bei Szenario 2 insgesamt sieben soweit, dass sie ihren Kommentar abschicken konnten. Von diesen folgte für sechs Probanden die Meldung „Fehler bei der Anmeldung". Lediglich P04 hatte sich zuvor nochmals angemeldet, wodurch der Fehler nicht auftrat. Selbst die erfahrenen Internetnutzer zeigten sich durch den Fehler verunsichert: „Scheint nicht zu funktionieren. Entweder es liegt an mir oder an der Webseite." (P01). „Hä, ich hab' mich doch schon angemeldet, ich bin doch angemeldet. Das versteh ich jetzt nicht wirklich.", sagte P06 und fügte hinzu: „Normalerweise würde ich jetzt schon keinen Bock mehr haben." Die Probandin setzte die Bearbeitung der Aufgabe dennoch fort und kam schließlich zum gewünschten Ergebnis, ebenso drei andere Probanden. Zwei Probanden scheiterten jedoch an dieser Hürde und schafften es in der Folge nicht mehr, erfolgreich ihren Kommentar zu veröffentlichen.

Dies hing möglicherweise auch mit der Art der Fehlermeldung zusammen. Zum einen ist sie in ihrer Aufmachung wenig auffällig, kaum größer als der restliche Text und sticht auch ansonsten kaum heraus (siehe Abb. 15). Zunächst wird sie deshalb auch von einigen Probanden übersehen. Zum Beispiel brauchte P01 nach dem neuen Laden der Seite knapp 30 Sekunden, bis er die Fehlermeldung wahrnahm:

> *„Dann war das Feld mit Fehler beim Anmelden, sah aus als ob das mehr oder weniger zum Artikel gehört. Das war überhaupt nicht hervorgehoben, dass das jetzt gerade eine Fehlermeldung ist. Das war ganz normal schwarz. Die Schrift war nicht besonders viel größer als die normale Gesetzesvorschlagsartikelschrift. Also das hätte man sicherlich nochmal besser machen können."*

Auch inhaltlich sollte die Fehlermeldung präziser ausfallen. Keinem der Probanden war nach der Meldung umgehend klar, dass er nicht eingeloggt war. Es sollte also ein klarer Hinweis erfolgen, dass ein Login zum Veröffentlichen eines Kommentares erforderlich ist, und dass der User im Moment nicht eingeloggt ist. Die beste Lösung wäre jedoch sicherlich, es gar nicht so weit kommen zu lassen und den Login vor dem Verfassen eines Kommentars obligatorisch zu machen.

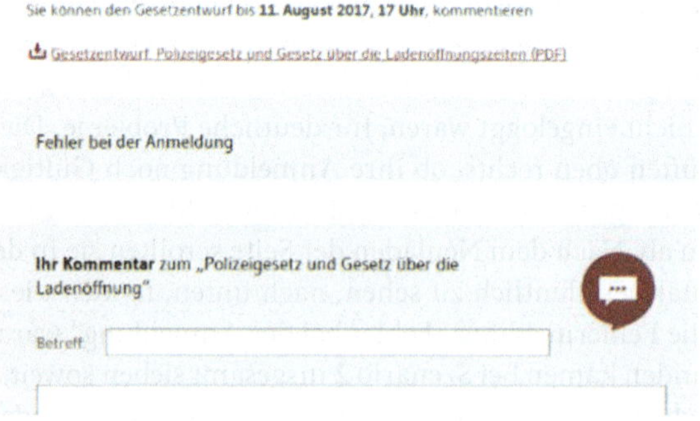

Abb. 15 Fehlermeldung „Fehler bei der Anmeldung"

Auch eine weitere Fehlermeldung könnte klarer hervorgehoben und formuliert sein: Wenn man nur einen Betreff eingibt und dann bestätigt, lädt die Seite neu. Dann ist das Kommentarfeld rot hinterlegt, was positiv zu beurteilen ist. Die Fehlermeldung ist jedoch nicht eindeutig, sondern lautet: „Leider konnte Ihre Anfrage nicht beantwortet werden." Sie sollte darauf hinweisen, dass ein Kommentar in das Kommentarfeld eingegeben werden muss.

Einige Probanden waren bemüht, im Betreff exakt den Titel des Gesetzesvorhabens wiederzugeben, welches sie zu kommentieren planten, aus Sorge, der Kommentar könne möglicherweise andernfalls nicht entsprechend zugeordnet werden. Ansonsten bestand jedoch eine recht schnelle Auffassung dazu, wie Betreff und Kommentarfeld zu gebrauchen waren. Bei der tatsächlichen Veröffentlichung der Kommentare traten jedoch noch einmal Unklarheiten auf, insbesondere bei den weniger internetaffinen Nutzern. Bei einigen Probanden wurde deutlich, dass ihnen das Vorschau-Konzept nicht geläufig war. Ihnen war nicht klar, dass der Weg zunächst über die Vorschau führt und in einem nächsten Schritt der Kommentar veröffentlicht werden kann (siehe Abb. 16).

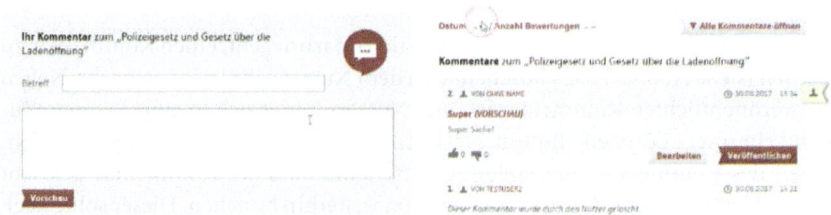

Abb. 16 Vorschau und Veröffentlichung eines Kommentars

Zwar wird „Vorschau" wahrgenommen, jedoch nicht als der richtige Weg betrachtet: „Vorschau? Kann gar nicht sein" (P03). Das rote Kommentar-Icon hingegen, welches mit keinem Link hinterlegt ist, wird einige Mal angeklickt. Eher mangels Alternativen klicken einige Probanden schließlich doch noch auf Vorschau. Manche halten den Kommentar dann damit für veröffentlicht, andere nehmen auch noch den nächsten notwendigen Schritt vor. Dieser kann jedoch sehr lange dauern, bei P02 beispielsweise lagen zwischen den beiden Klicks auf „Vorschau" und „Veröffentlichen" mehr als 80 Sekunden. Möglicherweise wäre auch eine Umbenennung der Vorschau in „Weiter" oder einen ähnlichen Begriff hilfreich. Da der Zwischenschritt offensichtlich eine deutliche Hürde darstellt, der bei manchen Nutzern sogar das Veröffentlichen der Kommentare verhindert, sollte allgemein über die Notwendigkeit der Vorschau nachgedacht werden: Sie verhindert zwar vermutlich, dass einige Kommentare im Nachgang gelöscht werden, nachdem ihre Verfasser beim Durchlesen nach der Veröffentlichung Fehler entdecken. Dies wiegt aber möglicherweise weniger schwer als die bestehende Hürde und könnte auch durch eine „Editieren"-Funktion gelöst werden, mit welcher bestehende Kommentare bei Bedarf angepasst werden können.

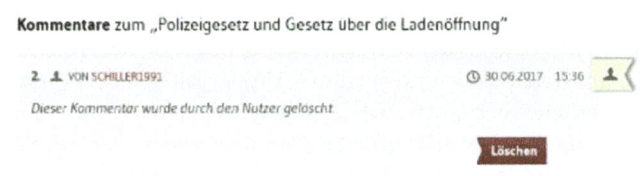

Abb. 17 Fehler nach dem Löschen eines Kommentars

Ein weiterer Usability-Fehler tritt auf, sobald es darum geht, einen Kommentar zu löschen (siehe Abb. 17). Das Löschen wird dem Nutzer sehr leicht gemacht: Neben den veröffentlichten Kommentaren eines Nutzers findet sich in eingeloggtem Zustand ein roter „Löschen"-Button. Nachdem dieser gedrückt wurde und statt dem Inhalt des Kommentars die Meldung aufscheint, dass der Kommentar gelöscht wurde, bleibt dennoch der „Löschen"-Button weiterhin bestehen. Dieser sollte nach dem Löschen nicht mehr erscheinen, da er so für Irritationen und Unsicherheit sorgt, ob die Löschung erfolgt ist. P06 und P02 klicken den Button beispielsweise mehrfach an.

In Tabelle 11 sind die wichtigsten Usability-Probleme und Handlungsempfehlungen im Bereich Kommentierung zusammengefasst.

Tab. 11 Usability-Probleme und Handlungsempfehlungen im Bereich Kommentierung

Usability-Problem	Handlungsempfehlungen
Kommentarfeld trotz seiner Wichtigkeit zu wenig repräsentiert.	Das Kommentarfeld sollte mehr Raum einnehmen und dadurch präsenter sein.
Rein chronologische Anordnung der Kommentare.	Eine inhaltliche Zuordnung könnte eine Diskussionskultur schaffen und eine reine Ansammlung alleinstehender Einzelkommentare verhindern.
„Online-Kommentierung" nicht verlinkt.	Wenn möglich, Verlinkung mit einem Scroll-Down zum Kommentarfeld.
Verfasste Kommentare gehen ohne Anmeldung bei der vermeintlichen Publikation verloren.	Obligatorische Anmeldung vor dem Verfassen einführen oder Nutzer-Accounts ganz abschaffen.
Fehlermeldung unauffällig und inhaltlich unklar.	Fehlermeldungen sollten optisch stärker herausstechen und einen wirklichen Hinweis auf das zugrundeliegende Problem liefern.
„Vorschau" für manche Nutzer unklar.	Nutzer besser führen bei der Veröffentlichung eines Kommentars. Lösungsansätze: • Vorschaufunktion weglassen und durch Editierungsfunktion ersetzen. • „Vorschau" umbenennen in „Weiter" oder ähnlichen Begriff.
Lösch-Button wird nach dem Löschen eines Kommentars weiterhin angezeigt.	Nach der Löschung sollte der Button nicht mehr auftauchen.

6.2.3 Suchfunktion

Auf dem Beteiligungsportal ist eine Suchfunktion vorhanden, die es dem Nutzer möglich machen soll, innerhalb der Website Inhalte schnell und einfach zu finden. Das Suchfeld ist seitenübergreifend oben rechts zu finden (siehe Abb. 18). Es besteht aus einem Texteingabefeld, in welchem mit blassgrauer Schrift „Suchbegriff eingeben" geschrieben steht. Wenn man in das Feld klickt, blinkt der Cursor dort auf. Sobald man den ersten Buchstaben schreibt, verschwindet das „Suchbegriff eingeben" und es sind die eingegeben Suchbegriffe zu sehen. Auf der rechten Seite des Suchfeldes befindet sich ein Lupensymbol. Nach der Eingabe des Suchbegriffs kann durch eine Bestätigung über die Enter-Taste oder einen Klick die Suche gestartet werden. Gibt man kein Suchwort ein und startet die Suche oder ist das Suchwort maximal zwei Zeichen lang, wird auf eine extra Suchseite geleitet, im Zentrum derer eine lange Suchleiste steht.

Abb. 18 Suchleiste

Die generelle Platzierung und Funktionsweise der Suchfunktion ist gelungen. Die
Probanden finden die Suchfunktion problemlos und wissen sie zu benutzen. Lediglich mit der Breite der Suchspalte haben manche Probanden zu kämpfen, da sie
je nach Zeichenbreite in etwa lediglich zwischen zehn und 25 Zeichen anzeigt. Bei
Suchanfragen, die aus mehreren Wörtern bestehen, ist somit nicht die komplette
Suchkombination zu erkennen. Dann kann die Eingabe schwerlich überprüft werden, was manche Probanden verunsichert, ob ihre Eingabe in Gänze aufgenommen
wurde. Da bei der momentanen Gestaltung der Seite links neben der Suchleiste
noch viel Freiraum besteht, wäre es denkbar, die Suchleiste zu verbreitern, sobald
sie angeklickt wird.

Abb. 19 Ergebnisseite für die Beispielsuche zu „JVA"

Nach dem Bestätigen der Suche wird der Nutzer auf eine Ergebnisseite geleitet. In Abbildung 19 ist diese beispielhaft für eine Suche mit dem Suchbegriff „JVA" dargestellt. Oben wird übersichtsweise die Gesamtzahl der gefundenen Ergebnisse angezeigt. Darunter finden sich verschiedene Tabs, bei welchen Filter nach Dossiers und Artikeln gesetzt sind. Der linke Tab mit der Bezeichnung „Alle" fasst jeweils die Ergebnisse beider Suchanfragen zusammen. Darunter findet sich eine Funktion, um die Anordnung der Suchergebnisse zu bestimmen. Das „Rädchen-Symbol" ist hierbei irreführend, da es so wirkt, als befände sich dahinter ein Menü. Tatsächlich lässt sich hier nur nach Relevanz sowie Datum sortieren. Dabei wird aber nicht klar, welche Systematik gerade gesetzt ist, da dies optisch nicht hervorgehoben wird. Weil die Suchergebnisse zudem nicht mit Datum versehen sind, lässt sich dies auch nicht logisch schlussfolgern. Auch nach einem Klick auf „Datum" weiß der Nutzer nicht, ob nun die neuesten oder ältesten Suchergebnisse ganz oben platziert werden.

Dabei handelt es sich jedoch um keine schwerwiegenden Usability-Mängel. Problematisch ist hingegen die Qualität der Suchergebnisse. Der Großteil der Probanden im User-Test benutzte die Suchfunktion. Mit einem Ausnahmefall kamen sie damit jedoch in keinem einzigen Fall zu einem Ergebnis. P03 beschwerte sich:

> *„Also für mich, die Suchfunktion, in dem Moment, wo ich das eingegeben habe, war sie überhaupt nicht hilfreich. Die hat einfach nicht funktioniert. Das, was ich hätte finden sollen, hat es nicht gegeben."*

Besonders bei Szenario 3 und Szenario 4, wo es um das Auffinden konkreter thematischer Seiten zur „Stärkung der Realschulen" sowie zur „Nachhaltigen Digitalisierung" ging, wurde die Suchfunktion rege genutzt. Für den Suchbegriff „Stärkung der Realschulen", welcher im genauen Wortlaut dem Artikel zum Gesetzentwurf entspricht, gibt es beispielsweise lediglich ein einzelnes Suchergebnis zu einem anderen Artikel. Bei solch einer genauen Eingabe sollte der entsprechende Artikel hier in den Ergebnissen auftauchen, zumal man beispielsweise mit einer Google-Suchanfrage schnell und unkompliziert erfolgreich ist. P06 äußerte sich enttäuscht über die Suchfunktion:

> *„Da hat ja die Suche nicht geklappt. Das finde ich blöd, also, wenn das schon heißt ‚Stärkung der Realschulen', dann muss ich das so über die Suche finden."*

Auch einzelne Suchbegriffe wie beispielsweise „Realschule" führen zu keinen Ergebnissen. Ebenso gibt es auch zur „Nachhaltigen Digitalisierung" keine Suchergebnisse. Die Suchfunktion ist also offenkundig stark verbesserungswürdig. Im derzeitigen Zustand ist sie in vielen Fällen eher schädlich als hilfreich, da die Nutzer nach einer negativen Suchanfrage davon ausgehen, dass der entsprechende

Inhalt nicht existiert und dementsprechend auch auf eine weitere Suche anhand der Navigation verzichten. Andere Nutzer wiederum sehen dieses Problem voraus, P01 beispielsweise probiert die Suchfunktion gar nicht erst aus:

> *„Also ich nutze diese Suche normalerweise nie. Weil ich immer gelernt habe, dass diese eigenen Suchfunktionen, das ist ja nicht wie Google, sondern die sind von der Webseite und meistens ist es so, dass die schlecht gepflegt sind. Das heißt irgendein Werkstudent oder ein Praktikant, der die Artikel da einpflegt, macht zwei Schlagwörter mit Hashtags und pflegt die in diese Suchmaschine ein. Und das sind selten die, nach denen du suchst, meistens findest du da nichts. Deswegen benutz ich das nie. Also, gerade auf solchen Seiten nie."*

6.2.4 Gestaltung und Design

Mit dem Design der Website waren die Probanden weitgehend zufrieden. Bei der Bewertung zwischen modern (Note 1) und altbacken (Note 6) kommt ein Mittelwert von 1,5 zustande. Ältere Probanden halten die Seite tendenziell für moderner als jüngere Probanden. Durch die generelle Aufmachung ist alles gut lesbar, auch für Nutzer mit eingeschränkten Sehfähigkeiten. Kritik an der Schriftgröße wurde lediglich geäußert, wenn es um die Fehlermeldungen geht (P01). Auch von anderen Probanden wurden einzeln Kritikpunkte geäußert, beispielsweise zur Anzahl der Bilder (P05). Zusammenfassend lässt sich festhalten, dass durch das Design keine Usability-Einschränkungen entstehen.

6.2.5 Startseite

Die Startseite wird von den Probanden durchweg positiv bewertet. Sie loben die gewohnte Struktur. P01 war der Meinung, es seien zu viele Eigen-PR-Artikel der Landesregierung prominent auf der Seite platziert:

> *„Diese Bildergalerie mit diesen diversen PR- und Selbstbeweihräucherungsartikeln, die finde ich kann weiter runter, darum sollte es in erster Linie nicht gehen. Das, was das Ziel der Seite ist, dass man sich beteiligt, sollte auch viel stärker im Fokus stehen."*

Von anderen Test-Nutzern wurde diese Kritik an den Slider-Inhalten jedoch nicht geäußert. Kritisiert werden kann jedoch die Vermischung der vielen verschiedenen Inhalte (Gesetzesvorschläge, News, allgemeine Informationen), ohne eine klar erkennbare Struktur oder Aufteilung. Darüber hinaus ist die Sektion „Aktuelle Meldungen zu Bürgerbeteiligungen" etwas knapp gehalten.

Generell findet sich eine große Anzahl verschiedener Elemente auf der Seite. Für einen Nutzer, der die Website nicht intensiv nutzt, könnte es schwer sein, hier den Überblick zu behalten. Man könnte darüber nachdenken, die Zahl der Elemente zu reduzieren und optisch eine klarere Zuordnung der Elemente zum jeweiligen Hauptpunkt der Navigation möglich zu machen.

Betrachtet man die verschiedenen Elemente auf der Startseite und die zugehörige Time-to-First-Fixation über alle Probanden und Szenarios hinweg, wird deutlich, dass die Hauptnavigationsleiste (5,2 Sekunden), der Slider (4,8 Sekunden), der Bereich zur Registrierung und Anmeldung (5,0 Sekunden) sowie der restliche Bereich (5,7 Sekunden) alle im Schnitt in etwa gleich schnell wahrgenommen werden. Es scheint sich also um eine ausgewogene Verteilung der Aufmerksamkeit zu handeln, keines der Elemente wird unangebracht langsam wahrgenommen.

6.2.6 Navigation und Struktur

Die Struktur und die Navigation sind zwei der wichtigsten Faktoren einer guten Usability. Insbesondere da die Suchfunktion erhebliche Schwächen aufweist, ist es umso wichtiger, die Inhalte über eine intuitive Navigation und eine sinnvolle Struktur einfach auffindbar zu machen. Ein entscheidender Punkt dabei ist, dass die wichtigsten Navigationspunkte stets sichtbar sind, um dem Nutzer andauernd ein Gefühl dafür zu vermitteln, wo er sich gerade befindet (vgl. Nielsen und Loranger 2006: 171ff.). Diese Vorgabe setzt das Beteiligungsportal gut um. Die obere Navigationsleiste ist über alle Unterseiten hinweg sichtbar. Sie besteht aus drei verschiedenen Oberpunkten, nämlich „Mitmachen", „Vorschlagen" und „Informieren". Fährt man mit der Maus über diese Punkte, öffnet sich jeweils ein unterschiedliches Dropdown-Fenster, über welches darunterliegende Menüpunkte aufgerufen werden können. Dabei liegen alle diese Punkte bei „Mitmachen" und „Vorschlagen" auf der gleichen Ebene, bei „Informieren" wird zusätzlich noch die darunterliegende Ebene angezeigt. Zu einem Unterpunkt von „Informieren", beispielsweise „Beteiligung vor Ort", werden auch die Unterpunkte „Braunsbach" sowie „Beteiligungskarte" angezeigt. Hilfreich bei der steten Orientierung ist auch der Pfad, welcher unterhalb der Navigationsleiste angezeigt wird. Ähnlich dem Pfad einer Ordnerstruktur wird hier aufgezeigt, wo eine Unterseite in der Struktur zu verorten ist: „Sie sind hier: >Startseite >Informieren >Wie beteilige ich mich? >Bund". Die einzelnen Elemente sind jeweils mit den entsprechenden Links hinterlegt.

Neben der Hauptnavigation gibt es ein weiteres Navigationselement, welches auf allen Seiten zu finden ist: die Links in der Fußleiste. Dort sind die drei Hauptkategorien (Mitmachen, Vorschlagen, Informieren) jeweils mit einigen (jedoch nicht allen) Unterpunkten aufgeführt. Die Bedeutung dieser Navigationseinheit dürfte jedoch nicht besonders hoch sein, da sie wenig prominent platziert ist. Auch im User-Test zeigt sich, dass sie nur selten genutzt wird.

Zwar ist die Hauptnavigationsleiste der wichtigste Bestandteil der Navigation, jedoch sind darüber nicht alle Inhalte auf dem Beteiligungsportal zu erreichen. Die Navigation zu tieferliegenden Unterseiten erfolgt über drei verschiedene Elemente: Artikel, Kacheln sowie Links in der Marginalspalte. Mit Artikeln ist hier nicht zwangsläufig ein Artikel im Sinne eines aktuellen, inhaltlichen Berichts gemeint, sondern die Aufmachung, wie man sie von gängigen Onlinemedien gewohnt ist: eine Überschrift, ein Bild sowie ein kurzer Teasertext. Ein Beispiel hierzu findet sich in Abbildung 20. Der Screenshot stammt von der Seite „Landesweite Digitalisierungsstrategie", welche wiederum eine Unterseite des „Mitmachen"-Bereichs ist. Die Seite zur landesweiten Digitalisierungsstrategie lässt sich über das Dropdown der Hauptnavigationsleiste bei „Mitmachen" öffnen. Die Unterseiten „Digitale Wirtschaft", „Nachhaltige Digitalisierung", „Digitale Justiz" etc. sind dort jedoch nicht zu finden – sie liegen strukturell in der Ebene darunter. Der einzige Weg zu den Unterseiten führt über die jeweilige Artikelvorschau.

Abb. 20 Artikelvorschau auf der Unterseite „Landesweite Digitalisierungsstrategie"

Dieses System der Artikelvorschau findet sich auf vielen Seiten des Beteiligungsportals. Hinzu kommen auf einigen Unterseiten Kacheln. Abbildung 21 stammt beispielsweise von der Unterseite „Nachhaltige Digitalisierung". Die Verlinkung zu den Unterpunkten erfolgt dabei über einen Klick auf die jeweilige Kachel, wie beispielsweise „Intelligente Energiesysteme" oder „Green IT."

Für Ihre Kommentierung zu den einzelnen Themenbereichen rufen Sie bitte die jeweilige Unterseite auf.

Abb. 21 Kachelnavigation auf der Unterseite „Nachhaltige Digitalisierung"

Klickt man auf eine dieser Kacheln, stößt man auf der Unterseite auf ein weiteres Navigationselement, nämlich Verlinkungen in der Marginalspalte. Dort finden sich eine Verlinkung zur Übersichtsseite zu „Nachhaltige Digitalisierung" sowie Verlinkungen zu den restlichen fünf Unterthemen, welche sich in den Kacheln finden.

Damit sich ein User auf einer komplexen Website zurechtfindet, sind zwei Elemente entscheidend: Zum einen müssen die Navigationselemente intuitiv sein, sie müssen als solche erkannt werden und einfach zu benutzen sein. Des weiteren müssen die Inhalte, Themen und Unterseiten so strukturiert, angeordnet und benannt sein, dass dies schlüssig für den Nutzer ist. Zunächst wird der erste Punkt betrachtet.

Die obere Navigationsleiste wird von den Probanden als übersichtlich empfunden und weitgehend problemlos benutzt. Kritik wurde beispielsweise von P09 an der großen Detailtiefe der Dropdown-Menüs bei „Informieren" geäußert:

„Die Reiter oben finde ich auch übersichtlich, aber zu viele Unterpunkte. Also gerade bei ‚Informieren', das ist schon relativ viel. Wohingegen es bei den anderen beiden relativ übersichtlich ist."

Andere Probanden wünschen sich statt der Navigationsleiste oben eine seitliche Navigation, welche konstant sichtbar ist und nicht beim Scrollen verschwindet: „Also vielleicht fehlt einem so bisschen links die Navigation, die man ja sonst so gewohnt ist." (P06). Insgesamt kommen die Probanden jedoch gut mit der Navigation zurecht. Generell wird die Navigationsleiste schnell als zentrales Navigationselement wahrgenommen. Positiv ist auch, dass ebenso die wenig internetaffinen Probanden dies schnell erkannten. Auch mit der Funktion des Dropdown-Menüs kamen diese weitgehend problemlos zurecht.

Die Navigation am unteren Seitenende wurde nur von wenigen Probanden genutzt, half allerdings einigen Probanden dennoch bei einer Aufgabe explizit weiter, da in ihr ein Punkt anders benannt ist als in der Hauptnavigation. Generell ist jedoch fraglich, inwieweit diese Navigationseinheit tatsächlich sinnvoll ist, da sie kaum genutzt wurde und gegebenenfalls auch irritierend wirken kann, da der Nutzer zunächst abgleichen muss, ob hier die gleichen Punkte wie in der Hauptnavigation enthalten sind, welche er in aller Regel schon zuvor wahrgenommen hat.

Auch die Navigation über Artikelvorschauen wurde rege genutzt. Um die Szenarien 2 und 3 erfolgreich abzuschließen, war es notwendig, über diese Navigation zu gehen. Dies stellte keinerlei Problem für die Probanden dar. Schnell erkannten sie die richtigen Inhalte in der Artikelübersicht und klickten darauf. Deutlich lässt sich dies an einem Beispiel aus Szenario 4 machen: Um auf die Seite zur nachhaltigen Digitalisierung zu gelangen, führt der Weg über die Seite zur landesweiten Digitalisierungsstrategie. Acht der zehn Probanden schafften es auf diese Unterseite. Bei diesen acht dauerte es im Schnitt 2,8 Sekunden, bevor die erste Fixation den Bereich der Artikelvorschau zu „Nachhaltige Digitalisierung" traf. Bis zum Klick auf den Bereich dauerte es dann einige weitere Sekunden – er erfolgte durchschnittlich 8,3 Sekunden nach dem Aufruf der Seite.

Ähnlich verhielt es sich bei Szenario 3. Um auf der Seite „Archiv" die Vorschau zur Seite „Stärkung der Realschulen" zu fixieren, benötigten die sechs Probanden, welche es soweit geschafft hatten, im Schnitt nach dem Aufruf der Seite ebenfalls 2,8 Sekunden. Beachtet man einen Ausreißer (P09) nach oben nicht, erfolgte der Klick auf die Verlinkung zur Unterseite im Schnitt nach 8,3 Sekunden. Anhand dieser beiden Beispiele zeigt sich, dass diese Darstellungen zur Navigation gut geeignet sind, da sie sehr schnell wahrgenommen werden und sich die Probanden zudem umgehend sicher sind, das Richtige gefunden zu haben.

Kacheln werden wiederum eine weitere Ebene tiefer verwendet. Auch sie scheinen gut zu funktionieren. Bei den Probanden, welche es bis dahin schafften, dauerte es im Schnitt 11,2 Sekunden, bis sie die Kachel „Intelligente Energiesysteme" wahrnahmen. Dies ist etwas länger als bei den Artikeln zuvor, was sich wohl mit der weniger prominenten Platzierung auf dem unteren Teil der Seite erklären lässt. Die Werte liegen zwischen 5,1 Sekunden und 17,7 Sekunden. Die Kacheln wurden von P10 explizit lobend erwähnt:

> *„Ansonsten finde ich es recht übersichtlich, strukturiert und die Auswahlmöglichkeiten, wie jetzt gerade am Ende auch die roten Blöcke und so weiter, es ist schlüssig für mich, was dahintersteht."*

Klickt man auf einen weiteren Unterpunkt, beispielsweise „Intelligente Energiesysteme", findet man ein weiteres Navigationselement, nämlich eine Navigationsleiste in der Marginalspalte (siehe Abb. 22). Die Nutzung dieser Navigationsleiste wurde in Szenario 4 forciert, da zwei Unterseiten (nämlich „Intelligente Energiesysteme" sowie „Green IT") aufgerufen werden sollten. Der kürzeste Weg wäre hier mit nur einem Klick über die Leiste möglich gewesen. In der Praxis zeigt sich allerdings, dass diese Leiste kaum wahrgenommen wird. Von den acht Probanden, welche die Seite aufriefen, nahmen lediglich zwei die Leiste überhaupt wahr (P05, P07) – und auch dies dauerte mit 21 bzw. 50 Sekunden bis zur ersten Fixation sehr lange. Nur P07 nutzte dann auch den Weg über die seitliche Navigation und klickte auf den Link zu „Green IT". Die anderen sechs Probanden nahmen die Leiste überhaupt nicht wahr. Zudem ist es die einzige seitliche Navigation auf dem Beteiligungsportal, insofern hatte der Nutzer vorher auch keine Zeit, dieses Prinzip zu „erlernen".

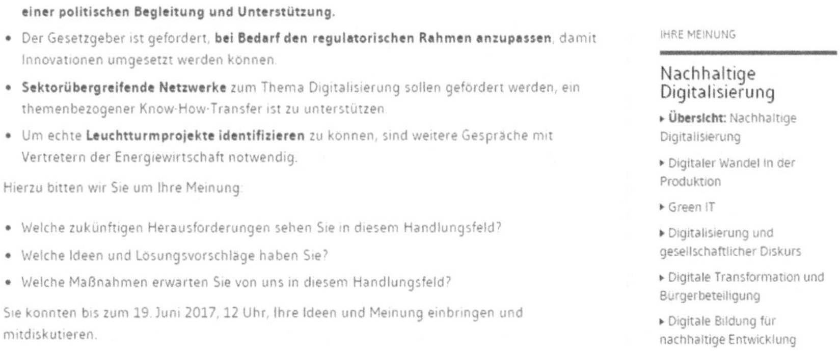

einer politischen Begleitung und Unterstützung.

- Der Gesetzgeber ist gefordert, **bei Bedarf den regulatorischen Rahmen anzupassen**, damit Innovationen umgesetzt werden können.

- **Sektorübergreifende Netzwerke** zum Thema Digitalisierung sollen gefördert werden, ein themenbezogener Know-How-Transfer ist zu unterstützen.

- Um echte **Leuchtturmprojekte identifizieren** zu können, sind weitere Gespräche mit Vertretern der Energiewirtschaft notwendig.

Hierzu bitten wir Sie um Ihre Meinung:

- Welche zukünftigen Herausforderungen sehen Sie in diesem Handlungsfeld?
- Welche Ideen und Lösungsvorschlage haben Sie?
- Welche Maßnahmen erwarten Sie von uns in diesem Handlungsfeld?

Sie konnten bis zum 19. Juni 2017, 12 Uhr, Ihre Ideen und Meinung einbringen und mitdiskutieren.

IHRE MEINUNG

Nachhaltige Digitalisierung

▸ **Übersicht:** Nachhaltige Digitalisierung

▸ Digitaler Wandel in der Produktion

▸ Green IT

▸ Digitalisierung und gesellschaftlicher Diskurs

▸ Digitale Transformation und Bürgerbeteiligung

▸ Digitale Bildung für nachhaltige Entwicklung

Abb. 22 Seitliche Navigation

Insgesamt lässt sich zu den einzelnen Navigations-Elementen auf dem Beteiligungsportal festhalten, dass sie prinzipiell gut funktionieren. Ausgenommen davon sind die zuletzt besprochene seitliche Navigationsleiste in der Marginalspalte sowie die Leiste am unteren Seitenende. Beide sind zu unauffällig, um von den meisten Nutzern wahrgenommen zu werden. Kritisch ist darüber hinaus noch die Vielzahl der Navigationselemente anzumerken. Zwar funktionieren sie einzeln betrachtet, jedoch erschweren sie dem Nutzer aufgrund ihrer Vielzahl ein schnelles Verständnis der Navigation.

Obwohl die Navigationselemente per se gut bedienbar sind, treten im User-Test Probleme beim Finden gewisser Inhalte und Unterseiten auf. Auch in der Befragung danach wird deutlich, dass insbesondere die Strukturierung in die drei Hauptpunkte in Teilen unklar ist und damit eine der größten Usability-Schwachstellen der Website darstellt.

„Also diese Felder, diese drei Themenfelder finde ich ganz gut. Die würde ich auf jeden Fall beibehalten", bemerkte P07 und verweist dabei auf „Mitmachen", „Vorschlagen" und „Informieren". Auch P01 lobte den „eigentlich schon strukturierten Aufbau." Übergreifend äußerten sich die Probanden positiv dazu, dass die Grundstruktur der Website einfach und übersichtlich gehalten wird. Ging man jedoch in ein detaillierteres Gespräch über die Struktur, wurde klar, dass kaum einer der Probanden wirklich verstanden hatte, was unter den jeweiligen Punkten zu finden ist. Entweder artikulierten sie dies konkret so, oder sie gingen teilweise von einer falschen Annahme aus. Am besten konnten die Probanden noch den Punkt „Mitmachen" einordnen. Dies war vermutlich bedingt durch die Aufgabenstellungen, welche einen Fokus auf diesen Bereich vorgaben. Nichtsdestotrotz sollte dem User auch nach einer kurzen Benutzungszeit wenigstens grob klar sein, welche Inhalte sich hinter den drei übergeordneten Navigationspunkten befinden. In der anschließenden Befragung baten einige Probanden darüber hinaus nochmals darum, sich parallel zur Beantwortung der Fragen auf der Website bewegen zu dürfen. Trotz dieser Unterstützung konnten sie nicht wirklich zuordnen, was sich hinter den einzelnen Punkten verbarg. Folgende Aussagen der Probanden illustrieren diesen Sachverhalt:

> *„Also das ‚Vorschlagen', das fand ich irgendwie ein bisschen komisch. Aber da weiß ich jetzt nicht, ob ich da tatsächlich als Bürger einen Volksantrag einreichen kann. Dazu kenne ich die politischen Hintergründe zu wenig, als dass ich jetzt wüsste, darf ich sowas jetzt tatsächlich machen oder ist das jetzt bloß, keine Ahnung. Und ja, dieses ‚Informieren' fand ich ein bisschen komisch, weil ich dachte, ich könnte mich über Inhalte informieren, aber hier kann ich mich ja eigentlich nur über diese Beteiligungssachen informieren."* (P06).

> *„Vorschlagen, also mit dem konnte ich jetzt wenig anfangen. Weil was vorschlagen oder wer schlägt was vor? Also weiß ich jetzt nicht. Und das Nächste ist dann ‚Informieren'. Also ich informiere mich zu irgendwelchen Themen, die gerade jetzt im Landtag aktuell sind. Also das ‚Informieren', das wäre für mich an sich klar gewesen."* (P03).

> *„Mir war nicht ganz klar, was ‚Mitmachen', ‚Informieren' bedeutet. Also, wenn ich mich intuitiv da durch bewege und mir erstmal den Gesetzentwurf anschauen möchte und möchte mich dann beteiligen: Läuft das dann nur über ‚Mitmachen' oder auch erstmal über ‚Informieren', weil ich mich ja erstmal informieren möchte und dann mitmachen und so weiter. Also das fand ich jetzt nicht ganz schlüssig."* (P10).

> *„Also ‚Mitmachen' ist mir mit am klarsten. Da gehst du auf deinen Gesetzesvorschlag, der dich auch interessiert, und dann kannst du dich da einschalten in der Kommentarspalte. (…) Bei ‚Vorschlagen' nehme ich mal an, man kann selber Gesetzesvorschläge an die*

Regierung heranbringen. Bei ,Informieren', das habe ich mir aber auch nicht angeschaut, da bin ich mir nicht ganz klar, worüber man sich da jetzt informieren kann." (P01).

Bei „*Mitmachen*" ist unter Umständen nicht ganz klar, was darunter zu finden ist, da dort auch Themen und Gesetzesvorschläge angesiedelt sind, welche nicht mehr kommentiert werden können. Das Beteiligungsportal versucht dies anhand zweier Icons unterscheidbar zu machen. Bei Themen und Gesetzesvorschlägen, welche aktuell kommentiert werden können, befindet sich in der Vorschau in der rechten oberen Ecke des Bildes ein Stift-Symbol. Ist die Kommentierungsphase bereits abgelaufen, findet sich an dieser Stelle eine Lupe. Als Nutzer, welchem diese Unterscheidung bewusst ist, ist dies sicherlich hilfreich. Jedoch fielen in der User-Studie lediglich wenigen Probanden die Symbole überhaupt auf. Nur eine Probandin (P06) konnte sie zudem richtig interpretieren. Die anderen nahmen beispielsweise nur den Stift wahr (P09), dachten sich nichts weiter dabei (P04) oder vermuteten hinter der Lupe eine Suchfunktion (P08). Eine deutliche Unterscheidbarkeit zwischen den kommentierbaren und den nicht-kommentierbaren Themen ist somit nicht gewährleistet. Dies zeigte sich auch bei Szenario 2, bei welchem ein beliebiger kommentierbarer Gesetzentwurf aufgerufen werden sollte. Viele der Probanden landeten dennoch zuerst auf Seiten, bei welchen aktuell keine Kommentierung möglich war. Verstärkt wird dies auch dadurch, dass im Dropdown-Menü bei „Mitmachen" in der Hauptnavigationsleiste keine jeweilige Kennzeichnung vorhanden ist. P10 versuchte es mit mehreren Unterseiten, bei welchen stets die Kommentierung bereits abgelaufen war, um dann den Schluss zu ziehen: „Mitmachen scheint nicht der richtige Weg zu sein."

Insgesamt ist festzuhalten, dass es den Probanden schwer fiel, einen kommentierbaren Inhalt zu finden. Alle schafften dies zwar, im Durchschnitt dauerte es jedoch 03:01 Minuten. Dies stellt eine lange Zeitdauer für eine Aufgabe dar, die von geringer Komplexität sein sollte und zu den Kerninhalten des Beteiligungsportals gehört. Diese Zeit bezieht sich auf das tatsächliche Öffnen der entsprechenden Seite. Bis realisiert wurde, dass es eine passende Seite war, verging nochmals einige Zeit. Die Zeiten bei den einzelnen Probanden erstreckten sich hierbei von 19 Sekunden bis über sieben Minuten. Auffällig ist hierbei: Der Schnitt wurde in diesem Fall nicht durch die Ausreißer der wenig internetaffinen Probanden nach oben gezogen. Im Gegenteil waren im Mittel beide Gruppen ungefähr gleich schnell.

Man könnte darüber nachdenken, die aktuell kommentierbaren Themen bzw. Gesetzesvorschläge mit in die Hauptnavigationsleiste aufzunehmen. Meist handelt es sich dabei um eine geringe Zahl. Sollte sie drei übersteigen, könnte eine Auswahl getroffen werden. Somit wäre eine prominente Platzierung eines wichtigen Bestandteils des Beteiligungsportals garantiert. Sie könnten zudem optisch abgehoben werden, um eine Differenzierung zu den Hauptnavigationspunkten deutlich zu machen.

In späteren Szenarios wirkte der Begriff „Mitmachen" dann irrführend, wenn Probanden explizit nur nach thematischen Informationen suchten, ohne sich beteiligen zu wollen: „Mitmachen kann es nicht sein. Weil ich will ja nicht mitmachen, ich will ja nur lesen." (P03).

Ein weiteres Problem tritt beim Punkt „Weitere Prozesse" auf, welcher als ein Unterpunkt von „Mitmachen" im Dropdown-Menü auftaucht. Er verlinkt auf das Archiv, in welchem abgeschlossene Themen zur Ansicht abgelegt sind. Bei Szenario 3 sollte die Unterseite zu „Stärkung der Realschulen" aufgerufen werden. Diese befindet sich im Archiv, welches nur über den Link „Weitere Prozesse" sowie über den Link „Archiv" in der Navigation in der Fußleiste aufrufbar ist. Vier Probanden scheiterten an dieser Aufgabe schon im ersten Schritt. Von den sechs weiteren riefen lediglich drei die Seite über den Link zu „Weitere Prozesse" auf. Dies geschah im Schnitt nach 1:08 Minuten. P01 gestand hier ein, es habe sich lediglich um Zufall gehandelt. Die anderen drei Probanden fanden den Weg auf die Seite nach einer längeren Suche von durchschnittlich knapp vier Minuten über den Link „Archiv". Lediglich drei von zehn Probanden verfolgten den angedachten Weg, was wohl auch ausschlaggebend dafür ist, dass die Aufgabe von den Probanden als am schwersten eingeschätzt wurde.

Der erste Grund dafür, dass der Link nicht benutzt wird, liegt in seiner Gestaltung. Er hebt sich optisch in keiner Weise von den einzelnen Gesetzentwürfen ab, steht in der gleichen Zeile, mit gleicher Formatierung. P01 meinte dazu:

> *„Dann war es purer Zufall, mehr Glück als Verstand, dass bei Mitmachen irgendwie weitere Prozesse stand. Wo ich erstmal dachte okay, weitere Prozesse, das kann ja kein Gesetzesvorschlag sein. Aber warum steht das da, mit genau der gleichen Schrift wie ein einzelner Gesetzesvorschlag, in genau der gleichen Zeile auch noch?"*

Besonders die Benennung des Links scheint nicht ganz optimal. Immerhin wurde er von den meisten Probanden gesehen, jedoch nicht geklickt. „Prozess" ist ein äußerst abstrakter Begriff, welcher dringend verändert werden sollte. Möglicherweise bieten sich „Weitere Beteiligungsprozesse", „Abgeschlossene Beteiligungsprozesse", „Abgeschlossene Themen", „Weitere Themen" oder gar „Archiv" an.

Neben dem Punkt „Mitmachen" findet sich in der Navigationsleiste der Punkt *„Vorschlagen"*. Die Befragten taten sich dabei schwer, einzuordnen, welche Inhalte darunter zu finden sind. Tatsächlich ließe sich „Vorschlagen" intuitiv auch unter die beiden anderen Hauptnavigationspunkte einordnen. Die Benennung „Vorschlagen" deutet auf eine Möglichkeit für den Nutzer hin, sich proaktiv einzubringen, was als ein Bestandteil von „Mitmachen" zu verstehen sein könnte. Dies ist aber tatsächlich nicht möglich; die Inhalte dort stellen eine reine Information dar, wie sich der Nutzer abseits des Beteiligungsportals partizipativ einschalten kann. In der Beschreibung auf der Unterseite zu „Vorschlagen" heißt es:

> *„An dieser Stelle geht es nicht darum, dass die Landesregierung Ihnen ein Angebot macht, sich zu beteiligen. Auf den folgenden Seiten wollen wir sie informieren, wie Sie sich in der Politik einbringen können."*

Allein das Verb „informieren" verweist darauf, dass eine Einordnung unter „Informieren" für diesen Teil sinnvoll erscheint. Auch inhaltlich ist keine eindeutige Linie zwischen den Inhalten von „Vorschlagen" und „Informieren" zu ziehen. Beide Male geht es um Partizipation. Unter „Vorschlagen" liegt der Fokus etwas klarer auf den konkreten Möglichkeiten, welche Bürger ergreifen können. Dennoch sind die Inhalte nicht sehr trennscharf, insbesondere nicht bei kürzerer Beschäftigung mit dem Thema.

Mit *„Informieren"* verhält es sich ebenso wie mit „Vorschlagen". Es fehlt eine gewisse Trennschärfe zwischen den beiden Punkten. Darüber hinaus vermuten viele Nutzer zudem ähnliche Inhalte wie bei „Mitmachen". Sie gehen intuitiv davon aus, dass dort Informationen zu konkreten politischen Themen zu finden sind. Dies ist aber nur unter dem Punkt „Beteiligungsprojekte der Landesregierung" der Fall. Tatsächlich gibt es dort insbesondere Informationen zu politischer Beteiligung im Allgemeinen und in Baden-Württemberg.

Im Dropdown-Menü findet sich auf der rechten Seite jedoch ein kleiner inhaltlicher Bereich über die Entscheidung zum JVA-Standort Esch (siehe Abb. 23). Diese prominente Platzierung verstärkt möglichweise den Eindruck, es ginge besonders um aktuelle politische Themen.

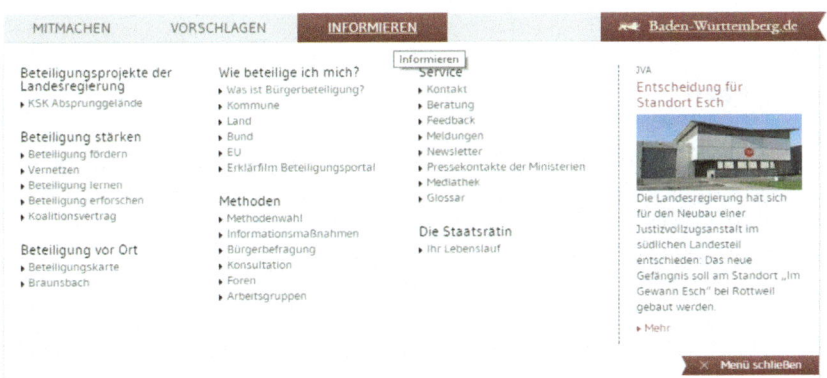

Abb. 23 Dropdown-Navigation bei „Informieren"

In Tabelle 12 sind die wichtigsten Usability-Probleme und Handlungsempfehlungen im Bereich Navigation und Struktur zusammengefasst.

Tab. 12 Usability-Probleme und Handlungsempfehlungen im Bereich Navigation und Struktur

Usability-Problem	Handlungsempfehlungen
Zu viele Navigationselemente.	Die Navigationselemente sollten reduziert werden, um den Usern ein leichteres Erlernen und eine intuitivere Nutzung zu ermöglichen.
Marginalspalte wird nicht wahrgenommen.	Die Navigation in der Marginalspalte ist zu unauffällig und wird daher nicht verwendet. Hier könnten die roten Kacheln wieder aufgegriffen werden.
Die drei Hauptpunkte der Navigation sind nicht trennscharf. Den Nutzern ist nur teilweise klar, was darunter zu finden ist.	Eine Neustrukturierung sollte erwogen werden.
Kommentierbare Themen lassen sich schwer von nicht-kommentierbaren Themen unterscheiden.	Die Unterscheidung anhand des Lupen- und des Stift-Symbols funktioniert nicht. Die Unterscheidung muss über eine grundlegende Strukturierung erkennbar gemacht werden.
„Weitere Prozesse" unklar.	Der Punkt „Weitere Prozesse" sollte umbenannt werden. Zudem sollte er optisch gegenüber den anderen Themen herausstechen.

7 Fazit

In der vorliegenden Studie wurde die Usability des Beteiligungsportals Baden-Württemberg mithilfe eines vielseitigen Methoden-Mixes untersucht. Abschließend wird nun die Usability des Beteiligungsportals entlang der fünf Merkmale nach Nielsen (1993: 26) bewertet.

Learnability: Da sich das Beteiligungsportal vieler bekannter Website-Elemente bedient, kann es prinzipiell umgehend bedient werden. Bei den Nutzertests ist innerhalb der verschiedenen Szenarios eine deutliche Lernkurve erkennbar. Allerdings fällt auf, dass die Probanden für vermeintlich leichte Aufgaben teilweise recht lange brauchen (wie beispielsweise für das Finden eines kommentierbaren

Gesetzentwurfs). Hier ist davon auszugehen, dass dies nach mehrfacher Nutzung deutlich schneller ginge. Es hapert in dem Fall also nicht an der Efficiency, sondern an der Learnability. Generell ist die Learnability jedoch recht gut. Insbesondere Nutzer mit Interneterfahrung finden sich bereits nach kurzer Zeit passabel zurecht.

Efficiency: Hier wird betrachtet, wie effektiv eine Website nutzbar ist, nachdem jemand eingelernt ist. Die Effizienz lässt sich anhand des Nutzertests nur bedingt bewerten, da auftretende Probleme vermutlich besonders durch das Unwissen der Nutzer entstehen, schnelle Lösungswege jedoch theoretisch vorhanden wären. Generell ist festzustellen, dass das Beteiligungsportal nicht allzu komplex aufgebaut ist und dadurch für den geübten Nutzer eine schnelle Bearbeitung seiner Aufgaben ermöglicht wird.

Errors: Bezogen auf dieses Attribut weist die Website einige Schwächen auf, insbesondere was die Anmeldung und Kommentierung angeht. Es treten schwerwiegende Fehler auf. So kann es beispielsweise sein, dass ein Nutzer in mühevoller Arbeit einen Kommentar verfasst, welcher dann im Daten-Nirvana verschwindet, da sich der Nutzer zuvor nicht eingeloggt hat. Bezogen auf dieses Attribut schneidet das Beteiligungsportal nicht gut ab.

Memorability: Bei der Memorability geht es darum, wie gut ein System durch einen User nach einer Nutzungspause genutzt werden kann. Um dies zu überprüfen, müsste man eine Studie zu mindestens zwei Zeitpunkten durchführen. Dies war im Rahmen dieser Studie nicht möglich. Abgesehen von einer Teilnehmerin hatte keiner der Probanden das Beteiligungsportal bereits genutzt. Deshalb ist im Rahmen dieser Studie kein Rückschluss auf die Memorability möglich.

Satisfaction: Mit der Satisfaction ist die subjektive Nutzerzufriedenheit gemeint. Auf einer 6er-Skala zwischen gelungen (1) und misslungen (6) bewerteten die Probanden das Beteiligungsportal im Schnitt mit 3,2. Der Großteil der Probanden vergab eine mittelmäßige Note. Absolut zufrieden war keiner der Nutzer, manche zeigten sich jedoch äußerst unzufrieden: „Für mich macht die Seite gar nichts gut." (P05). P07 hingegen hält die Seite für „gut gemacht". So zeigt sich ein relativ breites Meinungsspektrum über die Probanden hinweg.

Damit das Beteiligungsportal seine Funktionen noch besser erfüllen kann, sollten Schwächen, die im User-Test, in der User-Befragung und in der Heuristic Evaluation identifiziert wurden, behoben werden. Die folgende Übersicht fasst die wichtigsten Handlungsempfehlungen zusammen.

Nutzerprofil

- Sind Nutzerprofile als Voraussetzung zur Kommentierung tatsächlich notwendig? Dies sollte hinterfragt werden, da sie eine deutliche Hürde darstellen.

- Die Platzierung der Registrierung und Anmeldung oben rechts sollte beibehalten werden. Zusätzlich sollte es aber auch an anderer Stelle Verlinkungen geben.
- Die Verlinkungen „Anmelden" und „Registrieren" sollten jeweils auf die richtige Unterseite führen.
- Der Fehler in der Verlinkung in der Registrierungsmail ist zu beheben.
- Nach dem Logout muss oben wieder „Anmelden" und „Registrieren" zu sehen sein, nicht „Abmelden" und „Mein Profil".
- Eine klare Benennung und deutliche optische Trennung bei der Änderungsmöglichkeit von Passwort und Nutzername im Bereich „Mein Profil" ist wünschenswert.

Kommentierung

- Das Kommentarfeld sollte mehr Raum einnehmen und dadurch präsenter sein.
- Die Nutzer sollten auf andere Kommentare antworten können, um dadurch eine direkte Diskussion zu ermöglichen.
- Bevor eine Texteingabe in das Kommentarfeld möglich ist, sollte eine Anmeldung erforderlich sein.
- Fehlermeldungen sollten optisch deutlich stärker herausstechen und außerdem inhaltlich möglichst genau ihre Ursache beschreiben.
- Die Nutzer sollten beim Veröffentlichen eines Kommentars besser geführt werden. Die Vorschaufunktion sollte weggelassen, zumindest jedoch umbenannt werden.
- Nach dem Löschen eines Kommentars darf der Lösch-Button nicht mehr aufscheinen.

Suchfunktion

- Die Suchfunktion muss komplett überarbeitet werden. Entweder muss der Such-Algorithmus angepasst oder eine ordentliche Pflege der Tags für die Suchfunktion etabliert werden.

Startseite

- Die Anzahl der Elemente sollte reduziert werden, indem auf das Wesentliche fokussiert wird. Dabei ist darauf zu achten, dass für die Nutzer klar ist, wo die einzelnen Elemente in der Grundstruktur zu verorten sind.

Navigation & Struktur

- Eine Reduzierung der Anzahl verschiedener Navigationselemente ist wünschenswert.

- Die bestehenden Hauptnavigationspunkte sind nur bedingt schlüssig. Hier sollte eine Neuordnung erwogen werden.
- Eine Umbenennung und optische Abhebung von „Weitere Prozesse" wäre sinnvoll.
- Die Unterscheidung kommentierbarer und nicht-kommentierbarer Themen sollte besser möglich sein.

Zusammenfassend lässt sich die Usability des Beteiligungsportals als durchwachsen bezeichnen. Die grundsätzliche Anlage ist tauglich, mit der Behebung einiger Probleme, Komplexitätsreduktionen an manchen Stellen und einer generellen Umstrukturierung ließe sich die Usability mit verhältnismäßig geringem Aufwand auf ein sehr gutes Niveau heben. Zumindest in der Theorie – welche praktischen Auswirkungen solche Umstellungen zur Folge haben, müsste ein weiteres Mal mithilfe einer Usability-Studie getestet werden.

Während in der vorliegenden Studie insbesondere das Medium im Zentrum steht, wäre es zudem interessant, den Fokus zu erweitern und die Usability des Portals in Bezug auf andere Elemente des Kommunikationsprozesses zu betrachten: Welche Auswirkung hat die Usability tatsächlich auf die Nutzung des Portals? Wird es in höherer Frequenz und länger genutzt? Ändert sich die Zahl und die Qualität der abgegebenen Kommentare? Ändert sich sogar die Struktur der Nutzer, weil neuen User-Gruppen, insbesondere wenig internetaffinen Personen, der Zugang zu den Funktionen erleichtert wird?

Literaturverzeichnis

Balzert, Heide, Uwe Klug, und Anja Pampuch. 2009. *Webdesign & Web-Usability: Basiswissen für Web-Entwickler*. Dortmund: W3L.

Berry, Dianne C., und Donald E. Broadbent. 1990. The role of instruction and verbalization in improving performance on complex search tasks. *Behaviour & Information Technology* 9/3: 175–190.

Blake, Christopher. 2013. Eye-Tracking: Grundlagen und Anwendungsfelder. In *Handbuch standardisierte Erhebungsverfahren in der Kommunikationswissenschaft*, Hrsg. Wiebke Möhring, und Daniela Schlütz, 367–387. Wiesbaden: Springer VS.

Bündnis 90/Die Grünen, und SPD Baden-Württemberg. 2011. *Koalitionsvertrag vom 9.5.2011, „Der Wechsel beginnt"*. www.gruene-bw.de/fileadmin/gruenebw/dateien/Koalitionsvertrag-web.pdf. Zugegriffen: 1. September 2018.

Faulkner, Laura. 2003. Beyond the five-user assumption: Benefits of increased sample sizes in usability testing. *Behavior Research Methods, Instruments, & Computers* 35/3: 379–383.

Gediga, Günther, und Kai-Christoph Hamborg. 2002. Evaluation in der Software-Ergonomie. Methoden und Modelle im Software-Entwicklungsprozess. *Zeitschrift für Psychologie* 210/1: 40–57.

Gehrau, Volker. 2013. Beobachtung. In *Handbuch Medienwirkungsforschung*, Hrsg. Wolfgang Schweiger, und Andreas Fahr, 581–600. Wiesbaden: Springer VS.

Geißel, Brigitte, Roland Roth, Stefan Collet, und Christina Tillmann. 2014. Partizipation und Demokratie im Wandel – Wie verändert sich unsere Demokratie durch neue Kombinationen repräsentativer, deliberativer und direktdemokratischer Elemente? In *Partizipation im Wandel. Unsere Demokratie zwischen Wählen, Mitmachen und Entscheiden*, Hrsg. Bertelsmann Stiftung, und Staatsministerium Baden-Württemberg, 11–42. Gütersloh: Verlag Bertelsmann Stiftung.

Haug, Volker. 2014. „Partizipationsrecht" – Ein Plädoyer für eine eigene juristische Kategorie. *Die Verwaltung. Zeitschrift für Verwaltungsrecht und Verwaltungswissenschaft* 47/2: 221–241.

Jacob, Robert J. K., und Keith S. Karn. 2003. Eye Tracking in Human-Computer Interaction and Usability Research: Ready to Deliver the Promises. In *The Mind's Eye. Cognitive and Applied Aspects of Eye Movement Research*, Hrsg. Ralph Radach, Jukka Hyönä, und Heiner Deubel, 573–605. Amsterdam: Elsevier.

Kersting, Norbert. 2016. Politische Online-Beteiligung im internationalen Vergleich. Eine Revitalisierung politischer Beteiligung? *Zeitschrift für Vergleichende Politikwissenschaft* 10/2: 91–113.

Lasswell, Harold D. 1948. The structure and function of communication in society. In *The Communication of Ideas*, Hrsg. Lyman Bryson, 32–51. New York: Harper and Brothers.

Metje, Christian. 2005. *Internet und Politik. Die Auswirkungen des Onlinemediums auf die Demokratie*. Berlin: Logos.

Michelsen, Danny, und Franz Walter. 2013. *Unpolitische Demokratie. Zur Krise der Repräsentation*. Berlin: Suhrkamp Verlag.

Nanz, Patrizia, und Miriam Fritsche. 2012. *Handbuch Bürgerbeteiligung. Verfahren und Akteure, Chancen und Grenzen*. Bonn: Bundeszentrale für politische Bildung.

Nielsen, Jakob. 1993. *Usability Engineering*. Boston u. a.: Academic Press.

Nielsen, Jakob. 1994. Heuristic Evaluation. In *Usability Inspection Methods*, Hrsg. Jakob Nielsen, und Robert L. Mack, 25–62. New York: John Wiley & Sons.

Nielsen, Jakob. 1995a. *10 Usability Heuristics for User Interface Design*. https://www.nngroup. com/articles/ten-usability-heuristics/. Zugegriffen: 1. September 2018.

Nielsen, Jakob. 1995b. *How to Conduct a Heuristic Evaluation*. https://www.nngroup.com/ articles/how-to-conduct-a-heuristic-evaluation/. Zugegriffen: 1. September 2018.

Nielsen, Jakob, und Hoa Loranger. 2006. *Prioritizing Web Usability*. Berkeley: New Riders.

Nielsen, Jakob, and John Morkes. 1997. *Concise, SCANNABLE, and Objective: How to Write for the Web*. https://www.nngroup.com/articles/concise-scannable-and-objective-how-to-write-for-the-web/. Zugegriffen: 1. September 2018.

Pfendert Eva, und Ansgar Zerfaß. 2004. Professionelle Kommunikation optimieren: der Usability-Test für das Landesportal www.baden-wuerttemberg.de. In *Usability von Internet-Angeboten. Grundlagen und Fallstudien*, Hrsg. Ansgar Zerfaß, und Hansjörg Zimmermann, 39–50. Stuttgart: Hochschule der Medien. https://www.hdm-stuttgart. de/~glaeser/files/beitr%E4ge/Stuttgarter%20Beitr%E4ge%20Nr_10.pdf. Zugegriffen: 1. September 2018.

Reidinger, Fabian. 2016. Baden-Württemberg zwischen Wählen, Mitreden und Entscheiden – Mehr Partizipation als Registrierungsauftrag. In *Das Ende des repräsentativen Staates? Demokratie am Scheideweg*, Hrsg. Henk Botha, Nils Schaks, und Dominik Steiger, 273–289. Baden-Baden: Nomos.

Richter, Michael, und Markus D. Flückiger. 2010. *Usability Engineering kompakt. Benutzbare Software gezielt entwickeln.* Heidelberg: Spektrum Akademischer Verlag.

Sarodnick, Florian, und Henning Brau. 2016. *Methoden der Usability Evaluation. Wissenschaftliche Grundlagen und praktische Anwendung.* Bern: Hogrefe.

Schade, Amy. 2017. *Write Better Qualitative Usability Tasks: Top 10 Mistakes to Avoid.* https://www.nngroup.com/articles/better-usability-tasks/. Zugegriffen: 1. September 2018.

Statista. 2018. *Marktanteile der führenden Browserfamilien an der Internetnutzung in Deutschland von Januar 2009 bis Mai 2018.* https://de.statista.com/statistik/daten/studie/13007/umfrage/marktanteile-der-browser-bei-der-internetnutzung-in-deutschland-seit-2009. Zugegriffen: 1. September 2018.

Tobii. 2016. *Tobii Pro.* http://www.tobiipro.com/de/produkte/tobii-pro-t60xl/. Zugegriffen: 1. September 2018.

van Deth, Jan. 2009. Politische Partizipation. In *Politische Soziologie. Ein Studienbuch*, Hrsg. Viktoria Kaina, und Andrea Römmele, 141–161. Wiesbaden: VS Verlag für Sozialwissenschaften.

Wöhrmann, Michael. 2004: Wordings als zentraler Aspekt der Usability von Websites. In *Usability von Internet-Angeboten. Grundlagen und Fallstudien*, Hrsg. Ansgar Zerfaß, und Hansjörg Zimmermann, 21–24. Stuttgart: Hochschule der Medien. https://www.hdm-stuttgart.de/~glaeser/files/beitr%E4ge/Stuttgarter%20Beitr%E4ge%20Nr_10.pdf. Zugegriffen: 1. September 2018.

Wright, Richard B., und Sharonlyn A. Converse. 1992. Method Bias and Concurrent Verbal Protocol in Software Usability Testing. *Proceedings of the Human Factors and Ergonomics Society Annual Meeting* 36/16: 1220–1224.

Yom, Miriam, und Thorsten H. Wilhelm. 2004. Methoden und Erkenntnisse der Web-Usability-Forschung. In *Usability von Internet-Angeboten. Grundlagen und Fallstudien*, Hrsg. Ansgar Zerfaß, und Hansjörg Zimmermann, 25–38. Stuttgart: Hochschule der Medien. https://www.hdm-stuttgart.de/~glaeser/files/beitr%E4ge/Stuttgarter%20Beitr%E4ge%20Nr_10.pdf. Zugegriffen: 1. September 2018.

Zerfaß, Ansgar, und Hansjörg Zimmermann. 2004. Erfolgsfaktor Usability. In *Usability von Internet-Angeboten. Grundlagen und Fallstudien*, Hrsg. Ansgar Zerfaß, und Hansjörg Zimmermann, 5–8. Stuttgart: Hochschule der Medien. https://www.hdm-stuttgart.de/~glaeser/files/beitr%E4ge/Stuttgarter%20Beitr%E4ge%20Nr_10.pdf. Zugegriffen: 1. September 2018.

Die Diskurs-Qualität von Online-Kommentaren in der partizipativen Gesetzgebung

Eine Analyse des Beteiligungsportals Baden-Württemberg

Isabel Rackow

Zusammenfassung

In Baden-Württemberg können Bürgerinnen und Bürger Gesetzesvorhaben der Landesregierung kommentieren, bevor sie im Landtag beraten werden. Dafür gibt es seit 2013 das Online-Beteiligungsportal des Landes. Es dient in erster Linie dazu, Transparenz über Gesetzesvorhaben herzustellen. Und es bietet den Bürgern eine Plattform für ihre Kommentare. In dem Beitrag werden 1.685 Kommentare zu 43 Gesetzentwürfen zwischen 2013 und 2017 analysiert. Deren Qualität wurde anhand zahlreicher Kriterien der Deliberationstheorie beschrieben und bewertet: u. a. Konstruktivität, Bezugnahme, Rationalität, Gemeinwohlorientierung und Respekt. Die Ergebnisse zeigen, dass die Online-Kommentare eine in der Regel hohe Qualität aufweisen und somit den jeweiligen Ministerien einen entsprechenden Mehrwert liefern. Als Schlüsselkategorie stellt sich dabei der konkrete inhaltliche Bezug eines Kommentars heraus. Immerhin 53 Prozent aller Kommentare weisen einen solchen konkreten inhaltlichen Bezug zum Gesetzentwurf auf.

Schlüsselbegriffe

Gesetzgebung, Bürgerbeteiligung, Online-Beteiligung, Deliberation, Diskurs, Partizipation

© Springer Fachmedien Wiesbaden GmbH, ein Teil von Springer Nature 2019   153
F. Brettschneider (Hrsg.), *Gesetzgebung mit Bürgerbeteiligung*, Politik gestalten –
Kommunikation, Deliberation und Partizipation bei politisch relevanten Projekten,
https://doi.org/10.1007/978-3-658-24144-5_3

1   Einleitung

Zahlreiche Bürgerinnen und Bürger äußern den Wunsch, über repräsentative
Formen hinaus stärker in das politische Geschehen einbezogen zu werden (vgl.
u. a. Bertelsmann Stiftung und Staatsministerium Baden-Württemberg 2014).
Auch in der Politik setzt sich zunehmend die Einsicht durch, dass eine stärkere
Einbeziehung der Bürger vor allem auf kommunaler Ebene die repräsentative
Demokratie sinnvoll ergänzen kann (vgl. z. B. Erler 2013; Klages und Vetter 2013;
Kneuer 2013; Ritzi und Schaal 2011). Selbst im Internet nimmt das Angebot an
Beteiligungsformaten immer weiter zu (vgl. Kersting 2014; Nanz und Fritsche 2012;
Perlot 2008). Die Landesregierung Baden-Württemberg hat seit 2011 außerdem
ihr Gesetzgebungsverfahren für die Bürgerinnen und Bürger des Landes geöffnet.
Brettschneider (in diesem Band) definiert partizipative Gesetzgebung wie folgt:

> „Die Exekutive ermöglicht es Bürgerinnen und Bürgern, nicht-organisierten Betrof-
> fenen sowie Verbänden, im Rahmen der repräsentativen Demokratie freiwillig und
> in einem transparenten Verfahren Gesetzesvorhaben zu kommentieren bzw. diese
> inhaltlich mit zu entwickeln. Die Exekutive macht bei Gesetzesvorhaben deutlich,
> wie diese Kommentare und Anregungen in den Gesetzentwurf eingeflossen sind,
> der dem Landtag zur Beratung und Entscheidung vorgelegt wird. Dieses Vorgehen
> verfolgt das Ziel, dass die Exekutive der Legislative einen qualitativ hochwertigen
> Entwurf vorlegen kann, der auch von breiten Teilen der Öffentlichkeit akzeptiert wird."

Dafür werden Face-to-Face-Formate (u. a. Workshops, Bürgerdialoge, Bürgerforen,
Runde Tische) sowie das seit März 2013 existierende Online-Beteiligungsportal
Baden-Württemberg eingesetzt. Die Face-to-Face-Formate sollen von dem Gesetzentwurf betroffene Bürger, zufällig ausgewählte Bürger und Verbandsvertreter
zusammenbringen, um gemeinsam getragene Lösungen zu entwickeln. Das Beteiligungsportal hingegen soll allen Bürgern ermöglichen, sich über einen Gesetzentwurf zu informieren und sich zum Gesetzentwurf zu äußern (siehe Beitrag von
Maxhofer in diesem Band). Während die Face-to-Face-Verfahren an möglichst
früher Stelle des Gesetzgebungsverfahrens durch intensive Diskussionen neue
Ideen und Verbesserungsvorschläge liefern sollen, unterstützt das Beteiligungsportal die Transparenz über den gesamten Prozess hinweg (siehe den Beitrag von
Brettschneider in diesem Band).

Baden-Württemberg liegt damit im Trend, Bürgerinnen und Bürgern vormals
geschlossene politische Entscheidungssysteme zugänglich zu machen und diese
darüber hinaus in die virtuelle Welt zu erweitern (vgl. Frieß 2016, S. 143). Elemente
der dialog-orientierten, deliberativen Demokratie sollen dabei die repräsentative
Demokratie ergänzen. Die Deliberationstheorie geht davon aus, bestehende Kon-

flikte und Unsicherheiten durch rationale Diskurse zu einem für jeden Teilnehmer akzeptablen Konsens führen zu können und somit die benötigte Legitimation zu erzeugen (vgl. Landwehr 2012, S. 355). Gerade weil das Internet die Potenziale der Deliberation fördert (vgl. Gerhards und Schäfer 2010), hat auch die Politik diese Form der Bürgerbeteiligung für sich entdeckt. Angesichts des zunehmenden Interesses an Online-Bürgerbeteiligung und auch der hohen Partizipationsbereitschaft bei den Bürgern selbst, legten bereits zahlreiche Studien ihren Schwerpunkt auf die Messung der Diskurs-Qualität der Online-Kommunikation (vgl. u. a. Black et al. 2011; Frieß 2016; Min 2007; Stromer-Galley und Martinson 2009).

In Bezug auf die Kommentare im Beteiligungsportal des Landes Baden-Württemberg wurden bisher jedoch erst zwei Studien durchgeführt (siehe den Beitrag von Brettschneider in diesem Band sowie Masser et al. 2015). Auf Grund ihrer Beschränkung auf einzelne Gesetzentwürfe lassen sie jedoch keine umfassenden Aussagen über die Qualität der Online-Kommentare in der partizipativen Gesetzgebung zu. Der vorliegende Beitrag schließt diese Lücke durch eine umfassende Erhebung der im Beteiligungsportal Baden-Württemberg abgegebenen Kommentare. Mittels einer quantitativen Inhaltsanalyse wird die deliberative Qualität der Kommentare im Online-Beteiligungsportal des Landes Baden-Württemberg zwischen 2013 und 2017 untersucht.

2 Politische Partizipation, Bürgerbeteiligung und Deliberation

2.1 Politische Partizipation und Bürgerbeteiligung

Politische Partizipation bezeichnet alle Tätigkeiten, „die Bürger freiwillig mit dem Ziel unternehmen, Entscheidungen auf den verschiedenen Ebenen des politischen Systems zu beeinflussen" (Kaase 1995, S. 521). Kersting (2014, S. 60) unterscheidet vier Bereiche der politischen Partizipation: „repräsentative, direkte, deliberative und demonstrative bzw. symbolische Beteiligung". Die *repräsentative Beteiligung* umfasst die Wahl von Repräsentanten auf allen Ebenen des politischen Systems. Bei der *direkten Beteiligung* entscheiden Bürger in Bürger- und Volksentscheiden unmittelbar. Beide Beteiligungsformen sind „in der Regel verfasste und legale" Verfahren (ebd., S. 61). Zur *deliberativen Beteiligung* werden all jene Beteiligungsformate gezählt, die sich an den Maßstäben der dialog-orientierten Deliberationstheorie ausrichten (z. B. Runde Tische oder Planungszellen). Hierbei handelt es sich meist um informelle, nicht verfasste Verfahren. Auf der deliberativen Ebene konsultiert die Politik die Bürger. Das Ergebnis der Konsultation sollte für einen Großteil der Beteiligten akzeptabel sein. Allerdings ist das Ergebnis formal nicht bindend. *Demonstrative bzw. symbolische Beteiligung* verfolgt hauptsächlich die Absicht, persönliche politische Positionen und Gruppenzugehörigkeit auf teils sehr expressive Weise darzustellen. Dazu zählen Leserbriefe ebenso wie die Teilnahme an politischen Demonstrationen oder an illegalen Formen des Protestes.

Häufig als Synonym für politische Partizipation verwendet, umfasst auch die Bürgerbeteiligung „freiwillige Aktivitäten [der Bürger] mit dem Ziel, Politik auf der kommunalen Ebene, der Landes-, der Bundes- oder der europäischen Ebene zu beeinflussen" (Vetter 2014, S. 32). Die Anlehnung an die Partizipationsdefinition nach Kaase (1995) ist offensichtlich und macht die synonyme Verwendung deutlich. Dialog- und mitgestaltungsorientierte Beteiligungsformate sind für gewöhnlich politischen Entscheidungen vorgelagert und „darauf ausgerichtet, die Beteiligungslandschaft qualitativ und quantitativ zu erweitern" (Vetter 2014, S. 41). Dabei kann sowohl der reine Informationsaustausch als auch das Sammeln von Vorschlägen oder der Entwurf von Entscheidungsgrundlagen angestrebt werden.

Die Formate für dialog- und mitgestaltungsorientierte Beteiligungsverfahren sind vielfältig (siehe die Übersicht in Nanz und Fritsche 2012). *Planungszellen* bzw. *Bürgergutachten* sind beispielsweise Verfahren, bei denen aus der Gruppe der Betroffenen zufällig etwa 25 Personen ausgewählt werden, die im Laufe eines oder mehrerer Tage mit Hilfe von umfangreichem Informationsmaterial in Kleingruppen mögliche Entscheidungsalternativen bewerten. Der Aufwand hierfür ist relativ hoch, resultiert schließlich aber auch in einer erhöhten Akzeptanz der Entscheidungen durch die Auftraggeber (vgl. Nanz und Fritsche 2012, S. 41ff.). *Bürgerhaushalte* stehen grundsätzlich allen Interessierten offen. Für gewöhnlich laufen diese in drei Schritten ab: Zuerst informiert die Gemeinde über die Haushaltsplanung (Broschüren, Internet und ähnliches). Anschließend gibt es öffentliche Bürgerforen, in denen Interessierte Anregungen zu möglichen Spar- und Investitionsmaßnahmen diskutieren. Zuletzt müssen die Kommunalpolitiker Rechenschaft darüber ablegen, wie sie mit den vorgebrachten Vorschlägen umgehen (vgl. Nanz und Fritsche 2012, S. 45ff.). Dieses Format findet meist auch online statt. Die *Perspektivenwerkstatt* wird häufig vor Bau- und Infrastrukturprojekten initiiert. Hierzu kommen sowohl Bürger als auch Interessensvertreter, Mitglieder des Planungsteams, Entscheidungsträger und Experten zusammen, um sich über das geplante Vorhaben auszutauschen. Ziel ist vorrangig der Dialog, „um eine konsensorientierte Grundlage für weitere Entwicklungsschritte zu schaffen" (Nanz und Fritsche 2012, S. 55).

Internetgestützte Beteiligungsformate basieren meist auf einem Online-Portal oder Online-Forum und lassen sich in vier Ausrichtungen unterteilen: Wissenserwerb, Einflussnahme auf die Öffentlichkeit, Konsultation und Co-Governance (vgl. ebd., S. 94ff.). So können Bürger politische Projekte verfolgen, Fragen stellen und mit anderen Interessierten diskutieren. Es gibt aber auch Projekte, bei denen Politik, Verwaltung und Bürger zusammenarbeiten. Dann ist die Online-Plattform der Ort, an dem Ergebnisse zusammengeführt und gemeinschaftlich diskutiert werden. Auch bieten diese Foren den Bürgern die Gelegenheit, die Aufmerksamkeit der Politik auf bestimmte Themen zu lenken und durch die erzeugte Öffentlichkeit einen gewissen Handlungsdruck zu erzeugen.

2.1.1 Ziele dialog- und mitgestaltungsorientierter Beteiligungsverfahren

Dialog- und mitgestaltungsorientierte Beteiligungsverfahren verfolgen zahlreiche Ziele. An erster Stelle steht bei vielen, auf in der Bevölkerung bestehendes Wissen zurückzugreifen, Ideenvorschläge zu sammeln, diese zu diskutieren und daraus Handlungsempfehlungen für Entscheidungsträger zu erarbeiten. Aus der Literatur lassen sich sechs Zielkategorien extrahieren (vgl. Bossert 2015; Kubicek et al. 2009; Nanz und Fritsche 2012, S. 9; Neunecker 2016; Ritzi und Schaal 2011; Spieker und Bachl 2013; Vetter 2014, S. 41):

1. *Wissens- und Wesensbildung:* Durch die Teilnahme an dialog- und mitgestaltungsorientierten Beteiligungsverfahren wird das Verständnis für politische Prozesse geschult. Zudem können Teilnehmer ihre eigenen Argumentationsfähigkeiten verbessern und lernen, die Argumente anderer einzuschätzen. Dies stärkt ihre Selbstwirksamkeit. Auch wird das Interesse an politischen Themen verstärkt und zur weiterführenden Partizipation motiviert.
2. *Identifikation:* Durch das Engagement wird die Identifikation mit der Gesellschaft gestärkt und ein Wir-Gefühl gefördert. Probleme in der Gesellschaft werden eher wahrgenommen und die Bereitschaft zu einer gemeinsamen Lösungsfindung nimmt zu.
3. *Austausch zwischen Bürgern, Politik und Verwaltung:* Politik und Verwaltung erhalten Einblicke in die Interessen, Ängste und Wünsche der Bürger und können bei ihren Entscheidungen eher auf diese Bedürfnisse eingehen. Eine Steigerung der Responsivität von Politik und Verwaltung wird dadurch erwirkt. Zudem können Politik und Verwaltung auf das Wissen der Bürger vor Ort zurückgreifen.
4. *Vertrauensrückgewinnung und Legitimation:* Wenn Entscheidungen in Folge einer breit angelegten Diskussion mit möglichst allen Betroffenen herbeigeführt werden, ist davon auszugehen, dass die Mehrheit diese Entscheidungen unterstützen wird, auch wenn diese nicht hundertprozentig der persönlichen Wunschvorstellung entsprechen. Dadurch werden politische Entscheidungen

legitimiert. Darüber hinaus ist eine größere Zufriedenheit auf Seiten der Bürger zu erwarten, die zu Vertrauen führen kann.

5. *Entscheidungsqualität:* Getroffene Entscheidungen gewinnen nicht nur an Legitimation, sondern auch an Qualität. Wenn sämtliche Meinungen und das kollektive Wissen abgefragt werden, können die unterschiedlichsten Gefahrenquellen entdeckt und kontrolliert werden. Zudem besteht durch den Einbezug aller auch eine faire Diskussions- und Entscheidungsgrundlage, die keine Gruppe vernachlässigt.

6. *Bürgerethos:* Die Teilnahme an organisierten Beteiligungsverfahren bereichert auch den allgemeinen öffentlichen Diskurs und führt somit zu einer aufgeklärteren Bürgerschaft, die weniger am eigenen Wohl als am Gemeinwohl orientiert denkt und argumentiert.

2.1.2 Voraussetzungen für gelingende dialog- und mitgestaltungsorientierte Beteiligungsverfahren

Da die dialog- und mitgestaltungsorientierten Beteiligungsverfahren auf dem Konzept der deliberativen Demokratie fußen, entsprechen auch die Erwartungen an die Teilnehmer dieser Verfahren mehr oder weniger den Voraussetzungen der deliberativen Demokratie. Neben der bereits erwähnten freiwilligen Teilnahme wird vorausgesetzt, dass Bürger ihre Ansichten für alle nachvollziehbar darstellen und durch gute Argumente begründen können. Alle Äußerungen müssen wahrhaftig, d. h. ehrlich den persönlichen Einstellungen entsprechend geäußert werden. Niemand soll sich verstellen oder für jemand anderen sprechen (vgl. Habermas 1988). Unabhängig von der eigenen Meinung muss ein jeder Teilnehmer aber auch bereit sein, sich zu Gunsten des Gemeinwohls für die besten Argumente zu öffnen – auch wenn diese konträr zum eigenen Standpunkt sind. „Darum sollten sich Bürger grundsätzlich im Klaren darüber sein, dass bei diesen Prozessen die Dominanz von Eigeninteressen und Blockadehaltungen fehl am Platz sind" (Storl 2009, S. 101).

Darüber hinaus sind viele derartige Veranstaltungen mit einem nicht unerheblichen Zeitaufwand verbunden. Die Teilnehmer sollten deshalb ausreichend Interesse am diskutierten Thema und Motivation für teils auch anstrengende Diskussionen mitbringen (vgl. Nanz und Fritsche 2012). Zu guter Letzt ist es auch Aufgabe des Bürgers, sich im Vorfeld über die geplante Veranstaltung zu informieren (vgl. Storl 2009, S. 100).

Gerade weil diese Veranstaltungen ein starkes Engagement der Teilnehmer erfordern, gilt es für die Veranstalter, die dafür notwendigen Voraussetzungen zu schaffen: einerseits, um ein gutes Gesamtergebnis erzielen zu können; andererseits, um die Teilnehmer nicht zu desillusionieren und somit zu verhindern, dass sie ein erneutes Engagement verweigern (vgl. Klages und Vetter 2013, S. 34ff.). Meister und

Oldenburg (2008, S. 19f.) merken hierzu an: „Beteiligung' ist eine Strategie mit der ... (1) ... auf Initiative eines gesellschaftlichen Akteurs mit einem konkreten Anliegen ... (2) ... eine nicht bereits gelöste Frage beantwortet werden soll, ... (3) ... dazu alle wesentlichen betroffenen Interessen an einen Tisch geholt werden, ... (4) um sie durch einen moderierten Dialog ... (5) ... auf eine gemeinsame Antwort und/oder gemeinsames Handeln zu verpflichten ... (6) und diese Antwort in die legitimierten Entscheidungsprozesse der beteiligten Institutionen einbringt." Um das freiwillige Engagement der Bürger zu erhalten, ist es im Anschluss wichtig, die Bürger über den Umgang mit ihren Handlungsempfehlungen und über die daraus resultierenden Ergebnisse auf dem Laufenden zu halten (vgl. Nanz und Fritsche 2012).

Da diese Voraussetzungen relativ komplex sind, werden immer häufiger Leitlinien für die Umsetzung von Beteiligungsverfahren verfasst. Ein Beispiel ist die Leitlinie der Stadt Heidelberg (2012). Und speziell für Bau- und Infrastrukturprojekte wurde die VDI Richtlinie 7001 erarbeitet. Sie formuliert zehn Grundregeln, die „sowohl Glaubwürdigkeit als auch Qualität des Verfahrens" sichern (Brettschneider 2016, S. 226): 1) aufgeschlossene und wertschätzende Grundhaltung, 2) klare Rahmenbedingungen, 3) frühzeitige Einbeziehung der Bürger, 4) umfassende Faktenklärung, 5) Einbeziehung von unterschiedlichen Interessen, 6) professionelle Prozessgestaltung für Fairness und Transparenz, 7) Klarheit über Umgang mit den Ergebnissen, 8) Transparenz der Finanzierung, 9) verständlich kommunizieren, 10) Vielfalt der genutzten Kommunikations- und Beteiligungsinstrumente.

2.2   Deliberationstheorie

Schmidt (2008) zählt die deliberative Demokratie zu den beteiligungszentrierten Demokratietheorien. Diese „loben den Eigenwert politischer Beteiligung und verständnisorientierter Kommunikation und preisen die damit erhoffte erzieherische Funktion und Integrationskraft der Demokratie" (ebd., S. 238). Dreh- und Angelpunkt der deliberativen Demokratie ist „die argumentativ abwägende, verständigungsorientierte Beratschlagung" (ebd., S. 237). Sie wird als eine „Ordnung verstanden, in der Freie und Gleiche darüber deliberieren, welche Entscheidungen zu fällen sind" (Ottmann 2015, S. 222). Individuelle Präferenzen und Ängste können offen geäußert und diskutiert werden. Ziel dieser Deliberation ist es, eine für alle tragbare Lösung zu erreichen. Es wird davon ausgegangen, dass der am Gemeinwohl orientierte deliberative Prozess eine Legitimation der politischen Entscheidungen ermöglicht (vgl. Dryzek 2001). Der deliberative Prozess selbst ist der Diskurs: ein Austausch von Argumenten.

Viele Forscher befürworten den Ansatz der Deliberation als ein Ideal der Bürgerbeteiligung bei politischen Entscheidungen (vgl. Dahlberg 2007; Grunwald et al. 2006; Landwehr 2012; Perlot 2008; Ritzi und Schaal 2011). Geprägt wurde das Ideal durch zwei Vertreter: John Rawls und Jürgen Habermas. Beide befürworten die konfliktlösende Wirkung eines rationalen Diskurses, wenn dieser frei von äußeren Zwängen ist (vgl. Moon 2003).

Rawls (1999) konzentriert sich – ausgehend von der liberalen Theorie – auf die Schaffung einer gerechten Gesellschaft auf Basis zweier Prinzipien: Die Freiheit und Chancengleichheit des Einzelnen stehen über allem. Sind diese gewährleistet, sollen alle weiteren Entscheidungen darauf abzielen, dass alle sozialen Güter gerecht verteilt sind. Habermas (1981 und 1992) hingegen stellt den Willensbildungs- und Entscheidungsfindungsprozess in das Zentrum seines Entwurfes. So sieht er Demokratie als einen Prozess, bestehend aus einer Vielzahl an Diskursen. Folgen diese Diskurse bestimmten Voraussetzungen und Regeln, sind die Ergebnisse auf der einen Seite legitimierte, am Gemeinwohl orientierte Entscheidungen und auf der anderen Seite die Veränderung der verschiedenen individuellen Meinungen hin zu einer Lösung, die alle Diskursteilnehmer teilen (vgl. Habermas 1988).

Die Kritik an beiden Modellen richtet sich gegen deren normativen Charakter (vgl. König 2012; Mutz 2008; Saretzki 2014; Thompson 2008). „Die Auseinandersetzung mit der entsprechenden Kritik und mit den Konflikten zwischen Theorie und Realität hat teilweise zur konzeptionellen Anpassung, Differenzierung und Ausweitung der Theorie deliberativer Demokratie geführt" (Bossert 2015, S. 20). In der Folge haben sich aus dem vormals rein normativen Ansatz anwendungsorientierte Konzepte entwickelt (vgl. Bächtiger und Wyss 2013; Chambers 2003; Elstub 2010; Mutz 2008). Aber auch ohne eine allgemeingültige Definition orientiert sich der Kern dieser Ansätze an den gleichen Grundannahmen (vgl. Bächtiger et al. 2010; Coleman und Moss 2012; Dahlberg 2007; Landwehr 2012; Mutz 2008):

Aus deliberativer Sicht ist die Gesellschaft kein homogenes, sondern ein heterogenes Gebilde, in dem Bürger mit individuellen Präferenzen und Ängsten leben. Gerade diese Individualität setzt eine Auseinandersetzung mit den Ansichten anderer Individuen voraus, um bestimmen zu können, welche Wege für das Gemeinwohl am geeignetsten sind (vgl. Habermas 1981). Durch die reine Aggregation der unterschiedlichen Meinungen in Form von Wahlen würde deshalb nur ein Überblick darüber geschaffen, was sich die Bürger für sich selbst – aber eben nicht für das Gemeinwohl – wünschen (vgl. Landwehr 2012). Daher sollten Entscheidungen nicht auf der Basis von Wahlen (abstimmungszentriert), sondern in gemeinsamen Gesprächen gefällt werden (gesprächszentriert). Außerdem ist es wesentlich für die Güte der Entscheidungen, dass die Diskutierenden, egal ob politische Elite oder einfacher Bürger, einander mit Respekt begegnen, vernunftgeleitet ihre Argumente präsentieren und die Bereitschaft zeigen, ihre ursprüngliche Meinung zu überdenken und gegebenenfalls anzupassen (vgl. Spörndli 2003).

Den Vorteil dieser Herangehensweise sehen die Vertreter der Deliberationstheorie in der Legitimation politischer Entscheidungen, der politischen Selbstwirksamkeit der Diskursteilnehmer, der Schlichtung von Konflikten, der Veränderung der individuellen zu am Gemeinwohl orientierten Präferenzen und in einer Stärkung des Vertrauens in die Demokratie (vgl. Landwehr 2012; Min 2007; Mutz 2008). Trotz dieser Vorteile kann auch die deliberative Demokratie die repräsentative Demokratie nicht ersetzen, sondern nur ergänzen (vgl. Chambers 2003).

Wie bereits erwähnt, liegt der deliberativen Demokratietheorie ein normatives Modell zugrunde. Gegen diese normativen Voraussetzungen, Erwartungen und Ergebnisse richtet sich ein Großteil der Kritik. So stellen etliche Autoren den Diskursprozess als vernunftgeleitete, am Gemeinwohl orientierte Diskussion in Frage (vgl. König 2012; Mutz 2008; Saretzki 2014; van Mill 1996). Anlass für ihre Zweifel sind die unterschiedlichen rhetorischen Fähigkeiten und Bildungsniveaus der Diskursteilnehmer (vgl. Sanders 1997). Steht die Teilnahme an einem solchen Diskurs – dem Ideal entsprechend – tatsächlich allen offen, dann treffen Bürger aus allen sozio-ökonomischen Schichten und Kulturen aufeinander. Zwar ist genau dieses Aufeinandertreffen wünschenswert, bedeutet in der Konsequenz allerdings, dass zum Beispiel ein Asylbewerber mit begrenzten sprachlichen Fähigkeiten auf einen hochgebildeten, rhetorisch geschulten Einheimischen trifft. Bei dieser Konstellation ist es fraglich, ob beide Personen in gleicher Weise in der Lage sind, in der Diskussion ihre Präferenzen vorzutragen und zu verteidigen. Saretzki (2014) kritisiert ferner, dass in einer realen Form der deliberativen Demokratie das Vorbringen von Argumenten oft in den Hintergrund tritt. Stattdessen nutzten die Teilnehmer einen Diskurs einfach nur, um ihren Emotionen Luft zu machen. Es sei fraglich, ob jeder Diskursteilnehmer rein vernunftgeleitet diskutiert. Bächtiger und Wyss (2013) nennen als Beispiel, dass Vertreter einer Partei natürlich auch deren Position vertreten. Übertragen auf andere Teilnehmer, beispielsweise einen Vereinsvertreter im Beteiligungsportal, ist davon auszugehen, dass dieser die Ansichten seines Vereins vertreten wird.

Ferner sieht Habermas (1992) das Ziel der Deliberation im gesellschaftsübergreifenden politischen Konsens. Van Mill (1996) entgegnet, dass ein rationaler Konsens aller unmöglich ist. Auch Landwehr (2012, S. 361) argumentiert, dass ein Konsens „in der Regel nicht erreichbar (kontrafaktisch) ist". Daher müsse man von dem absoluten Konsens abrücken und von einer Verständigung zu einem für alle akzeptablen Kompromiss ausgehen (vgl. Fung und Wright 2003).

2.3   Empirischer Forschungsstand

Die Erwartungen und Ansprüche an dialog- und mitgestaltungsorientierte Beteiligungsverfahren und deren Teilnehmer sind sehr hoch. Vor diesem Hintergrund stellt sich die Frage, ob das, was vorausgesetzt und erwartet wird, auch tatsächlich realisiert wird. Im Folgenden wird daher ein Überblick über die empirischen Erkenntnisse in Bezug auf dialog- und mitgestaltungsorientierte Beteiligungsverfahren gegeben. Sie lassen sich in die Bereiche *Akteure, Deliberationsprozesse* und *Effekte* unterteilen.

2.3.1   Akteure

Schwerpunkt vieler Studien rund um die Akteure der Beteiligungsverfahren ist der Bürger als Teilnehmer am Deliberationsprozess. Zahlreiche Forscher sind der Ansicht, dass der einzelne Bürger die für die Deliberation notwendigen kognitiven und normativen Voraussetzungen nicht erfüllen kann (vgl. Fuchs 2014, S. 175). So meint Sanders (1997), dass nicht alle Bürger gleichermaßen in der Lage sind, auf hohem Niveau zu argumentieren. Und selbst wenn sie dazu in der Lage sind, ist das noch keine Garantie dafür, dass ihrer Argumentation auch Beachtung geschenkt werden wird. Die zweite Aussage macht deutlich, dass nicht nur die rhetorischen Fähigkeiten ausschlaggebend dafür sind, ob sich der Sprecher in einer Diskussion durchsetzen kann. Dem stimmen auch Bächtiger und Wyss (2013) zu. Durch das Akzeptieren von „Story-Telling" und „Bargaining" als deliberative Elemente wurde der Deliberationsbegriff geweitet und ermöglicht somit auch rhetorisch weniger starken Personen eine Teilnahme am Diskurs (vgl. Bächtiger et al. 2010a, S. 48; Bächtiger und Wyss 2013, S. 160). Ein positiveres Licht auf die Fähigkeiten der Bürger wirft die Studie von Gerber et al. (2016, S. 21): „Demanding standards of classic deliberation (such as sophisticated justifications and respectful listening) are far from being utopian standards that only a tiny minority of citizen deliberators can achieve." Sie kommen zu dem Ergebnis, dass rhetorische Fähigkeiten zwar durchaus von sozio-demografischen Faktoren abhängen. Dennoch zeigte sich, dass die rhetorisch Stärkeren auch die Argumente der Schwächeren ernst nahmen und ein Diskurs möglich war. Thompson (2008) postuliert darüber hinaus, dass jeder, der weiß, dass er vor der Allgemeinheit diskutiert, versuchen wird, seine Argumente zu verallgemeinern und am Gemeinwohl zu orientieren.

Perry et al. (2015, S. 132) teilten die Faktoren, die über die politische Partizipation entscheiden, in drei Gruppen ein: *individuelle Ressourcen, Motivation* und *Kontakte*. Der erste Faktor umfasst sozio-demografische Merkmale wie Bildung, Alter, Geschlecht, Migrationshintergrund. Hier zeigt sich, dass trotz der erhofften Beteiligung sozial Benachteiligter gerade diese Gruppe sich bewusst von solchen

Veranstaltungen fernhält. Hinsichtlich der *Motivation* ist es offensichtlich, dass ohne ein bestehendes Interesse an den diskutierten Themen auch eine Beteiligung sehr unwahrscheinlich ist. Neben einem allgemeinen Interesse spielen auch Faktoren wie die Zufriedenheit mit der Demokratie, das Vertrauen in politische Institutionen und die politische Selbstwirksamkeit eine Rolle (vgl. Perry et al. 2015, S. 133). Es zeigt sich, dass die Behauptung, der „gemeine Bürger" hätte kein Interesse an Politik und politischer Beteiligung, in dieser Form nicht zutreffend ist. So wies die Demokratiestudie der Bertelsmann Stiftung und des Staatsministeriums Baden-Württemberg (2014) nach, dass die Bürger in Deutschland durchaus Interesse an einer stärkeren Beteiligung an politischen Entscheidungen haben. Gleichwohl sind sowohl das politische Interesse als auch die wahrgenommene Selbstwirksamkeit stark an das Einkommen und den Bildungsstand der Individuen gekoppelt. Besonders bildungsferne und einkommensschwache Gruppen weisen beide Eigenschaften nur in geringem Maß auf. Deshalb wäre es für die politische Beteiligung eine Bereicherung, gerade das Gefühl der politischen Selbstwirksamkeit der bildungsfernen und einkommensschwachen Gruppen zu stärken. Dadurch könnte der Gefahr einer zu großen Homogenität im Deliberationsprozess entgegengewirkt werden. Ein Diskurs innerhalb einer homogenen Gruppe kann nämlich dazu führen, dass die zu Beginn des Diskurses vertretenen Meinungen am Schluss noch gefestigt werden (vgl. Sunstein 2007, S. 92). Zuletzt sind zwischenmenschliche *Kontakte* ein einflussreicher Faktor für die Beteiligungsbereitschaft. Wer ein politisch eher aktives Umfeld hat und zudem der Auffassung ist, politisches Engagement sei Bürgerpflicht, ist auch generell eher politisch aktiv (vgl. Perry et al. 2015, S. 133). Metag (2015) zeigt in ihrer Studie, dass vor allem auf lokaler Ebene Gespräche innerhalb des persönlichen Netzwerks Einfluss auf die Kompetenz und die Beteiligungsbereitschaft der Bürger haben.

Während die für eine Teilnahme am politischen Willensbildungsprozess wünschenswerten Eigenschaften und Fähigkeiten der Teilnehmer in der Forschung viel diskutiert werden, wurde die Seite der Politik und der Verwaltung bisher seltener beleuchtet. So beschäftigen sich bislang nur einzelne Studien damit, wie Politiker und Verwaltung Beteiligungsverfahren wahrnehmen. Laut Kersting (2016) stehen Ratsmitglieder vor allem Bürgerdialogen sehr positiv gegenüber. Die Sorge, dass eine Zunahme der Bürgerbeteiligungsverfahren die repräsentative Demokratie untergraben könnte, teilen die Ratsmitglieder mehrheitlich nicht. Ebenso wenig stimmen sie der Sorge zu, dass gewählte Repräsentanten durch Beteiligungsverfahren „eigenen Entscheidungen aus dem Weg gehen und keine Verantwortung übernehmen" wollen (ebd., S. 100). Brettschneider et al. (2015, S. 191ff.) formulieren in ihrer Studie zur nachhaltigen Kommunalentwicklung vier Erfolgsfaktoren – Strukturen, Kultur, Personen, Inhalte –, die für das Gelingen von Beteiligungsverfahren förderlich sind.

Abgesehen davon behandelt ein Großteil der Literatur in diesem Zusammenhang insbesondere die Gestaltung von erfolgreichen Bürgerbeteiligungsverfahren und die Vor- und Nachteile verschiedener Formate (vgl. Klages und Vetter 2013; Kubicek et al. 2009; Nanz und Fritsche 2012).

2.3.2 Deliberationsprozesse

Auch wenn der Begriff *Deliberation* in zahlreichen Studien zur Bürgerbeteiligung verwendet wird, konzentrieren sich nur wenige Studien auf das Vorhandensein und die Qualität der Deliberation. Stattdessen wird in vielen Fällen schlichtweg davon ausgegangen, dass Deliberation stattfindet (vgl. Bächtiger und Wyss 2013). Zudem ist der Deliberationsbegriff so stark gedehnt, dass beinahe jede Art von kommunikativer Interaktion als Deliberation gewertet wird (vgl. Bächtiger et al. 2010b). Mit dem Discourse Quality Index (DQI) von Steiner et al. (2004) wurde eine Methode entwickelt, die die Erhebung der Diskurs-Qualität ermöglichen soll. Fuchs (2014) bewertet dieses Konzept als besonders geeignet zur Messung der Deliberation. Der DQI wurde bisher aber vor allem zur Erhebung von Deliberation bei Präsenzveranstaltungen eingesetzt (vgl. Bächtiger et al. 2010b; Caluwaerts und Deschouwer 2014; Himmelroos und Christensen 2014; Pedrini 2014; Siu 2009). Daraufhin haben sich zahlreiche weitere Instrumente für die Erhebung von Online-Deliberation entwickelt. Hierauf wird in Kapitel 3 genauer eingegangen. Auf diesem Bereich der Deliberationsforschung liegt auch der Schwerpunkt dieses Beitrags, der den Deliberationsprozess eines Online-Diskurses anhand der partizipativen Gesetzgebung Baden-Württembergs untersucht.

2.3.3 Effekte

Studien zu den Effekten von Bürgerbeteiligungsveranstaltungen konzentrieren sich hauptsächlich auf drei Aspekte: die Einstellungs- und Meinungsänderungen, die konfliktlösende Wirkung und den Einfluss auf bürgerschaftliches Engagement. Die legitimierende Wirkung wird zwar oft als Ziel der Beteiligungsverfahren genannt. In den Studien werden diese Effekte aber nur selten erhoben (vgl. Grönlund et al. 2010). Im Allgemeinen ist die Vergleichbarkeit der Ergebnisse der Deliberationsforschung schwierig. Dafür gibt es hauptsächlich zwei Gründe: Einerseits findet die Datenerhebung in vielen Fällen nicht systematisch statt. Andererseits gibt es keine einheitlichen Definitionen für die erhobenen Wirkungen.

Min (2007, S. 1381) stellte fest, dass Teilnehmer einer politischen, deliberativen Veranstaltung – unabhängig von Online oder Face-to-Face – ihr Wissen zum Thema verbessern, eine stärkere politische Selbstwirksamkeit empfinden und eine gesteigerte Bereitschaft zur politischen Partizipation angeben. Andererseits fanden, im Gegensatz zu anderen Studien mit positiven Ergebnissen (vgl. Gastil et al. 2002; Himmelroos und Christensen 2014), keine nennenswerten Meinungsänderungen statt. Bei den wenigen Meinungsänderungen kann zudem eher von einer Radikalisierung statt von einer Annäherung an einen Konsens gesprochen werden. Es wurde gemutmaßt, dass Radikalisierung dann wahrscheinlicher ist, wenn Themen stärker an Ideologien gebunden sind. Hierzu gibt es aber noch keinen Beleg. Gegenteilige Ergebnisse erzielte die Studie von Himmelroos und Christensen (2014), die ihre Deliberationsteilnehmer den Einsatz von Atomwaffen diskutieren ließen. In dieser Studie näherten sich die Diskursteilnehmer tatsächlich einem Konsens an. Je ausgeprägter die deliberative Argumentationsstruktur war (d. h. rational und gemeinwohlorientiert), desto wahrscheinlicher war es auch, dass Teilnehmer von ihren ursprünglichen Meinungen abrückten und sich einem eher neutralen Standpunkt („centristic position") näherten. Ähnliche Ergebnisse zeigten sich in Bezug auf die Teilnehmer selbst. Je rationaler ein Teilnehmer argumentierte, desto eher war er bereit, auch gegensätzliche Argumente in Betracht zu ziehen und sich von guten Argumenten entgegen der eigenen Einstellung überzeugen zu lassen. Den bestehenden Annahmen, dass bessere Kenntnisse über das zu diskutierende Thema dazu führen würden, am eigenen Standpunkt festzuhalten, widersprechen die Ergebnisse von Himmelroos und Christensen (2014). In ihrer Studie änderten diese Personen ihre Meinung eher als jene ohne weitreichende Vorkenntnisse. Die Autoren vermuten, dass Diskussionsteilnehmer mit Vorwissen gute und richtige Argumente eher erkennen können und deswegen auch bereit sind, ihre Meinung zu ändern. Und Baccaro et al. (2016) stellten in ihrer Studie fest: Je umfangreicher Diskursteilnehmer ihre Meinungen argumentativ verteidigen mussten, desto weniger Meinungsänderung fand bei diesen Teilnehmern statt. Dafür war unter diesen Umständen der Wissensgewinn am größten. Zudem war die Deliberations-Qualität vergleichsweise größer. Der Widerspruch besteht darin, dass jene Diskurse, die stark am Deliberationsideal orientiert sind, am wenigsten zu einer Meinungsänderung und somit am seltensten zu einem Konsens führen. In Bezug auf die Entwicklung des Teilnehmerwissens zeigte die Studie von Barabas (2004), dass eine Steigerung des Wissens sowie das Annähern an einen Konsens abhängig ist von der Wahrung einer offenen Einstellung gegenüber anderen Meinungen. Gehen Diskursteilnehmer nicht mit einer entsprechenden Haltung in eine Diskussion, werden sie sich weder neues Wissen aneignen, noch bereit sein, ihre Meinung in Richtung eines Konsenses zu ändern.

Grönlund et al. (2010) stellten in ihrem Experiment mit einer Diskurs- und einer Geheimabstimmungsgruppe fest, dass bei den Teilnehmern des Diskurses zum Thema Atomenergie das Vertrauen in die Politik und die politischen Entscheidungsträger bzw. Institutionen im Anschluss gestiegen war. Im Anschluss an das Experiment hatte die wahrgenommene Selbstwirksamkeit in beiden Gruppen, trotz des verbesserten Wissenstandes auf Seiten der Diskursteilnehmer, gleich stark gelitten. Grund dafür könnte sein, dass beide Gruppen das Thema Atomenergie als sehr komplex und nicht ideal für einen Bürgerentscheid eingestuft hatten. Laut Höppner et al. (2007) gehen viele Diskursteilnehmer mit zu enthusiastischen Erwartungen in einen Diskurs. Allerdings führt der Austausch mit anderen Teilnehmern dazu, dass sich die allgemeine Wahrnehmung einem realistischeren Bild nähert. Dadurch kann im weiteren Verlauf eines Projekts beispielsweise Frust auf Seiten der Bürger vermieden und in der Konsequenz Vertrauen erhalten bzw. sogar wiederaufgebaut werden. Zu einem ähnlichen Ergebnis kommt Niemeyer (2011): Bürgern wurden im Vorfeld, gestützt durch teils sehr symbolische Argumente der unterschiedlichen politischen Lager, oft Ideallösungen präsentiert. Durch das deliberative Verfahren wird ein Verständnis dafür geschaffen, dass diese Ideale nicht umzusetzen sind. So können die Vorstellungen der Bürger korrigiert werden und sich die verschiedenen Lager einander annähern. Im besten Fall ergeben sich ein Konsens sowie die Legitimation politischer Entscheidungen.

Sanders (2012) konzipierte als einer von wenigen ein Experiment mit einer Kontrollgruppe, um Effekte des Diskurses auch auf bestimmte Voraussetzungen zurückführen zu können. Es zeigte sich allerdings, dass Wissen, Diskussionsqualität, Gruppenübereinstimmung und die Rolle der anderen Teilnehmer nicht die Ursache für Unterschiede der Diskursergebnisse sind. Dies bestätigt wiederum die Feststellungen der Akteursforschung, wonach nicht jeder Diskursteilnehmer wohlformulierte Argumente liefern können muss, um sich an einem konsensbildenden Diskurs beteiligen zu können.

Gastil et al. (2002) stellten fest, dass Geschworene nur dann, wenn das Verfahren, an dem sie mitwirkten, auch tatsächlich zu einem Urteil führte und nicht etwa eingestellt wurde, anschließend eine höhere Bereitschaft zeigten, an politischen Wahlen teilzunehmen. Es ließe sich schlussfolgern, dass es für die weitere Teilnahme an Bürgerbeteiligungsverfahren entscheidend ist, ob die Veranstaltungen, an denen teilgenommen wird, als erfolgreich wahrgenommen werden. Diese Annahme bestätigt die Erhebung der Bertelsmann Stiftung und des Staatsministeriums Baden-Württemberg (2014): Haben Teilnehmer eines Beteiligungsverfahrens das Gefühl, dass die Ergebnisse ihrer Teilnahme keinen nennenswerten Eingang in die Gesamtergebnisse finden, stehen sie weiteren Veranstaltungen kritisch gegenüber, und ihre Bereitschaft zur politischen Partizipation in Zukunft nimmt ab. Die gleiche Studie kam zu dem Ergebnis, dass erfolgreiche Bürgerbeteiligungsverfahren das Vertrauen in die Politik und die Legitimation politischer Entscheidungen erhalten und wiederbeleben können. Auch Mannarini und Talò (2013) stellten fest, dass Personen, die eine Veranstaltung als respektvoll und kollaborativ wahrgenommen haben, mit hoher Wahrscheinlichkeit erneut an einem ähnlichen Format teilnehmen würden.

Die Wahrnehmung von Beteiligungsverfahren und ihren Ergebnissen hängt aber auch von ihrem jeweiligen Konfliktpotenzial ab. Vetter et al. (2015) stellten fest, dass Beteiligungsverfahren mit niedrigem Konfliktpotenzial zumeist positiver wahrgenommen werden: Ihre Effektivität und Effizienz werden hoch eingeschätzt. Somit ergibt sich ein positiver Einfluss auf die Ergebnisse der Diskurse sowie eine gesteigerte Legitimation der daraus resultierenden politischen Entscheidungen. Ein weiterer positiver Effekt dieser Beteiligungsverfahren ist, dass die Bürger die Vertreter ihrer Kommunen eher akzeptieren und dass sie sich stärker mit ihrer Kommune identifizieren. Sie fühlen sich kompetenter und empfinden eine stärkere Responsivität seitens der Politik. Die Teilnahmebereitschaft ist auf Grund des geringen Konflikts oft aber eher gering. Bei hohem Konfliktpotenzial werden zwar auch positive Effekte gemessen, aber die negative Wahrnehmung ist häufig etwas größer als die positive. Der größte Unterschied liegt jedoch in der Ausstrahlung über das jeweilige Thema hinaus: Durch die Intensität des Diskurses erzeugen konfliktträchtige Themen häufig auch mobilisierende Effekte über das einzelne Projekt hinaus. Die allgemeinen Effekte der Konfliktentschärfung, Qualitätssteigerung und Legitimationsförderung ist bei erfolgreichen Verfahren bei Fällen mit hohem Konfliktpotenzial ausgeprägter als bei konfliktarmen Fällen. Ergebnislose Diskurse treten unter diesen Umständen aber häufiger auf.

Hinsichtlich der Anschlusskommunikation fanden Goldschmidt et al. (2012), dass unterschiedliche Beteiligungsformate den Teilnehmern einen Kommunikationsimpuls geben, um anschließend mit Nicht-Teilnehmern über die diskutierten Inhalte zu sprechen. Insbesondere Diskussionsforen sollen diese Bereitschaft fördern. Der positive Effekt dieser Anschlusskommunikation liegt darin, dass ein Wissenstransfer zustande kommt, der die Zivilgesellschaft auch ohne Teilnahme eines jeden einzelnen stärkt (ebd., S. 290). Diese Anschlusskommunikation ist vor allem auch deswegen relevant, weil die Berichterstattung in den Medien über die Beteiligungsverfahren trotz vorzeitiger Ankündigungen und Bemühungen in der Regel sehr gering ausfällt. Es empfiehlt sich deshalb, aktiv auf Vereine zuzugehen und eine Zusammenarbeit zu ermöglichen. Durch das Generieren eines größeren Kontextes wird die Veranstaltung nicht nur für Nicht-Teilnehmer, sondern auch für die Medien interessanter (ebd., S. 292f.).

Die hier dargestellten Erkenntnisse basieren allerdings auf Untersuchungen, die im direkten Anschluss an die jeweiligen Diskurse durchgeführt wurden. Deshalb ist fraglich, ob die dargestellten Effekte auch langfristig erhalten bleiben.

Die Ergebnisse zum Einfluss der Bürgerbeteiligungsverfahren auf politische Entscheidungen fallen eher ernüchternd aus (vgl. u. a. Barrett et al. 2012; Holtkamp

et al. 2006). Einer Studie von Neunecker (2016) zufolge haben Entscheidungen bei
Bürgerhaushalten oft nur begrenzten Einfluss auf die anschließenden Beschlüsse
der Stadt- und Gemeinderäte. Anhand von Interviews werden dafür vier Ursachen
identifiziert: (1) Die Politiker nehmen sich selbst als gut vernetzt und responsiv
wahr, wodurch sie es nicht als notwendig erachten, sich mit den Ergebnissen von
Beteiligungsverfahren intensiver auseinanderzusetzen. (2) Insbesondere mangelnde
Zeit und Scheu vor langen, nervenraubenden Diskussionen führen oft vorab zur
Ablehnung der Ergebnisse. Gerade in kleinen Kommunen, in denen sich nur wenige
Bearbeiter mit teils umfangsreichen Ergebnissen auseinandersetzen müssen, verblei-
ben angesichts anderer Verpflichtungen dafür oft nicht ausreichende Kapazitäten.
(3) Im Fall von zu gering empfundenen Teilnehmerzahlen wird den Ergebnissen
der entsprechende Mehrwert und auch die notwendige Legitimität abgesprochen.
(4) Natürlich hat auch die Liquidität der Kommunen einen sehr starken Einfluss auf
die Umsetzung von Bürgerwünschen. Finanziell starke Kommunen sind tendenziell
eher in der Lage, Bürgerwünsche zu berücksichtigen.

2.4   Bürgerbeteiligung und Deliberation im Internet

Die politische Partizipation hat durch das Internet Veränderungen erfahren (vgl.
Vowe 2014). Diese werden in der Bevölkerung sowie in der Wissenschaft unter-
schiedlich aufgenommen. Es gibt die sogenannten Netzoptimisten, Netzpessimisten
und Netzneutralisten (vgl. Frieß et al. 2012).

Für die *Netzoptimisten* erleichtert das Internet die Informations- und Kommu-
nikationsprozesse, welche wiederum eine Basis der Demokratie darstellen (vgl.
Beck 2006). Sie sehen im Internet die Chance, Informationen leichter zugänglich
zu machen, den Austausch untereinander effizienter zu gestalten und verwaltungs-
technische Abläufe zu vereinfachen.

Die *Netzpessimisten* hingegen wittern durch das Internet Gefahren für die Demokratie. Zu diesen zählen sie eine Fragmentierung der politischen Öffentlichkeit
(vgl. Davis 2010, S. 747; Sunstein 2007) und die digitale Spaltung – eine Steigerung
der bereits bestehenden sozialen Selektivität, auch als *Verstärkungs-* oder *Rein-
forcement-These* bezeichnet (vgl. Beck 2006, S. 212; Davis 2010, S. 747; Grunwald
et al. 2006, S. 59).

Die *Netzneutralisten* gehen zwar von einem Mobilisierungspotenzial des Internets aus, erkennen aber auch gewisse Gefahrenquellen (vgl. Beck 2006, S. 204).

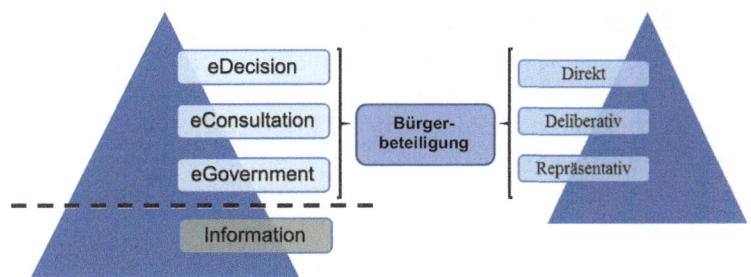

Abb. 1 Mitbestimmungsebenen im Internet und Stufen der Bürgerbeteiligung
Quelle: in Anlehnung an Kersting (2014) und Kneuer (2013).

Kneuer (2013) stellt die Mobilisierungspotenziale des Internets in Form einer Pyramide dar, an deren Spitze die maximale Einbindung des Bürgers in den politischen Entscheidungsprozess steht (siehe Abb. 1). Sie wählte für die oberste Stufe, also die volle, direkte Mitbestimmung, die Bezeichnung „eParticipation", welche allerdings in einem Konflikt mit den Definitionen dieses Beitrags steht. Hier wird unter Partizipation bzw. Beteiligung der Einbezug in den Willensbildungs- und Entscheidungsprozess gesehen, allerdings nicht die direkte, volle Entscheidungsmöglichkeit. Deswegen wurde für die oberste Stufe der Abbildung die Bezeichnung *eDecision* gewählt. Sie beschreibt die direkte Beteiligung an politischen Entscheidungsprozessen in Form von e-voting, e-petitions oder e-referenda (ebd., S. 13). Somit liegt hierbei eine Form der direkten Demokratie vor. Auf der zweiten Ebene, der *eConsultation*, wird der Einbezug des Bürgers in den Willensbildungs- und Entscheidungsprozess thematisiert. Im Mittelpunkt steht die Interaktion zwischen Politik, Verwaltung und Bürgern, weshalb der Begriff Konsultation geeignet erscheint. Diese Form des Austauschs ist klar der deliberativen Demokratie zuzuordnen. Die dritte Ebene, das *eGovernment*, ist eher als Service- bzw. Dienstleisterschnittstelle zwischen den Kommunen und den Bürgern zu verstehen. Behördengänge können durch sie erleichtert werden.

Als Informationsplattform bietet das Internet den Kommunen und Politikern ein breites Spektrum an Möglichkeiten, um ihre Bürger zu informieren. Hier findet weder aktive Beteiligung noch ein Dialog zwischen Politik, Verwaltung und Bürgern statt. Dennoch sind Informationen als Grundlage für die weiteren Stufen wichtig.

1

2.4.1   Das Internet als deliberativer Raum

Bereits der Begriff *Internetforum* schlägt die Brücke zur Politik und zur Deliberation im Sinne der Antike: ein Raum, in welchem man zusammenkommt, um über
politische Entscheidungen zu diskutieren. Die Urform dieses Diskussionsraumes
stellt das nun etwa 35 Jahre alte „usenet" dar (vgl. Grunwald et al. 2006, S. 38). In
sogenannten Newsgroups konnte über die unterschiedlichsten Themen debattiert
werden.

Die optimistische Grundhaltung ist, dass der virtuelle Raum mehr Möglichkeiten
bietet, als es traditionelle Massenmedien können (vgl. Gerhards und Schäfer 2010).
Auf Grund seiner Eigenschaften soll das Internet die idealen Voraussetzungen für
deliberative Prozesse bieten (vgl. Wright und Street 2007). Graham und Witschge
(2003, S. 173) sehen das Internet gar als Rettung für die Deliberation, da dadurch die
Infrastruktur der Öffentlichkeit maßgeblich erweitert werden kann. Vor allem die
„zeitliche und räumliche Entgrenzung [wird] als Chance für eine dem deliberativen
Ideal der breiten Inklusivität entsprechende Gestaltung von Diskussionsprozessen
gesehen" (Perlot 2008, S. 123).

Nanz und Fritsche (2012, S. 89) nennen folgende Gründe, weshalb Online-Foren
die Qualität der Deliberation verbessern können und somit ein geeigneter deliberativer Raum sind: Meinungsäußerungen sind schnell und unmittelbar, frei von
räumlichen und zeitlichen Begrenzungen möglich. Dies senkt die Beteiligungsbarrieren. Des Weiteren finden so auch jene Menschen eher den Mut zu partizipieren,
die ein öffentliches Verbalisieren ihrer Ansichten vor möglichen „Rhetorik-Profis"
scheuen (ebd., S. 89). Es bleibt ihnen die Zeit, Argumente abzuwägen und Reakti-
onen zu reflektieren. Darüber hinaus treten Faktoren des Erscheinungsbildes zu
Gunsten des geschriebenen Arguments in den Hintergrund. Dadurch gewinnen die
Diskussionsgruppen einerseits an Heterogenität und andererseits an argumentativer
Qualität, wodurch die deliberative Qualität im Gesamten steigt.

Während früher oft einfach nur von der belebenden Wirkung des Internets
auf die politische Partizipation ausgegangen wurde, nimmt die Zahl der Studien
zur Online-Deliberation im Laufe der 2000er-Jahre deutlich zu (vgl. Davies und
Gangadharan 2009; Friess und Eilders 2015). Häufig untersucht wurden die Unterschiede zwischen synchroner (zumeist bei Offline-Veranstaltungen) und asynchroner
(im Fall von Online-Deliberation) Kommunikation (vgl. Janssen und Kies 2005;
Stromer-Galley 2007; Stromer-Galley und Martinson 2009). Die Studien kamen zu
dem Ergebnis, dass asynchrone Kommunikation zu einer höheren Diskursqualität
führt. Als Grund wird angeführt, dass in einem Online-Forum alle Kommentare
direkt sichtbar sind. Das wiederum fördert die Partizipationsbereitschaft, die
Beitragsqualität und die Gruppenidentifikation der Seitenbesucher ebenso wie die
Möglichkeit, jederzeit alle Kommentare lesen und im eigenen Kommentar bewerten

zu können (vgl. Kielholz 2008; Towne und Herbsleb 2012). Letztere Option ist bei Präsenzveranstaltungen oft nicht möglich, da nicht jeder Sprecher ausreichend Zeit hat, um auf alle zuvor genannten Argumente einzugehen. Ein weiterer Vorteil von Online-Verfahren ist das einfachere Angebot einer Vielzahl an Informationen. Dass Nutzer jederzeit auf für sie notwendig erscheinende Informationen zugreifen können, hat teilnahmebegünstigende Effekte (vgl. Himelboim et al. 2009).

Ähnlich wie bei Offline-Veranstaltungen hat die Identifikation der Teilnehmer einen positiven Einfluss auf die Qualität der Deliberation (vgl. Coleman und Moss 2012; Janssen und Kies 2005). Die Moderation von Online-Foren hat sich als relevant für Qualität und Stringenz der Diskussion herausgestellt (vgl. Coleman und Moss 2012; Wright und Street 2007). Laut Kubicek et al. (2009) können die neuen Medien die wahrgenommene Transparenz und Responsivität verbessern, wenn entsprechende Gestaltungskriterien eingehalten werden. Towne und Herbsleb (2012) haben die Gestaltung unterschiedlicher Plattformen für Online-Deliberation untersucht und bieten eine ausführliche Zusammenfassung von Gestaltungsidealen an. Allerdings ist die ideale Gestaltung kein Garant für erfolgreiche Deliberation. Diese hängt auch stark von den einzelnen Teilnehmern (vgl. Huffaker 2010), von Gruppendynamiken (vgl. Zhang et al. 2013) und vom Diskussionsthema ab (vgl. Stromer-Galley und Martinson 2009).

2.4.2 Die Kritik am Internet als deliberativem Raum

Netzpessimisten üben hingegen Kritik an der Hoffnung, dass durch das Internet das Ausmaß der sozialen Selektivität eingeschränkt werden könnte. „Das Internet ist [aber] per se nicht demokratisch und kann aus sich heraus auch keine Demokratie erzeugen" (Kneuer 2013, S. 14). Stattdessen ist bereits die Internetnutzung selbst abhängig von den gleichen Faktoren wie auch die politische Partizipation: dem sozio-demografischen und dem sozio-ökonomischen Status (vgl. Vowe 2014). Die „bekannte soziale Schieflage setzt sich [also] fort in dem Feld der E-Partizipation" (Nanz und Fritsche 2012, S. 90). Auch die gelobte Möglichkeit zur Vernetzung der Internetnutzer muss kritisch betrachtet werden. In der Theorie stellt die Vernetzung ein Optimum der Deliberation dar – jeder kann sich mit jedem zu jeder geäußerten Meinung unterhalten. Die gelebte Praxis ist jedoch anders: Statt sich mit Menschen unterschiedlicher Ansichten auseinanderzusetzen, suchen sich Internetnutzer am häufigsten Netzwerke mit Gleichgesinnten. Die Gefahr solcher isolierten Informationsgruppen liegt darin, dass sich die einzelnen Teilnehmer in ihrer Wahrnehmung immer weiter von der Realität entfernen (vgl. Grunwald et al. 2006, S. 71f.; Perlot 2008, S. 84). Somit passiert genau das, was im Fall eines stark homogenen Deliberations-Settings geschieht: Die Ansichten der Partizipierenden werden immer extremer.

Neben diese Kritikpunkte treten die allgemeinen Probleme der internetgestütz-
ten Kommunikation: Ein großes Manko stellt der Wegfall para- und nonverbaler
Signale dar (vgl. Kielholz 2008, S. 14ff.). Dadurch können einerseits Missverständ-
nisse entstehen, da nicht klar ist, welche der vier Kommunikationsebenen (Sach-,
Appell-, Selbst- und Beziehungsebene) bedient wurde (vgl. Schulz von Thun 2010,
S. 27ff.). Darüber hinaus tritt eine Enthemmung bei den Kommunikatoren ein.
Diese entsteht bereits dadurch, dass das eigene Wort nicht von einer unmittelbaren
Reaktion des Gesprächspartners beantwortet wird. In der Steigerung kommt es auch
zu einer aggressiveren Wortwahl. Das liegt auch an der Option der Anonymität
und den meist ausbleibenden Sanktionen. Die Dynamik des Internets verleitet
ferner zu einem nachlässigen Schreibstil, wodurch Missverständnisse gefördert
werden können. Zu guter Letzt ergibt sich durch die Loslösung von Ort und Zeit
eine viel höhere Geschwindigkeit des Diskurses. Kaum jemand hat ausreichend
Zeit, alle Kommentare in kurzer Zeit auf die Qualität der Argumente zu prüfen
und bei seiner Antwort zu berücksichtigen. Entsprechende Diskurse könnten also
weniger effektiv sein, als oft angepriesen wird (vgl. Grunwald et al. 2006, S. 67).

3 Qualitätsmerkmale von Deliberation

Wie bereits dargelegt, kann die Qualität einer Diskussion entlang der Deliberationstheorie interpretiert werden. Die Frage nach der Diskursqualität kam spätestens
mit dem „deliberative turn" (Dryzek 2000) auf. Wie bereits in Kapitel 2.2 umrissen,
setzten sich im Rahmen dieser Veränderung auch Sozialwissenschaftler kritisch
mit dem normativen Deliberationskonzept auseinander. Infolgedessen wurde
das Konzept mehr und mehr an die Bedingungen der realen Welt angepasst, was
eine empirische Untersuchung erleichterte (vgl. Bächtiger et al. 2010b; Fuchs 2014;
Mansbridge et al. 2010; Thompson 2008). Auf Grund der Pluralität der Definitionen
sowie der unterschiedlichen Dehnung des Deliberationsbegriffs gibt es zahlreiche
Instrumente, um Deliberation zu messen. Allerdings besteht nicht immer Einigkeit
über die zu messenden Eigenschaften (vgl. Bächtiger und Pedrini 2010). Tabelle 1
stellt die unterschiedlichen Kriterien für deliberative Diskurse zusammen.

Tab. 1 Merkmale zur Messung der Qualität von Online-Deliberation (*Fortsetzung nächste Seite*)

Frieß, 2016	Gerber et al., 2016	Zhang et al., 2013	Monnoyer-Smith & Wojcik, 2012	Black et al, 2011	Bächtiger et al., 2010b DQI Type I	Bächtiger et al., 2010b DQI Type II
Rationalität	Justification rationality	Number of reasons	Justification	Create an information base	Level of Justification	Level of Justification
	Questioning			Clarification		
		Position				
Inklusion					Participation	Participation
Emphatie						
Respekt	Respect towards groups	Mutual respect	Respect*	Respect	Respect towards groups	Respect towards groups
Gemeinwohl-orientierung	common good orientation		Common good orientation		Content of Justification	Content of Justification
Konstruktivität			Constructive politics	Solution	Constructive politics	Constructive politics
				Weighs pros and cons		
Meta-Kommunikation				Understanding	Respect toward demands	Respect toward demands
				Value		
				General assessments of deliberation		
Emotionen	Story-Telling		Alternative expression			Story-Telling
			External impact actors*			
		Diversity	Equality			Bargaining

Stromer-Galley, 2007	Trénel, 2004	Steiner et al., 2004	Steenbergen et al., 2003	Spörndli, 2003
	Rationality	Level of Justification	Level of Justification	Level of Justification
Topic				
Problem				
	Equality	Participation	Participation	Participation
Social				
	Respect	Respect	Respect	Respect
		Content of Justification	Content of Justification	Content of Justification
	Constructiveness	Constructive politics	Constructive politics	Constructive politics
Process				
Metatalk	Reflexiveness			
	Emotional balance			
	Testimoniality			
Elaboration				

Das wohl bekannteste Instrument zur Messung von Deliberation und somit der Diskursqualität ist der *Discourse Quality Index* von Steiner et al. (2004). Fuchs (2014, S. 170) bezeichnet dieses Modell als „die bislang elaborierteste Konzeptualisierung und Messung". Problematisch bei der Anwendung des Index auf Online-Kommentare ist jedoch, dass einzelne Teilnehmer sich häufig nur einmal und auf anonyme Weise äußern. So ist es beispielsweise schwierig, Komponenten wie die Partizipationsgleichheit oder die Interaktivität zu messen. Für beide Variablen fehlen die notwendigen Indikatoren. Auch wenn dieser Index bereits erfolgreich zur Messung von Bürgerdebatten verwendet wurde (vgl. Bächtiger et al. 2010b; Caluwaerts und Deschouwer 2014; Himmelroos und Christensen 2014; Pedrini 2014; Siu 2009), war er ursprünglich zur Messung von Deliberation bei Parlamentsdebatten entwickelt worden (vgl. Gerber et al. 2016). Darüber hinaus fehlen im Allgemeinen (offline sowie online) Schwellenwerte, die eine Aussage über das Ausmaß der Deliberation ermöglichen würden (vgl. Bächtiger et al. 2010b, S. 194f.).

Frieß (2016) hat für seine Studie zur Online-Deliberation eine vergleichbare Gegenüberstellung der Kriterien zur Erhebung von Deliberation wie in Tabelle 1 vorgenommen und diese weiterentwickelt. Da er sich in seiner Studie ganzheitlich – begonnen beim Setting über den Kommunikationsprozess bis hin zum Outcome – mit der Online-Deliberation in Foren beschäftigte, orientiert sich die vorliegende Studie an seinem Codebuch. Im Gegensatz zum DQI, der vor allem bei Face-to-Face-Debatten eingesetzt wird, liefert die Anwendung dieses Codebuchs auf Grund seiner höheren Komplexität vielfältigere Informationen.

Für die Qualitätsmerkmale ergeben sich insgesamt acht Konstrukte: Rationalität, Bezugnahme, Empathie, Respekt, Gemeinwohlorientierung, Konstruktivität, Meta-Kommunikation und Emotionalität. Die Konstrukte orientieren sich an der Habermas'schen Diskursethik (1988) sowie an den aktuell verwendeten Instrumenten zur Messung von Deliberation, vor allem im Online-Kontext (vgl. Black et al. 2011; Frieß 2016; Stromer-Galley und Martinson 2009).

1. *Rationalität:* Die Rationalität ist mit fünf Kategorien das umfangsreichste Konstrukt des Codebuchs. Im Zentrum des Konstruktes steht die Frage, ob der zu analysierende Kommentar die grundlegenden Anforderungen an einen Diskursbeitrag erfüllt. So wird untersucht, ob ein Bezug zum Thema (Frieß 2016; Stromer-Galley 2007; Stromer-Galley und Martinson 2009; Trénel 2004) besteht und Meinungsäußerungen (Frieß 2016; Trénel 2004) sowie Argumentationen (Frieß 2016; Steenbergen et al. 2003; Steiner et al. 2004) vorliegen. Die Ansprache des Themas weist auf ein gewisses Verständnis hin, was Grundvoraussetzung für einen fokussierten Diskurs ist (Bossert 2015). Im Rahmen der partizipativen Gesetzgebung steht jeweils ein Gesetzentwurf im Zentrum der

Diskussion. Der Diskurs wäre ad absurdum geführt, wenn ein Beitrag ohne jeglichen Bezug zum Gesetzentwurf geliefert würde. Ebenso ist die Äußerung einer Meinung – „aufrichtig und nicht strategisch" (ebd., S. 18) – essentiell. Der viel zitierte „zwanglose Zwang des besseren Arguments" (Habermas 1992, S. 170) macht wiederum deutlich, dass ein Diskurs ohne Argumente, also die rationale Begründung der zuvor geäußerten Meinung, nicht funktioniert und somit dessen Qualität leidet. Darüber hinaus bietet ein rationaler Diskurs die Möglichkeit, Unklarheiten durch Fragen (Black et al. 2011; Frieß 2016; Stromer-Galley 2007) oder Informationen (Frieß 2016; Stromer-Galley 2007) aus dem Weg zu räumen, weshalb diese beiden Kategorien ergänzt werden. Aus Sicht von Habermas (1992, S. 369) sind Informationen nicht nur eine Option, beispielsweise in Form von Story-Telling, für jene, denen eine klare Argumentation schwerfällt (Bächtiger et al. 2010b), sondern sie dienen darüber hinaus dazu, Argumente zu untermauern.

2. *Bezugnahme:* Ein Diskurs ist kein Monolog, sondern lebt vom Dialog. Dementsprechend ist die Bezugnahme (Frieß 2016; Spörndli 2003; Trénel 2004) – gerade im asynchronen virtuellen Raum – von großer Bedeutung. Nur wenn die Argumente anderer Personen wahrgenommen werden, kann gemeinsam ein Konsens erarbeitet werden (Mansbridge et al. 2010, S. 66). Ein monologisches Wiedergeben von persönlichen Meinungen führt zu keinem Konsens, schadet der Deliberation und deutet auf mangelnde Qualität hin.

3. *Empathie:* Empathie (Frieß 2016; Graham 2008) beschreibt den Versuch, sich zeitweise in die Situation des Gegenübers zu versetzen. Frieß (2016, Anhang 1, S. 26) beschreibt Empathie als „eine wichtige Voraussetzung, um gegenseitiges Verständnis und Akzeptanz für die Positionen und Argumente anderer zu erlangen". Die Bereitschaft, sich auf die Argumente einer anderen Person einzulassen, steigert die Qualität eines Kommentars, da es die Offenheit der Habermas'schen Kommunikationsethik versinnbildlicht (Habermas 1988).

4. *Respekt:* Dieses Konstrukt wird über zwei Kategorien gemessen. Zum einen wird die Sprecheranerkennung untersucht. Auch diese Kategorie wurde bisher nur von Frieß (2016) berücksichtigt. Ein Absprechen des Teilnahmerechts am Diskurs ist ein Bruch mit der Deliberationstheorie und qualitätsmindernd (Habermas 1992, S. 369). Die andere Respektkategorie (Frieß 2016; Steenbergen et al. 2003) ermöglicht die Erfassung von würdigenden bis hin zu beleidigenden Kommentaren. Für den Diskurs optimal ist eine konsensorientierte, sachliche Diskussion (Bossert 2015). Dementsprechend haben respektlose Passagen eine stark qualitätsmindernde Wirkung. Würdigungen blockieren eine Konsensfindung in der Regel nicht. Dementsprechend sollte ihnen keine qualitätsmindernde Wirkung zugeschrieben werden.

5. *Gemeinwohlorientierung:* Die Gemeinwohlorientierung (Frieß 2016; Steenbergen et al. 2003; Steiner et al. 2004; Trénel 2004) wird nur über eine einzige Kategorie erhoben; dennoch ist dieses Konstrukt für die Deliberation von großer Bedeutung. Für die Qualität eines Kommentars ist entscheidend, dass die Inhalte nicht an einem Partikularwohl, sondern am Gemeinwohl orientiert sind (Habermas 1981, S. 385). „Darum sollten sich Bürger grundsätzlich im Klaren darüber sein, dass bei diesen Prozessen die Dominanz von Eigeninteressen und Blockadehaltungen fehl am Platz sind" (Storl 2009, S. 101). Da sehr sachliche Schilderungen oft keinen Aufschluss über den Grad der Gemeinwohlorientierung geben, hat dies keinen mindernden Effekt auf die Qualität.

6. *Konstruktivität:* Die Konstruktivität (Black et al. 2011; Frieß 2016; Spörndli 2003; Trénel 2004), ebenfalls nur über eine Kategorie erhoben, ist relevant, weil sie einerseits die Fähigkeit der Personen beschreibt, Argumente im gesamten Kontext zu erfassen und zu reflektieren. Andererseits ist sie aber auch ein Zeichen der Bereitschaft, vom eigenen Standpunkt abzurücken und Eingeständnisse zu machen (Gastil und Black 2008). Bächtiger und Pedrini (2010) haben Zugeständnisse als „Bargaining" noch etwas weiter gefasst. Letztlich machen Diskursteilnehmer durch diese Zugeständnisse oder Alternativvorschläge Schritte aufeinander zu. Enthält ein Kommentar also konstruktive Elemente, steigert dies seine Qualität.

7. *Meta-Kommunikation:* Dieses Konstrukt gibt Auskunft darüber, ob über den Diskurs (Stromer-Galley 2007; Trénel 2004) bzw. seine Organisation (hier Aufbau und Struktur des Portals und des Kommentieren-Bereichs) reflektiert wurde. Laut Frieß (2016, Anhang 1, S. 32) sollten „[d]eliberative Diskurse ... immer die Möglichkeit offen halten, die Kommunikation selbst zum Thema des Diskurses zu machen". Häufig ist Meta-Kommunikation ein Indikator für eine Unzufriedenheit mit dem Verlauf bzw. der Organisation des Diskurses. Zudem können Informationen dazu enthalten sein, wie man den Diskurs oder seine Organisation verbessern kann. Das wiederum sind Kommentare mit hohem Mehrwert.

8. *Emotionen:* Frieß (2016, Anhang 1, S. 34) bezeichnet Emotionen als „natürliche Bestandteile des menschlichen Wesen[s]", weshalb sie auch im deliberativen Prozess nicht ausgeschlossen werden sollten. Unterschieden wird zwischen positiven und negativen Emotionen (Frieß 2016; Graham 2008; Trénel 2004). Sie können Indikatoren für (Un-)Zufriedenheit sein und eine entsprechende Meinungsäußerung unterstreichen. Gehen sie mit respektlosem Verhalten einher, mindert dies die Qualität eines Kommentars. Die Integration von Emotionen begründet Graham (2008) damit, dass kein Mensch frei von Emotionen kommunizieren kann. Emotionen sind somit zwar kein bestimmender Faktor für die Qualität,

aber ebenso wie die Empathie können Emotionen den Prozess positiv oder negativ beeinflussen und wertvolle Informationen über den Prozess selbst liefern.

Abbildung 2 visualisiert das Zusammenspiel der acht Konstrukte. Die Kerndimensionen der Deliberation sind grundsätzlich ausschlaggebend für die Qualität der Kommentare. Die Konstrukte Emotionen und Empathie sind zunächst nicht ausschlaggebend. Allerdings können sie die Qualität fördern oder mindern. Die Meta-Kommunikation umfasst alle anderen Konstrukte und erzeugt eine Art „Stimmungsbild". Da in einem Kommentar enthaltene Emotionen ebenfalls auf dieses „Stimmungsbild" einwirken, besteht eine Verbindung zwischen der Meta-Kommunikation und den Emotionen.

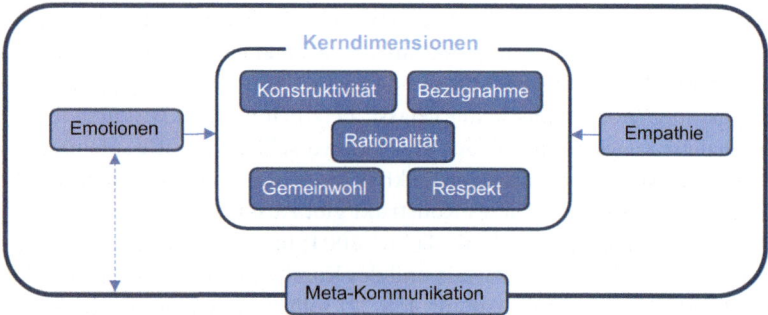

Abb. 2   Zusammenspiel der Qualitätsmerkmale

4   Studien-Design

Im Fokus dieses Beitrags steht die Frage, ob die Kommentare auf dem Beteiligungsportal des Landes Baden-Württemberg den Anforderungen an einen qualitativ hochwertigen Diskurs erfüllen. Diese Frage wird mit Hilfe einer Inhaltsanalyse der Kommentare auf dem Beteiligungsportals beantwortet.

Das Beteiligungsportal untergliedert sich in drei Bereiche: Informieren, Kommentieren und Mitmachen[1]. Im Informieren-Bereich erfahren Nutzer, was die

---

1   Im Juli 2017 hat sich die Struktur des Beteiligungsportals verändert. Der Kommentieren-Bereich wurde in den Mitmachen-Bereich eingegliedert. Stattdessen gibt es nun

Landesregierung unter der „Politik des Gehörtwerdens" versteht und wie sie sich politisch engagieren können. Eine Übersicht über alle politischen Vorhaben, an denen sich Bürger aktuell beteiligen können, bietet der Mitmachen-Bereich. Der Kommentieren-Bereich steht im Fokus dieses Beitrags. Dort werden die geplanten Gesetzentwürfe vorgestellt und zur Kommentierung angeboten. Die Gesetzentwürfe sind nach Legislaturperioden gegliedert (aktuell, Archiv-LP15 und Archiv-LP16). Innerhalb der einzelnen Gesetzentwürfe ist der Prozess in vier Phasen unterteilt: 1) Kommentierungsphase, 2) Stellungnahme des Ministeriums, 3) Beratung und Beschluss des Kabinetts, 4) Geltende Verordnung. Die interessierte Öffentlichkeit ist hier nur in der ersten Phase aktiv, wird aber über Fortschritte während der weiteren Phasen im Portal informiert.

Zum Kommentieren-Bereich liegen bislang zwei Studien vor: Masser et al. (2015) beschränkten sich in den frühen Jahren des Beteiligungsportals (2013/2014) auf vier Gesetzentwürfe von zwei Ministerien. Zusätzlich fragten sie die Meinungen von Ministeriumsmitarbeitern und Portalnutzern ab. Das vorrangige Ziel der Studie war zum einen eine Kosten-Nutzen-Abschätzung des Portals für die Ministerien sowie zum anderen, zu erfahren, wie die Kommentatoren das Portal wahrnehmen und nutzen. Brettschneider (in diesem Band) hat die Beteiligungsverfahren – sowohl Face-to-Face als auch online – von sechs Gesetzentwürfen analysiert und im Kontext der partizipativen Gesetzgebung bewertet. Auch dort fehlt ein vollständiger Blick auf alle Kommentare des Beteiligungsportals. An diesem Punkt setzt die empirische Analyse des hier vorliegenden Beitrags an.

4.1 Operationalisierung

Die Codier-Einheiten gliedern sich in formale und inhaltliche Kategorien. Zu den formalen Kategorien zählen beispielsweise das zuständige Ministerium, der Name des Gesetzentwurfs, die Tonalität eines Kommentars oder auch, ob in dem Kommentar eine Position zum Gesetzentwurf bezogen wird. Zudem wurde der jeweilige Kommentierungszeitraum in sechs gleich lange Intervalle unterteilt.

Die inhaltlichen Kategorien stellen die Operationalisierung der deliberativen Qualität dar. Hierzu wird auf die in Kapitel 3 vorgestellten Qualitätsmerkmale zurückgegriffen – in Anlehnung an das Codebuch von Frieß (2016). Tabelle 2 erläutert, wie die Kategorien operationalisiert wurden.

---

einen eigenständigen Vorschlagen-Bereich (siehe den Beitrag von Maxhofer in diesem Band).

Tab. 2   Operationalisierung der Kategorien zur Messung der Kommentarqualität

Konstrukt	Kategorie	Beschreibung	Ausprägungen
Rationalität	Themen-Relevanz	Besteht ein Bezug zum Gesetzentwurf bzw. zum Thema im weitesten Sinne?	• explizite Ansprache des Gesetzentwurfs • Themenbezug • kein Bezug
	Meinungs-äußerung	Wird eine Meinungsäußerung bzw. Position zum Thema artikuliert?	• Meinungsäußerung • keine Meinungsäußerung
	Argumen-tation	Werden Argumente im Sinne einer Begründung der Meinungsäußerung hervorgebracht?	• ein oder mehrere Argumente (Begründung einer Aussage) sind vorhanden • kein Argument
	Informati-onsanfrage	Werden Informationen von anderen Nutzern / dem Ministerium erbeten?	• Informationsanfrage • keine Informationsanfrage
	Informati-onsangabe	Werden Informationen oder Quellen präsentiert, die nicht vom Ministerium im Vorfeld zur Verfügung gestellt wurden?	• Informationsangabe • keine Informationsangabe
	Art der Informa-tionsangabe	Welche Art der Informationsangabe wird genannt? (Mehrfachauswahl)	• Statistik • journalistischer Text / Literatur • Paragraphen / Richtlinien • Personen der Öffentlichkeit • persönliche Erfahrung • allg. Beispiel / Vergleich • Sonstige
Bezug-nahme	substantielle Bezug-nahme	Wird sich innerhalb des Kommentars auf Kommentare anderer Personen bezogen?	• substantielle Bezugnahme zu einem oder mehreren Kommentaren • keine substantielle Bezugnahme
	Art der Bezug-nahme	Welche Art der Bezugnahme liegt vor? (Mehrfachauswahl)	• kritische Bezugnahme zu einem oder mehreren Kommentaren • positive Bezugnahme zu einem oder mehreren Kommentaren • wertfreie Bezugnahme zu einem oder mehreren Kommentaren

Konstrukt	Kategorie	Beschreibung	Ausprägungen
Empathie	empathische Perspektivübernahme	Wird Verständnis für die in einem Kommentar geäußerte Meinung bzw. für eine andere Person oder Gruppe geäußert?	• empathische Perspektivübernahme • keine empathische Perspektivübernahme
Respekt	Sprecheranerkennung	Wird einem Sprecher oder einer Gruppe das Recht zur Mitsprache (auch implizit) aberkannt?	• Sprecheranerkennung • keine Sprecheranerkennung
	Respekt	Enthält der Kommentar Äußerungen, die respektlos (Beschimpfung, Spott, Sarkasmus) oder würdigend (Lob, Kompliment, Dank) erscheinen?	• Würdigung • impliziter Respekt • Respektlosigkeit
Gemeinwohlorientierung	Referenz zum Gemeinwohl	Wird im Rahmen einer Begründung im Sinne des Gemein- bzw. Partikularwohls argumentiert?	• Gemeinwohlbezug • kein Gemein- oder Partikularwohlbezug • Partikularwohlbezug
Konstruktivität	konstruktive Kommunikation	Weist ein Kommentar konstruktive Elemente wie Zusammenfassungen, Abwägung zwischen unterschiedlichen Perspektiven, konstruktive Appelle, Lösungsvorschläge, Kompromisse und/oder einen Einigungswillen auf?	• Konstruktivität • keine Konstruktivität
Meta-Kommunikation	Diskursreflexion	Findet Kommunikation über die Art und Weise der Kommunikation statt?	• Diskursreflexion • keine Diskursreflexion
	Organisationsreflexion	Findet Kommunikation über Fragen der generellen Organisation und Strukturierung des Portals oder des Prozesses im Kommentieren-Bereich statt?	• Organisationsreflexion • keine Organisationsreflexion
Emotionen	positive Emotionen	Werden positive Emotionen wie Freude, Zuversicht, Optimismus etc. geäußert?	• positive Emotionen • keine positiven Emotionen
	negative Emotionen	Werden negative Emotionen wie Wut, Enttäuschung, Sorge etc. geäußert?	• negative Emotionen • keine negativen Emotionen

4.2   Grundgesamtheit und Stichprobe

Analysiert werden Kommentare zu Gesetzentwürfen, die vom Start des Beteiligungsportals im März 2013 bis Ende März 2017 auf dem Portal veröffentlicht
wurden. Für die Codierung stehen grundsätzlich 3.705 Kommentare zur Verfügung. Der Entwurf zum Jagd- und Wildtiermanagementgesetz wurde sehr häufig
kommentiert (2.428 Kommentare). Anders als bei den übrigen Gesetzentwürfen
war hier die Bewertungsfunktion für Kommentare deaktiviert. Daher mussten
Portalteilnehmer neue Kommentare verfassen, um anderen Aussagen zuzustim-
men oder ihnen zu widersprechen (siehe den Beitrag von Brettschneider in diesem
Band). Weil sich dadurch die Aussagen stark wiederholten und so kein Mehrwert
durch eine Berücksichtigung aller Kommentare gewonnen wird, wurde bei diesem
Gesetzentwurf nur jeder vierte Kommentar berücksichtigt. Der so reduziere Daten-
satz umfasst 1.827 Kommentare (siehe Tab. 3). Davon erschienen 20 Kommentare
zweimal direkt hintereinander. Es ist zu vermuten, dass es sich um technische
bzw. um Anwenderfehler handelte. Diese doppelten Kommentare wurden aus der
inhaltlichen Analyse ausgeschlossen.

Jeder Portalteilnehmer muss sich vor der Kommentierung registrieren. Darum
besteht für ihn aber auch die Möglichkeit, jederzeit seine Kommentare zu löschen.
Bei 109 Kommentaren war dies der Fall.

Wenngleich in den Regeln des Portals auf einen konstruktiven und freundlichen
Umgangston hingewiesen wird, wurden dennoch insgesamt 13 Kommentare auf
Grund von Verstößen gegen die Netiquette gelöscht. Auch wurden Test-Kommen-
tare gelöscht. Nach der Bereinigung blieben 1.685 Kommentare für die inhaltliche
Analyse der deliberativen Qualität übrig.

Tab. 3 Übersicht über die Gesetzentwürfe im Beteiligungsportal Baden-Württemberg 2013–2017

Gesetzentwurf	Kommentierungsphase		Stichprobe der Kommentare 147
Innenministerium			
Gesetz über den Vollzug der Abschiebungshaft in Baden-Württemberg	04.08.15	18.09.15	3
Gesetz zur Förderung der elektronischen Verwaltung und Änderung weiterer Vorschriften	03.08.15	30.09.15	8
Lockerung des Tanzverbots an Sonn- und Feiertagen	27.07.15	03.09.15	11
Erhebung des Reformationsfestes 2017 zum gesetzlichen Feiertag	26.05.14	30.06.14	9
Gesetzentwurf zur Einführung der Informationsfreiheit	03.08.15	18.09.15	23
Entwurf eines Gesetzes zur Änderung kommunalverfassungsrechtlicher Vorschriften	18.02.15	27.03.15	56
Änderung des Landesbeamtengesetzes	03.08.15	15.09.15	7
Neues Leitbild der Landesverwaltung Baden-Württemberg	08.07.15	03.08.15	9
Einführung körpernah getragener Kameras	23.03.16	30.04.16	1
Entwurf eines Gesetzes zur Umsetzung der Polizeistrukturreform	14.03.13	22.03.13	18
Entwurf eines Gesetzes zur Reform des Wappenrechts	12.05.15	24.06.15	2
Justizministerium			21
Gesetzentwurf über das Absehen von der Zusage der Umzugskostenvergütung in besonderen Härtefällen aus Anlass der Grundbuchamts- und Notariatsreform	17.07.14	22.08.14	1
Landesjustizkostenrecht (28)	12.04.16	20.05.16	0
Entwurf eines Gesetzes zur Änderung des Landesrichter- und Staatsanwaltsgesetzes	18.05.15	25.06.15	0
Entwurf eines Gesetzes zur Änderung des Nachbarrechtsgesetzes	09.08.13	27.09.13	19
Entwurf zur Umsetzung der Notariatsreform	02.03.16	15.04.16	0
Entwurf über die Sozialarbeit in der Justiz	05.03.16	15.04.16	1
Ministerium der Justiz und für Europa			14
Gesetz zur Neutralität bei Gerichten und Staatsanwaltschaften des Landes	22.02.17	31.03.17	14

Gesetzentwurf	Kommentierungs-phase		Stichprobe der Kommentare
Ministerium für Arbeit und Sozialordnung, Familie, Frauen und Senioren			38
Gesetz über den öffentlichen Gesundheitsdienst	28.07.15	05.09.15	2
Landesgesetz zur Gleichstellung von Menschen mit Behinderungen	25.07.14	05.09.14	16
Entwurf für ein Landesgesundheitsgesetz	28.07.15	04.09.15	2
Änderung des Landeskrebsregistergesetzes	17.09.15	30.10.15	1
Gesetz über Hilfen und Schutzmaßnahmen bei psychischen Krankheiten	09.04.14	16.05.14	17
Ministerium für Finanzen und Wirtschaft			1
Änderung des Landesbesoldungsgesetzes Baden-Württemberg und weiterer dienstrechtlicher Vorschriften	13.02.17	31.03.17	1
Entwurf zur Änderung der Gewerbeordnung	16.12.15	15.01.16	0
Ministerium für Inneres, Digitalisierung und Migration			1
Einsatz körpernah getragener Kameras	16.08.16	08.09.16	1
Ministerium für Kultus, Jugend und Sport			46
Verbindliche Vorlage der Grundschulempfehlung	23.11.16	03.01.17	10
Stärkung der Realschulen	12.12.16	20.01.17	36
Ministerium für Ländlichen Raum und Verbraucherschutz			1.018
Entwurf des Jagd- und Wildtiermanagementgesetzes	03.04.14	15.05.14	601
Entwurf eines Gesetzes zur Errichtung des Nationalparks Schwarzwald	24.06.13	14.08.13	418
Ministerium für Soziales und Integration			0
Änderung des Blindenhilfegesetzes und Aufhebung der Medizinprodukte-Kostenverordnung	09.03.17	27.03.17	0
Ministerium für Umwelt, Klima und Energiewirtschaft			64
Änderung der Landesbauordnung	23.07.13	11.10.13	0
Entwurf eines Gesetzes zur Novellierung des Erneuerbare-Wärme-Gesetzes	30.07.14	30.09.14	43

Gesetzentwurf	Kommentierungsphase		Stichprobe der Kommentare
Entwurf zur Landesstrategie Ressourceneffizienz	10.12.15	31.01.16	5
Entwurf eines Umweltverwaltungsgesetzes für Baden-Württemberg	18.12.13	31.01.14	15
Ministerium für Verkehr			34
Änderung des Landesgemeindeverkehrsfinanzierungsgesetzes (LGVFG)	17.02.17	17.03.17	0
Änderung des Gesetzes über die Planung, Organisation und Gestaltung des ÖPNV und des Finanzausgleichsgesetzes	21.12.16	31.01.17	2
Betriebsbeschränkungen für kleine Feuerungsanlagen	21.10.16	05.12.16	17
Novelle der Landesbauordnung	23.12.16	17.02.17	14
Ministerium für Wissenschaft, Forschung und Kunst			404
Gebühren für internationale Studierende und das Zweitstudium	01.12.16	13.01.17	347
Drittes Hochschulrechtsänderungsgesetz – Novelle des Landeshochschulgesetzes	18.10.13	28.11.13	57
Staatsministerium			20
Änderungsgesetz über die Ernennung der Richter und Beamten des Landes	12.08.14	12.09.14	0
Gesetzentwurf zur Änderung des Landesmediengesetzes	23.07.13	06.09.13	0
Frühzeitig, verbindlich und flexibel (Planungsleitfaden)	05.11.13	03.12.13	19
Änderung des Gesetzes zur Ergänzung rundfunkrechtlicher Staatsverträge	31.07.15	31.08.15	1
Beteiligungsportal gesamt			**1.827**

4.3 Vorgehensweise bei der Datenerhebung

Nach der Operationalisierung der Merkmale für deliberative Qualität und deren Beschreibung in einem intersubjektiv nachvollziehbaren Codebuch folgte die Datenerhebung in vier Phasen: Codierer-Schulung und Pretest, Intercoder-Reliabilitätstest, Haupterhebungsphase und Intracoder-Reliabilitätstest.

Da die Datenerhebung von fünf Codierern durchgeführt wurde, war im Vorfeld eine Schulung notwendig. Zuerst wurde in einzelnen Gesprächen das Codebuch besprochen (Codebuch-Schulung), um die Absichten der Analyse zu klären sowie ein übereinstimmendes Verständnis für die Kategorien und deren Ausprägungen zu schaffen. Es folgten zwei Pretests, um kritische Kategorien zu identifizieren und erneut zu besprechen (Codebuch-Training). Da der zweite Pretest vielversprechende Ergebnisse lieferte, wurde ein Intercoder-Reliabilitätstest nach Krippendorff (2003) angeschlossen. Bis auf eine Ausnahme lagen die Reliabilitäts-Koeffizienten mindestens bei .80. Nach der Haupterhebungsphase fand ein Intracoder-Reliabilitätstest statt. Auch er führte überwiegend zu zufriedenstellenden Ergebnissen: Die Ergebnisse des Tests lagen zwischen .59 und 1.0. Niedrige Werte traten nur bei zehn der insgesamt 120 gerechneten Gegenüberstellungen auf.

5 Ergebnisse

5.1 Die Verteilung der Gesetzentwürfe und der Kommentare

Insgesamt konnten im Beteiligungsportal 45 Gesetzentwürfe aus 13 Ministerien kommentiert werden (siehe Tab. 3). Die meisten Gesetzentwürfe stammten vom Innenministerium. Am häufigsten wurden die Gesetzentwürfe des Ministeriums für Ländlichen Raum und Verbraucherschutz kommentiert (1.018 Kommentare, dies entspricht 56 Prozent). Das Ministerium für Soziales und Integration erhielt als einziges Ministerium keinen einzigen Kommentar, stellte allerdings auch nur einen einzigen Gesetzentwurf mit vergleichsweise kurzer Kommentierungsphase (19 Tage; Ø = 41 Tage) vor. Im Jahr 2015 konnten die meisten Gesetzentwürfe kommentiert werden (siehe Abb. 3). Zuletzt gab es im Zeitraum von Januar bis Ende März 2017 bereits neun Gesetzentwürfe.

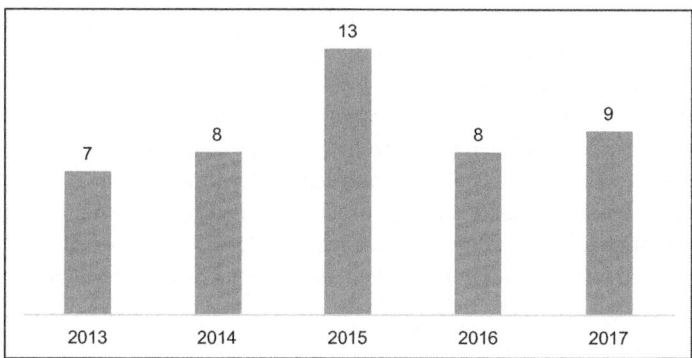

Abb. 3	Verteilung der Gesetzentwürfe auf die untersuchten Jahre

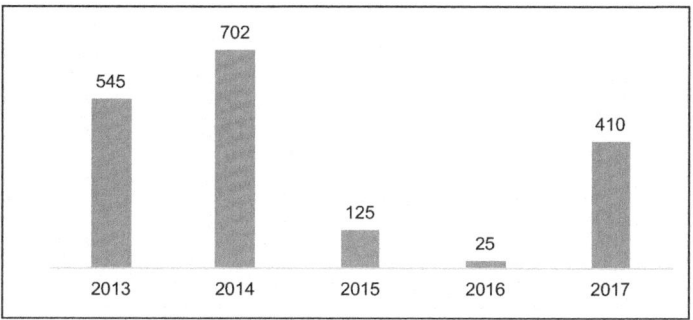

Abb. 4	Verteilung der Kommentare auf die untersuchten Jahre

Im Jahr 2016 wurden mit Abstand die wenigsten Kommentare auf dem Beteiligungsportal gepostet (siehe Abb. 4). In den Jahren 2013, 2014 und 2017 (Januar bis März) finden sich deutlich mehr Kommentare. Die ist vor allem auf jeweils einen Gesetzentwurf zurückzuführen, der besonders häufig kommentiert wurde: Im Jahr 2013 beherrschte der Nationalpark Schwarzwald die Diskussion (418 Kommentare). Für das Jahr 2014 war die Diskussion um eine Änderung des Jagd- und Wildtiermanagements nicht nur der kommentarstärkste Gesetzentwurf des Jahres, sondern des gesamten Zeitraums (601 der insgesamt 2.428 Kommentare wurden untersucht). Und 2017 führte die Diskussion über die Einführung von Studiengebühren für ausländische Studierende und für das Zweitstudium zu 327 Kommentaren.

Obwohl im Jahr 2017 in nur drei Monaten fast so viel kommentiert wurde wie beispielsweise im Jahr 2014, gibt es in diesem Jahr bereits genauso viele Gesetzentwürfe ohne Kommentare wie in 2016 (3 der 9 Gesetzentwürfe). Von 2013 bis 2015 gibt es jeweils nur einen Gesetzentwurf, der kein einziges Mal kommentiert wurde. Insgesamt gibt es neun Gesetzentwürfe, die nicht kommentiert wurden. Drei dieser Gesetzentwürfe stammen aus dem Justizministerium.

Über alle Gesetzentwürfe hinweg betrachtet wird gegen Ende der Kommentierungsphase am häufigsten kommentiert (siehe Abb. 5). So wird die Hälfte der Kommentare in den letzten beiden Intervallen abgegeben. Die ersten beiden Intervalle sind fast zahlengleich. In den Intervallen drei und vier ist es vergleichsweise „ruhig".

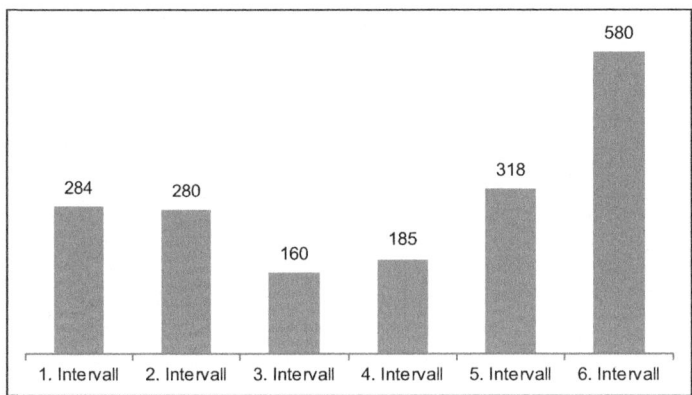

Abb. 5 Verteilung aller 1.807 Kommentare auf zeitliche Intervalle

1.685 Kommentare enthalten analysierbare Textbeiträge. Gemeint sind hier Kommentare, die nicht gelöscht wurden oder in doppelter Form vorliegen. Der kürzeste Kommentar umfasst fünf Wörter (beim Gesetzentwurf zur Einrichtung des Nationalparks Schwarzwald). 3.397 Wörter zählt der längste Beitrag (beim Gesetzentwurf zum Jagd- und Wildtiermanagement). Im Schnitt enthalten die Kommentare 168 Wörter. In mehr als der Hälfte der Beiträge nennen die Verfasser nicht ihren vollständigen Namen. Nur bei 27 Prozent der Kommentare wurde ein Klarname genannt. In allen anderen Fällen wird ein Spitzname oder ein Vorname genannt.

5.2   Die deliberative Qualität der Kommentare

5.2.1   Themen-Relevanz

In dieser Kategorie geht es darum, wie konkret sich ein Nutzer in seinem Kommentar zum Inhalt des Gesetzentwurfes äußert. Masser et al. (2015) haben die Kommentare in drei Kategorien eingeteilt:

• Kommentare, die einen konkreten inhaltlichen Beitrag zum Gesetzentwurf liefern.
• Kommentare, die ein allgemeines Statement zum Inhalt des Gesetzentwurfs darstellen, sich aber nicht konkret auf den Gesetzentwurf beziehen.
• Kommentare, die keinen Bezug zum Thema des Gesetzentwurfs aufweisen.

In der Deliberationstheorie wird zwar nicht direkt von Themen-Relevanz gesprochen. Nichtsdestotrotz gehören zu den Regeln der Deliberationstheorie unter anderem auch die Konsens- sowie die Gemeinwohlorientierung und die Rationalität (vgl. Habermas 1988). Wie in Tabelle 1 dargelegt, ist die Definition der Rationalität vielfältig. Für zahlreiche Forscher zählt eben dieser Themenbezug mit zur Diskursqualität (vgl. Frieß 2016; Stromer-Galley 2007; Stromer-Galley und Martinson 2009; Trénel 2004).

Erhält ein Gesetzentwurf also hauptsächlich Kommentare mit einer inhaltlichen Themen-Relevanz, ist der Mehrwert für die Ministeriumsmitarbeiter höher. Ist die Mehrzahl der Kommentare ohne inhaltlichen Bezug zum Gesetzentwurf, ist dieser Mehrwert sehr gering. Mit 234 der 1.685 Kommentare haben also 14 Prozent für die Ministerien keinerlei Mehrwert. Diese Kommentare fanden sich mehrheitlich beim Gesetzentwurf zum Jagd- und Wildtiermanagement (hier sind 64 % der Kommentare ohne Themen-Relevanz) und beim Gesetzentwurf zum Nationalpark Schwarzwald (26 % der Kommentare sind ohne Themen-Relevanz). Beide Entwürfe gelten als besonders konfliktgeladen.

898 Kommentare (53 %) beziehen sich konkret auf den jeweiligen Gesetzentwurf. Und 556 Kommentare (33 %) beziehen sich zwar nicht konkret auf den Gesetzentwurf, sprechen aber immer das zu regelnde Thema allgemein an (siehe Abb. 6).

Der Anteil von 53 Prozent Kommentaren mit konkretem Bezug zum Gesetzentwurf deckt sich mit den subjektiven Einschätzungen der Mitarbeiter der federführenden Ministerien (siehe Beitrag von Brettschneider in diesem Band).

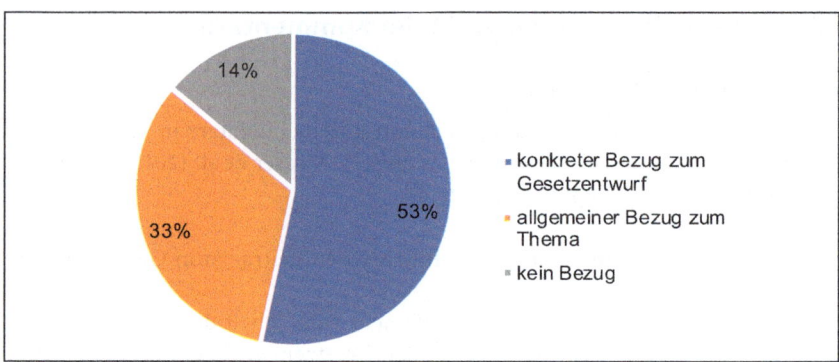

Abb. 6   Themen-Relevanz der Kommentare auf dem Beteiligungsportal

5.2.2   Position zum Gesetzentwurf

Über die 1.685 Kommentare hinweg betrachtet, enthalten 70 Prozent eine klare Position zum Gesetzentwurf. Grundsätzlich verwundert dies nicht. Schließlich besteht der Zweck der Kommentar-Funktion darin, Bürgerinnen und Bürgern eine Plattform für Meinungsäußerungen zu den Gesetzentwürfen zu bieten.

In der Deliberationstheorie wird zum Beziehen einer Position nichts Konkretes formuliert. So sind sich die Wissenschaftler einerseits einig, dass die Wahrung der Offenheit gegenüber Meinungen und Argumenten Anderer grundlegend für einen konsensorientieren Diskurs ist (vgl. Barabas 2004). Andererseits ist das Formulieren von „aufrichtig[en] und nicht strategisch[en]" Aussagen (Bossert 2015, S. 18), die eben auch eine Positionierung zum Diskussionsthema beinhalten, Bestandteil der Deliberation. Beide Punkte fallen unter den qualitätsbestimmenden Bereich der Deliberation. Es stellt sich also die Frage, ob Personen mit einer neutralen Position dennoch auf einem hohen qualitativen Niveau kommentieren oder durch geringen Mehrwert für die Diskussion auffallen.

Vier Gesetzentwürfe stechen heraus, da deren Anteil von Kommentaren ohne eine konkrete Position höher bzw. ähnlich hoch ist wie der Anteil von Kommentaren mit einer Position. Das sind der Gesetzentwurf zum Dritten Hochschulrechtsänderungsgesetz (51 % der Kommentare enthalten keine Position), der Gesetzentwurf zum Jagd- und Wildtiermanagement (46 %), der Gesetzentwurf zur Umsetzung der Polizeistrukturreform (44 %) und der Entwurf eines Umweltverwaltungsgesetzes (71 %). Bei diesen Gesetzentwürfen liegen oft auch die Häufigkeiten der Meinungsäußerung sowie der Argumentation eher unter dem Durchschnitt im Beteiligungsportal. Daraus lässt sich schließen, dass eine neutrale Position mit großer Wahrscheinlichkeit mit einem geringeren qualitativen Mehrwert verknüpft ist, da über die fehlende Position hinaus auch die für die Qualität wichtigen Meinungsäußerungen und Argumentationen seltener enthalten sind.

92 Prozent (und damit 215 Kommentare) aller Kommentare ohne Themen-Relevanz enthalten keine Position. Damit besteht ein starker Zusammenhang zwischen Themen-Relevanz und Position (Cramers V=.546). Allerdings enthalten Kommentare ohne Position zum Gesetzentwurf teilweise eine substanzielle Bezugnahme zu einem anderen Kommentar (Zusammenhang zwischen Position und Bezugnahme: Phi=-.258).

Folgenden Entwürfen stimmten die Verfasser von Kommentaren überwiegend zu: Gesetz zur Änderung kommunalverfassungsrechtlicher Vorschriften (70 % Zustimmung), Gesetz über Hilfen bei Schutzmaßnahmen bei psychischen Krankheiten (70 %), Gesetz zur Gleichstellung von Menschen mit Behinderung (54 %) und beim Planungsleitfaden (57 %).

Folgende Gesetzentwürfe wurden in den Kommentaren besonders häufig kritisiert: Studiengebühren für internationale Studierende und für das Zweitstudium (89 % Widerspruch), Stärkung der Realschulen (74 %), Gesetz zur Einführung der Informationsfreiheit (71 %), Novellierung des Erneuerbare-Wärme-Gesetzes (69 %) und Gesetz zur Neutralität bei Gerichten und Staatsanwaltschaften (64 %). Etwas überraschend ist, dass – mit Ausnahme der Novellierung des Erneuerbare-Wärme-Gesetzes – die sachliche Tonalität der Kommentare bei diesen kritisierten Gesetzentwürfen über dem Portaldurchschnitt liegt. Mit 95 Prozent enthält der Gesetzentwurf zur Einführung der Informationsfreiheit sogar die meisten sachlichen Kommentare. Er weist darüber hinaus auch die meisten Kommentare auf, die das Gesetz inhaltlich konkret ansprechen (91 %). Bei allen zuletzt genannten fünf Gesetzentwürfen liegen zudem das Meinungsäußerungs- und das Argumentationsniveau über dem Portaldurchschnitt.

5.2.3   Tonalität

60 Prozent (1.018 Kommentare) der insgesamt 1.685 Kommentare sind neutral bzw. sachlich. Hier besteht ein Konflikt mit der Habermas'schen Deliberationstheorie, die von einem rationalen, konsensorientierten Diskurs ausgeht, weil gerade die Rationalität als eine der Kernvoraussetzungen der Deliberation gilt (vgl. Habermas 1992, S. 138). Unsachliche Äußerungen stehen somit im Widerspruch zu einem konsensorientierten, rationalen Diskurs. Eine unsachliche Tonalität würde dementsprechend den konsensorientierten Diskurs blockieren. Davon ausgehend liegt die Tonalität, selbst wenn man die positiven, befürwortenden neun Prozent der Kommentare zusätzlich als diskursförderlich berücksichtigen würde, immer noch zu niedrig, um von einer idealen Diskurs-Atmosphäre zu sprechen.

Die Kommentare zu den jeweiligen Gesetzentwürfen der einzelnen Ministerien unterscheiden sich hinsichtlich ihrer durchschnittlichen Tonalität stark voneinander. So stechen beispielsweise Gesetzentwürfe der folgenden Ministerien mit einer deutlich höheren Anzahl von Kommentaren mit aufgebrachtem Tonfall heraus: das Ministerium für Ländlichen Raum und Verbraucherschutz (36 % neutral bzw. sachlich), das Ministerium für Umwelt, Klima und Energiewirtschaft (38 %) und das Ministerium für Verkehr (32 %). In den Kommentaren zu ihren Gesetzentwürfen formulieren Nutzer häufig verärgerte, vorwurfsvolle oder gar aggressive Aussagen.

In den Kommentaren zu den Gesetzentwürfen des Staats- (47 %) und des Innenministeriums (25 %) finden sich am häufigsten positive Formulierungen. Die meisten neutral formulierten Kommentare finden sich zu den Gesetzentwürfen des Ministeriums für Arbeit und Sozialordnung, Familie, Frauen und Senioren (77 %) und des Justizministeriums (81 %).

Wie nicht anders zu erwarten, ergibt sich auch zwischen Tonalität und Position ein mittelstarker Zusammenhang ($r_s=$-.40). Am heftigsten diskutiert werden, was die Tonalität anbelangt, die folgenden Gesetzentwürfe: Novellierung des Erneuerbare-Wärme-Gesetzes (46 % aufgebrachter Ton), Novelle der Landesbauordnung (43 %), Jagd- und Wildtiermanagementgesetz (41 %) und Drittes Hochschulrechtsänderungsgesetz (40 %). Auffällig ist hier jedoch auch, dass nicht nur die Widerspruchs-Position sehr ausgeprägt ist. Die Entwürfe zum Hochschulrechtsänderungsgesetz und zum Jagd- und Wildtiermanagement beispielsweise haben zudem einen sehr starken Anteil von Kommentaren ohne klare Position. Dies legt die Vermutung nahe, dass etliche Kommentare den Portalteilnehmern hauptsächlich dazu dienen, ihrem Ärger Luft zu machen, ohne sich wenigstens im weitesten Sinne zum Gesetzentwurf zu äußern. Die statistisch starke Korrelation zwischen Tonalität und Respekt bestätigt diese Annahme ($r_s=$.55). Den nächsten Punkt schon vorwegnehmend, besteht zudem eine leichte Korrelation zwischen Themen-Relevanz und Respekt ($r_s=$.19). Wenngleich der Zusammenhang gering ist, deutet er darauf hin, dass Kommentare ohne Themenbezug häufiger respektlose Formulierungen aufwiesen. Diese Annahme, gespiegelt mit der leichten Korrelation zwischen Themen-Relevanz und Tonalität ($r_s=$.24), schließt den Kreis zur Bestätigung der zuvor genannten Vermutung, dass einige Kommentatoren ausschließlich ihren Widerspruch mit Nachdruck und ohne weitere Erläuterungen oder konstruktive Beiträge loswerden möchten.

5.2.4 Meinungsäußerung

82 Prozent der insgesamt 1.685 Kommentare enthalten eine Meinungsäußerung. Da im Fall einer fehlenden Themen-Relevanz generell auch keine Meinungsäußerung codiert wurde, ist dies ein positiver Wert. Schließt man all jene Fälle ohne

Themen-Relevanz aus, wird in 95 Prozent der Fälle eine Meinung geäußert. Dieser Zustand entspricht den Merkmalen einer Deliberation. Denn der rationale Diskurs lebt von Argumenten, welche wiederum auf einer Meinungsäußerung basieren. Drei Gesetzentwürfe stechen heraus, da hier jeder Kommentar eine Meinungsäußerung enthält und darüber hinaus kein einziger Kommentar ohne Themen-Relevanz vorhanden ist. Außerdem fällt auf, dass die Kommentare zu diesen drei Gesetzentwürfen eine überdurchschnittlich hohe Sachlichkeit aufweisen. Es handelt sich um folgende Gesetzentwürfe: Gesetz zur Neutralität bei Gerichten und Staatsanwaltschaften, Gesetz zur Gleichstellung von Menschen mit Behinderungen und Nachbarrechtsgesetz.

Positiv ist ferner anzumerken, dass mit einer Meinungsäußerung meistens auch ein Gemeinwohlbezug (Cramers V=.216) und ein respektvolles Verhalten (Cramers V=.212) einhergehen. Beide Zusammenhänge sind zwar eher schwach ausgeprägt, suggerieren aber, dass Personen, die eine Meinung äußern, auch eher am Gemeinwohl orientiert sind und einen neutralen Dialog suchen. Diese Erkenntnisse entsprechen der Habermas'schen Vorstellung von Deliberation.

5.2.5 Argumentation

Argumentiert wird in 72 Prozent aller 1.685 Kommentare. Da auch diese Variable von der Themen-Relevanz beeinflusst ist, wird sie erneut unter Ausschluss jener Fälle ohne Themen-Relevanz betrachtet: Anschließend liegt immerhin bei 84 Prozent eine Begründung der geäußerten Meinung vor. Wie bereits berichtet, kritisieren einzelne Studien, dass offensichtlich nicht alle Diskursteilnehmer gleichermaßen in der Lage sind, Argumente vorzubringen (vgl. z. B. Bächtiger und Wyss 2013; Sanders 1997). Wenngleich die vorliegende Studie nur das Vorhandensein der Argumente prüfte, nicht aber deren inhaltliche und linguistische Güte, kann man diesen Studien an dieser Stelle durchaus widersprechen.

Ebenso wie zuvor bei der Meinungsäußerung, besteht auch zwischen Argumentation und Gemeinwohlorientierung (Cramers V= .265) sowie zwischen Argumentation und Respekt (Cramers V=.213) ein leichter Zusammenhang. Bei der explorativen Zusammenhangsanalyse fällt darüber hinaus auf, dass zwar kein Zusammenhang zwischen der Meinungsäußerung und der Anzahl der Wörter besteht, im Gegensatz dazu jedoch ein leichter Zusammenhang zwischen der Anzahl der Wörter und der Argumentation (Cramers V=.239).

Besonders eindrucksvoll sind die Kommentare zu den Gesetzentwürfen des Ministeriums für Kultus, Jugend und Sport. Diese haben den höchsten Argumentationswert (91 % Argumentation), zeigen zugleich aber auch das höchste Partikularwohlinteresse (96 %).

5.2.6   Informationsanfrage

Nur wenige Personen nutzen das Portal, um Fragen zu stellen. So gibt es nur in
sieben Prozent der Fälle (123 Kommentare) Informationsanfragen. In einzelnen
Fällen wurden Fragen zur Kompatibilität des Beteiligungsportals mit verschiedenen Betriebssystemen gestellt, also Informationsanfragen ohne Themenbezug.
Der geringe Wert bei der Informationsanfrage lässt sich dadurch erklären, dass
die Nutzer den Zweck des Portals eher in der Meinungsabfrage und weniger im
Informationsaustausch sehen.

5.2.7   Substantielle Bezugnahme

Nur 13 Prozent der 1.685 Kommentare nehmen Bezug auf andere Beiträge. Die
Deliberation lebt aber vom Austausch von Argumenten. Das setzt voraus, dass
diese wahrgenommen und diskutiert werden (vgl. Mansbridge et al. 2010). Bei Frieß
(2016) ergab die Messung der substantiellen Bezugnahme seines Online-Diskurses
55 Prozent. Somit ist der Wert des Beteiligungsportals sehr niedrig und aus Sicht
der Theorie kritisch zu bewerten. Relativierend muss an dieser Stelle angemerkt
werden, dass das Portal eine Bewertungsfunktion für jeden Kommentar zur Verfügung stellt. Durch diese Funktion steht den Nutzern bereits eine Form der Bezugnahme zur Verfügung. Beim Gesetzentwurf zum Jagd- und Wildtiermanagement
war diese Bewertungsfunktion deaktiviert. Folgerichtig liegen die Bezugnahmen
der Kommentare dieses Gesetzentwurfs (20 % Bezugnahme) deutlich über dem
Portaldurchschnitt.

Mit 69 Prozent sind die meisten der 219 Bezugnahmen kritischer Natur. In 28
Prozent der Kommentare wird einem anderen Beitrag zugestimmt. 13 Kommentare sprechen andere Beiträge inhaltlich an, nehmen aber keine Wertung vor. Da
Kommentare unterschiedliche Arten der Bezugnahme gleichzeitig innehaben
können, gibt es hier Überschneidungen. Es zeigt sich, dass Kommentare ohne eine
Position häufiger Bezug zu einem anderen Kommentar nehmen (Phi=-.258). Noch
deutlicher ist der mittelstarke Zusammenhang zwischen Themen-Relevanz und
der Bezugnahme (Cramer V=.370).

In den Jahren 2013 (18 % Bezugnahme) und 2014 (19 %) ist der Anteil der Bezugnahmen höher als in den anderen Jahren. Das Ergebnis ist allerdings nur im
ersten Moment überraschend. Es sind vor allem die Gesetzentwürfe zum Jagd- und
Wildtiermanagement sowie zum Nationalpark Schwarzwald, die als am stärksten
kommentierte Gesetzentwürfe des Beteiligungsportals in die Jahre 2013 und 2014
fallen, die eine überdurchschnittliche Bezugnahme aufweisen. Nichtsdestotrotz gibt
es einen anderen Gesetzentwurf, der noch mehr Bezugnahmen in seinen Kommentaren enthält: der Entwurf zum Umweltverwaltungsgesetz (mit einer Bezugnahme

von 36 Prozent), der ebenfalls im Jahr 2014 kommentiert wurde. Darüber hinaus wird innerhalb dieses Gesetzentwurfs mindestens doppelt so viel kritisiert (27 %) wie in allen anderen. Der Entwurf zum Informationsfreiheitsgesetz weist mit 24 Prozent einen hohen Anteil Bezugnahmen auf, wovon alle zustimmender Natur sind.

Der Zusammenhang zwischen Respekt und Bezugnahme im Allgemeinen ist so gering (Cramers V=.147), dass es sich lohnt, den Unterschied zwischen den Arten der Bezugnahme und Respekt genauer zu betrachten. Hier fällt auf, dass je nach Art der Bezugnahme die Zahl der respektlosen bzw. würdigenden Kommentare deutlich zunimmt. So besteht zwischen kritischen Bezugnahmen und Respektslosigkeit ein mittelstarker Zusammenhang (Cramers V=.360) und ebenso zwischen zustimmenden Bezugnahmen und Würdigungen (Cramers V=.407).

5.2.8   Informationsangabe

Zusätzliche Informationen werden in 43 Prozent aller 1.685 Kommentare angeboten. Auch unter Ausschluss der Fälle ohne Themen-Relevanz steigt der Anteil nur auf 50 Prozent. Die Verteilung der verschiedenen Informationsarten zeigt Abbildung 7. Es gibt insgesamt fünf Kommentare, die alle sechs Informationsarten aufweisen, sowie sechs Kommentare, die immerhin fünf der sechs Informationsarten aufweisen. 87 Prozent der 721 Kommentare mit zusätzlichen Informationen enthalten eine oder zwei Informationsarten. Als sonstige Informationsangabe wird am häufigsten ein weiterführender Link (35 Mal) genannt, um eine der anderen fünf Informationsarten zu stützen.

Eine Ausnahme stellt der Gesetzentwurf zum Nationalpark Schwarzwald dar, in dessen Kommentaren häufig auf das Bürgerbeteiligungsverfahren verwiesen wird (11 Mal), das im Vorfeld der Kommentierungsphase stattgefunden hat. Hier werden jene Fälle als „Sonstige" gewertet, die Fakten aus dem Beteiligungsverfahren für ihre Argumentation berücksichtigen und nicht nur erwähnen, dass es diese Veranstaltung im Vorfeld gab. Ein letzter größerer Block der „Sonstigen"-Angaben ist der Verweis auf Studien jeglicher Art (9 Mal). Deutlich wird aber, dass es sich bei 57 Prozent der 721 Informationsangaben um allgemeine Beispiele und bei 41 Prozent um persönliche Beispiele handelt, die als Argumentationsstütze herangezogen werden.

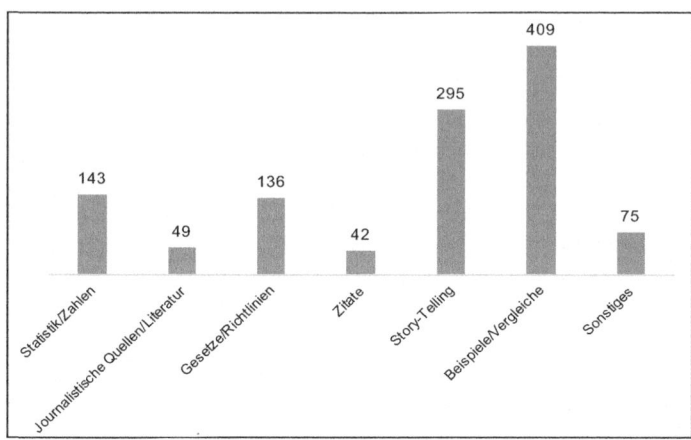

Abb. 7   Art der Informationsangaben in 721 Kommentaren

Betrachtet man allerdings nur die Kommentare, die keine Argumente, aber mindestens eine Informationsangabe enthalten, verteilen sich die Informationsarten anders: Zwar sind hier allgemeine Beispiele (35 %) immer noch am häufigsten vertreten, jedoch liegen persönliche Beispiele nun auf dem dritten Platz (19 %). Der Zusammenhang ist zwar gering – aber vorhanden (Phi=-.146) – und zeigt, dass persönliche Informationen tendenziell eher von Kommentatoren genutzt werden, die auch bereits ein Argument vorgebracht haben. Das widerlegt teilweise die Annahmen von Bächtiger und Wyss (2013), denen zu Folge „Story-Telling" als Argumentationselement insbesondere für jene Personen angenommen werden sollte, denen die rein sachliche Argumentation ohne persönliche Angaben schwerfällt. Über alle Informationsangaben hinweg wird deutlich, dass die Darbietung von Informationen keine Alternative zur Argumentation darstellt, sondern, wie auch Habermas (1992, S. 369) postuliert, dazu dient, Argumente zu stützen. Es besteht ein mittelstarker Zusammenhang zwischen Argumentation und Informationsangabe (Phi=.357).

5.2.9   Empathie und Sprecheranerkennung

Die Empathie beschreibt im deliberativen Kontext, dass man sich gegenüber den Argumenten der anderen Seite öffnet und zumindest zeitweise deren Perspektive einnimmt (vgl. Graham 2008). Bei der Sprecheranerkennung wird zwar keine Perspektive übernommen, entsprechend der Grundthese der Deliberation aber auch niemandem die Teilnahme am Diskurs verwehrt (vgl. Frieß 2016). Wenngleich Empathie im Beteiligungsportal nur in sehr geringem Maße vorhanden ist (2 %, das entspricht 28 Kommentaren), kann man zumindest von einem respektvollen Umgang miteinander sprechen. Die Sprecheranerkennung ist mit 95 Prozent sehr hoch und erfüllt somit eine Grundvoraussetzung für Deliberation. Allerdings variiert die Sprecheranerkennung zwischen den Gesetzentwürfen stark – von 89 Prozent (beim Gesetz zum Nationalpark Schwarzwald) bis zu 100 Prozent. Da es eine der Kernvoraussetzungen für Deliberation ist, dass jeder die Gelegenheit hat, an einem sachlichen, konsensorientierten Diskurs teilzunehmen, sollte während des Diskurses auch niemandem die Mitsprache verwehrt werden. Somit ist ein Wert von 89 Prozent bei der Sprecheranerkennung durchaus als kritisch zu erachten.

Ebenfalls unterhalb des Portaldurchschnitts liegen die folgenden Gesetzentwürfe: Novellierung des Erneuerbare-Wärme-Gesetzes (94 %), Novelle der Landesbauordnung (93 %) und Gesetz über Hilfen und Schutzmaßnahmen bei psychischen Krankheiten (92 %).

5.2.10 Respekt

Impliziter Respekt oder gar Würdigungen sind in 85 Prozent aller 1.685 Kommentare vorhanden. Die Wichtigkeit des gegenseitigen Respekts wird von unterschiedlichen Autoren immer wieder betont und ist auch Teil der Habermas'schen Kommunikationsethik (vgl. Bächtiger et al. 2010a; Habermas 1988; Mansbridge et al. 2010). Dementsprechend muss man auch diesen Wert eher als kritisch einstufen. Es ist vor allem zu berücksichtigen, dass 13 Kommentare auf Grund von Verstößen gegen die Netiquette gelöscht wurden. Darüber hinaus wurden 109 Kommentare von den Nutzern gelöscht. Hier ist nicht mehr nachzuvollziehen, ob der Inhalt eventuell respektlose oder würdigende Elemente enthielt. Deshalb sollte man bei dem hoch ausfallenden Respektwert beachten, dass dieser ohne Löschung dieser Kommentare vermutlich anders ausgefallen wäre.

Wie bei der Sprecheranerkennung fällt auf, dass einzelne Gesetzentwürfe durch besonders häufige Respektlosigkeit in den zugehörigen Kommentaren geprägt sind. Dazu zählen die folgenden Gesetzentwürfe: Novellierung des Erneuerbare-Wärme-Gesetzes (26 % respektlos), Jagd- und Wildtiermanagementgesetz (24 %), Novelle der Landesbauordnung (36 %) und Neues Leitbild der Landesverwaltung (33 %). Einen besonders hohen Anteil an würdigenden Kommentaren beinhalten hingegen der Gesetzentwurf zur Lockerung des Tanzverbots an Sonn- und Feiertagen (30 % Würdigung) und der Gesetzentwurf zur Änderung kommunalverfassungsrechtlicher Vorschriften (28 %). Nicht überraschend ist, dass ein Zusammenhang zwischen Emotionalität und Respekt besteht: Bei Kommentaren mit Emotionalität ist die Zahl der Kommentare mit Würdigung bzw. Respektlosigkeit etwa doppelt so hoch wie bei Kommentaren ohne Emotionen (Cramers V=.326). Somit sind Kommentare, die nicht implizit respektvoll sind, häufig auch emotional.

5.2.11 Gemeinwohlorientierung

Im Allgemeinen sind 73 Prozent der Kommentare entweder am Gemeinwohl orientiert (668 Kommentare) oder zumindest ohne einen klaren Gemein- oder Partikularwohlbezug (514 Kommentare). Da man die neutrale Haltung als eine sachliche, neutrale Positionierung im Diskurs interpretieren kann, ist dies durchaus als deliberativ förderlich zu bezeichnen. Kommentare mit konstruktiven Inhalten haben häufiger einen Gemeinwohlbezug (Cramers V=.223).

5.2.12 Konstruktivität

In etwa einem Drittel der 1.685 Kommentare werden Verbesserungsvorschläge gemacht oder eine Art Kompromissbereitschaft gezeigt. Konstruktivität ist ein Zeichen dafür, dass im Kommentar Geschriebenes reflektiert und Einigungswille gezeigt wird (vgl. Gastil und Black 2008). Dieser ist für die Konsensbildung relevant. Zwischen Konstruktivität und Meinungsäußerung (Phi=.275) sowie Konstruktivität und Argumentation (Phi=.285) besteht jeweils ein leichter Zusammenhang. Zudem liefern respektlose Kommentare selten konstruktive Inhalte (Cramers V=.204).

5.2.13 Meta-Kommunikation

Diskurs- und Organisationsreflexion finden mit jeweils fünf Prozent selten statt (Diskursreflexion: 85 Kommentare; Organisationsreflexion: 89 Kommentare). Die fünf Prozent der Diskursreflexion ergeben sich allerdings hauptsächlich durch die Kommentare zu den Gesetzentwürfen des Ministeriums für Ländlichen Raum und Verbraucherschutz. Überhaupt findet nur in Kommentaren zu sechs der insgesamt 43 Gesetzentwürfe eine Diskursreflexion statt. Die Gesetzentwürfe zum Jagd- und Wildtiermanagement und zum Nationalpark Schwarzwald machen 95 Prozent davon aus. Somit kann man, abgesehen von diesen beiden Gesetzentwürfen, für das Beteiligungsportal insgesamt festhalten, dass keine Diskursreflexion stattfindet.

Die Reflexion über die Organisation des Beteiligungsportals ist etwas breiter gestreut. Hierbei sticht insbesondere der Entwurf zum Umweltverwaltungsgesetz mit einem Anteil von 21 Prozent hervor.

5.2.14 Emotionalität

In den Kommentaren werden insgesamt eher wenige Emotionen sichtbar. So enthalten elf Prozent aller 1.685 Kommentare positive und 30 Prozent negative Emotionen. Eindeutig ist der mittelstarke Zusammenhang zwischen Tonalität und Emotionalität (Cramers V=.467). Überraschend ist, dass kein Zusammenhang zwischen der Einnahme einer Position und Emotionalität zu erkennen ist (Cramers V=.059). Nachdem zwischen Position und Tonalität sowie Tonalität und Emotionalität ein

Zusammenhang festgestellt wurde, könnte man annehmen, dass auch an dieser Stelle ein Zusammenhang besteht. Weniger überraschend ist der Zusammenhang zwischen Respekt und jeweils positiver und negativer Emotion. So enthalten würdigende Kommentare tendenziell auch positive Emotionen (Cramers V=.423). Im Gegenzug enthalten respektlose Kommentare häufig negative Emotionen (Cramers V= .339).

Besonders emotional sind die Kommentare zu den folgenden Gesetzentwürfen: Betriebsbeschränkungen für kleine Feuerungsanlagen (77 % emotionale Kommentare), Novellierung des Erneuerbare-Wärme-Gesetzes (60 %) und Lockerung des Tanzverbots an Sonn- und Feiertagen (90 %). Eine Differenzierung zwischen positiven und negativen Emotionen zeigt, dass die Kommentare zur Lockerung des Tanzverbots an Sonn- und Feiertagen (30 % positive Emotionen) und zum Nationalpark Schwarzwald (23 %) besonders viele positive und jene zu den Betriebsbeschränkungen für kleine Feuerungsanlagen (65 % negative Emotionen) und zur Lockerung des Tanzverbots an Sonn- und Feiertagen (60 %) besonders viele negative Emotionen beinhalten.

5.2.15 Zusammenfassung

Vor allem eine stark ausgeprägte Themen-Relevanz beeinflusst die weiteren Kerndimensionen der Diskurs-Qualität maßgeblich. In der Codierung besteht hier auch ein Zusammenhang: Wenn kein Themenbezug festgestellt worden war, wurde anschließend das gesamte Konstrukt der Rationalität (Meinungsäußerung, Argumentation, Informationsanfrage, Informationsangabe) nicht codiert. Natürlich wurden in den Kommentaren dennoch teilweise Meinungen und Informationen genannt. Diese sind dann allerdings für die Diskussion des Gesetzentwurfs nicht relevant und somit ohne qualitativen Mehrwert. Dadurch ergibt sich einerseits ein deutlicher Einfluss der Themen-Relevanz, andererseits aber eben auch ihre hohe Aussagekraft.

Wie bereits bei der Ergebnisdarstellung zur Kategorie *Position* erwähnt wurde, sollte die Äußerung eines Standpunktes nicht mit einem Offenheitsverlust des Kommentierenden gleichgesetzt werden, in dem Sinne, dass dieser sich auf eine nicht mehr veränderbare Einstellung festlegt und somit ein produktiver Diskurs blockiert würde. Im Gegensatz hat sich aber deutlich gezeigt, dass gerade eine fehlende Positionierung einer qualitativen Diskussion abträglich ist. In der Folge wird die wichtige Themen-Relevanz nicht bedient, wodurch die gesamte Qualität des Kommentars leidet.

Interessant wiederum ist die Kategorie *Tonalität*: Es zeigt sich, dass aufgebrachte Kommentare häufig keine Themen-Relevanz besitzen. Auch kann man annehmen, dass jegliche von der sachlichen Tonalität abweichende Form in Konflikt zum rationalen, konsensorientierten Diskurs steht (vgl. Habermas 1992, S. 138) – vor allem, wenn dies mit respektlosen Elementen gepaart ist. Somit ist dieses Verhältnis mitunter ein Schlüssel zur Qualitätsinterpretation. Gelingt es den Portalteilnehmern, innerhalb ihrer Kommentare eine hohe Themen-Relevanz zu erzeugen, ihre Positionen dabei deutlich darzustellen und trotz allem eine sachliche bzw. positive Tonalität zu wahren, ist vermutlich der Wert der anschließenden Qualitätsmerkmale verhältnismäßig hoch. Im Portal ist der Zusammenhang zwischen den Kategorien *Position* und *Tonalität* deutlich ausgeprägt (r_s=-.40): Ein Kommentar, der eine Position enthält, weicht also häufig vom sachlichen Tonfall ab.

Drei Gesetzentwürfe entsprechen diesen Kriterien – Themen-Relevanz, Position, sachlich-positive Tonalität – dennoch weitestgehend und versinnbildlichen das eben beschriebene Zusammenspiel: Gesetzentwurf zur Einführung der Informationsfreiheit, Gesetzentwurf zu kommunalverfassungsrechtlichen Vorschriften und Entwurf zum Nachbarrechtsgesetz (siehe Tab. 4). In den Kommentaren zu allen drei Gesetzentwürfen liegen sowohl die Meinungsäußerung, die Argumentation, die Informationsangabe, die Sprecheranerkennung als auch Respekt, die Orientierung am Gemeinwohl sowie die Konstruktivität deutlich über dem Portaldurchschnitt (siehe Tab. 5).

Tab. 4   Position, Tonalität und Themen-Relevanz bei je drei positiven und negativen Beispielen sowie im Portaldurchschnitt

Gesetzentwurf	Position		Tonalität		Themen-Relevanz	
Gesetzentwurf zur Einführung der Informationsfreiheit (21 Kommentare)	Pro	9,5 %	aufgebracht	4,8 %	konkreter Bezug	90,5 %
	Contra	71,4 %	neutral	95,2 %	allgemeiner Bezug	9,5 %
	ohne Position	19,0 %	positiv	0,0 %	kein Bezug	0,0 %
Gesetzentwurf zur Änderung kommunalverfassungsrechtlicher Vorschriften (54 Kommentare)	Pro	70,4 %	aufgebracht	7,4 %	konkreter Bezug	81,5 %
	Contra	13,0 %	neutral	48,1 %	allgemeiner Bezug	18,5 %
	ohne Position	16,7 %	positiv	44,4 %	kein Bezug	0,0 %
Entwurf zum Nachbarrechtsgesetz (19 Kommentare)	Pro	47,4 %	aufgebracht	10,5 %	konkreter Bezug	89,5 %
	Contra	36,8 %	neutral	78,9 %	allgemeiner Bezug	10,5 %
	ohne Position	15,8 %	positiv	10,5 %	kein Bezug	0,0 %

Gesetzentwurf	Position		Tonalität		Themen-Relevanz	
Entwurf des Jagd- und Wildtiermanagement-gesetzes (531 Kommentare)	Pro	9,4 %	aufgebracht	41,4 %	konkreter Bezug	39,5 %
	Contra	44,8 %	neutral	53,1 %	allgemeiner Bezug	32,2 %
	ohne Position	45,8 %	positiv	5,5 %	kein Bezug	28,2 %
Betriebsbeschränkungen für kleine Feuerungs-anlagen (17 Kommentare)	Pro	5,9 %	aufgebracht	23,5 %	konkreter Bezug	41,2 %
	Contra	58,8 %	neutral	70,6 %	allgemeiner Bezug	52,9 %
	ohne Position	35,3 %	positiv	5,9 %	kein Bezug	5,9 %
Entwurf eines Umwelt-verwaltungsgesetzes (14 Kommentare)	Pro	21,4 %	aufgebracht	28,6 %	konkreter Bezug	28,6 %
	Contra	7,1 %	neutral	64,3 %	allgemeiner Bezug	50,0 %
	ohne Position	71,4 %	positiv	7,1 %	kein Bezug	21,4 %
Portaldurchschnitt (1.685 Kommentare)	Pro	22,7 %	aufgebracht	30,4 %	konkreter Bezug	53,3 %
	Contra	47,2 %	neutral	60,4 %	allgemeiner Bezug	32,8 %
	ohne Position	30,1 %	positiv	9,2 %	kein Bezug	13,9 %

Anmerkungen: Weil fast alle Werte in Tabelle 4 auf dichotomen Variablen basieren und durch den Prozentwert das Vorhandensein der Kategorie ausdrücken, wurde die Respektlosigkeit als Referenzwert der dreistufigen Kategorie Respekt gewählt, da sowohl impliziter Respekt als auch Würdigung in dieser Studie als qualitätssteigernd bewertet wurden. Für die dreistufige Kategorie Gemeinwohl wurde Partikularwohl als Referenzwert gewählt. Grund ist, dass in dieser Studie auch eine neutrale Haltung, die keinen Aufschluss über einen Gemein- oder Partikularwohlbezug gibt, als qualitätssteigernd erachtet wurde.

Die Kategorien *Gemeinwohl* und *Respekt* zeigen über das gesamte Portal hin gesehen immer wieder starke Schwankungen. Dennoch scheint deren Abhängigkeit von den anderen Kategorien nicht sehr ausgeprägt zu sein. So sind bei den Betriebseinschrän-kungen für kleine Feuerungsanlagen trotz eines vollständigen Partikularinteresses beispielsweise die Meinungsäußerung, die Argumentation und auch der Respekt nach wie vor in hohem Maß vorhanden (siehe Tab. 5).

Tab. 5 Qualitätskategorien bei je drei positiven und negativen Beispielen sowie im Portaldurchschnitt

Gesetzentwurf	Meinungs-äußerung	Argumen-tation	Informations-angabe	Sprecheraner-kennung	Respekt-losigkeit	Partikular-wohl	Konstruk-tivität	Emotio-nalität
Einführung der Informationsfreiheit (21 Kommentare)	95 %	91 %	95 %	100 %	5 %	10 %	86 %	10 %
kommunalverfassungs-rechtliche Vorschriften (54 Kommentare)	98 %	91 %	80 %	100 %	2 %	15 %	70 %	15 %
Nachbarrechtsgesetz (19 Kommentare)	100 %	95 %	85 %	100 %	0 %	11 %	84 %	16 %
Jagd- und Wildtier-management (531 Kommentare)	66 %	52 %	37 %	96 %	24 %	32 %	28 %	43 %
Betriebsbeschränkungen für kleine Feuerungs-anlagen (17 Kommentare)	94 %	94 %	35 %	100 %	6 %	100 %	35 %	77 %
Umweltverwaltungsgesetz (14 Kommentare)	79 %	79 %	72 %	100 %	7 %	29 %	57 %	30 %
Portaldurchschnitt (1.685 Kommentare)	82 %	72 %	43 %	95 %	15 %	30 %	34 %	38 %

Gerade in Bezug auf diese Kategorien muss auf die Nachteile der Online-Deliberation (Kapitel 2.4.2) verwiesen werden. Da die Diskursteilnehmer hier ihre Kommentare getrennt voneinander schreiben und überdies die Option der Anonymität besteht, die bei einem Großteil der Kommentare auch genutzt wurde, wird ein entsprechend negatives Verhalten begünstigt. So zeigt die Studie von Coleman und Moss (2012), dass anonyme Beiträge eine niedrigere deliberative Qualität aufweisen. Darüber hinaus verleitet die Internetkommunikation auf Grund der Enthemmung zu einer direkteren, häufig ins Aggressive tendierenden Wortwahl (vgl. Kielholz 2008, S. 18).

Überdies zeigen diese Gesetzentwürfe – mit einzelnen Ausnahmen –, dass Emotionen zumindest in dieser Art der Online-Deliberation für die Qualität hinderlich sind. Die Kategorie *Emotionalität* wurde als beschreibendes Konstrukt definiert, womit sich nun zeigt, dass qualitativ hocheinzustufende Diskurse verhältnismäßig wenige Emotionen enthalten. Zum einen besteht ein Zusammenhang zwischen respektlosen Kommentaren und negativen Kommentaren. Zum anderen geht eine aufgebrachte Tonalität häufig mit Emotionalität ein. Eine der angemerkten Ausnahmen stellt der Entwurf zum Dritten Hochschulrechtsänderungsgesetz dar. Obwohl die Positionierung und die Themen-Relevanz deutlich unter dem Portaldurchschnitt liegen und sowohl Tonalität als auch negative Emotionen überdurchschnittlich hoch sind, liegen der implizite Respekt, die Gemeinwohlorientierung und die Konstruktivität über dem Durchschnitt. Eine vernünftige, qualitativ hochwertige Diskussion ist also unter emotionalen Gegebenheiten (aufgebrachte Tonalität und emotionale Wortwahl) durchaus möglich und erklärt, weshalb es Studienergebnisse gibt, die für eine Berücksichtigung der Emotionen sprechen (vgl. Graham 2008).

Die Kategorie *Bezugnahme* wird trotz ihrer Eigenschaft als Kerndimension in dieser Diskussion weniger berücksichtigt. Wie bereits erwähnt, liegt die Vermutung nahe, dass einerseits bei vorhandener Bewertungsfunktion die Zahl der Bezugnahmen geringer ist. So liegt der Gesetzentwurf zum Jagd- und Wildtiermanagement mit einer deaktivierten Bewertungsfunktion und 20 Prozent vorhandener Bezugnahmen deutlich über dem Portaldurchschnitt. Andererseits scheint die geringe Bezugnahme auch der Struktur des Beteiligungsportals geschuldet zu sein. Bis auf Ausnahmen entsteht der Eindruck, dass Personen einmalig ihre Meinung zu einem Gesetzentwurf präsentieren, gegebenenfalls noch Verbesserungsvorschläge hinterlassen, darüber hinaus aber nicht gezielt auf andere Kommentare eingehen. Aus deliberativer Sicht ist der fehlende Austausch ein Manko. Nichtsdestotrotz wird auch durch solche Kommentare bereits ein Zweck erfüllt – die Darbietung von Informationen für das jeweilige Ministerium. Letztlich ist die Teilnahme am Diskurs auch keine Verpflichtung. Sie sollte nur prinzipiell jedem offenstehen, der daran teilnehmen möchte.

5   Fazit

Vor dem Hintergrund der dargestellten Ergebnisse lässt sich festhalten: Ein qualitativer Online-Diskurs ist durchaus möglich. Allerdings hat es sich als Utopie herausgestellt, von pauschalen Idealvoraussetzungen der Deliberation auszugehen. Wie die Analyse der Kommentare auf dem Beteiligungsportal des Landes Baden-Württemberg zeigt, sind die Durchschnittswerte des gesamten Portals aus Sicht der Deliberation gut – aber eben nicht ideal. Es stellt sich jedoch die Frage, ob für das Ziel, das die informelle Bürgerbeteiligung (nicht die Deliberation) verfolgt, diese guten, aber eben nicht idealen Werte nicht bereits einen Erfolg darstellen.

Um Qualität messbar zu machen, orientiert sich diese Studie an der Deliberationstheorie. Dennoch ist diese eine normative Theorie, die nur schwer in die

Realität übertragbar ist. Deshalb kann davon ausgegangen werden, dass auch eine unvollständige Erfüllung aller Voraussetzungen durchaus ein gutes Ergebnis darstellt. Themen-Relevanz, Tonalität und Position konnten als Schlüsselkategorien der Diskurs-Qualität bestimmt werden. Genau genommen stellt nur die Themen-Relevanz eine Qualitätskategorie dar – und die beiden anderen Kategorien sind „Stellschrauben" (siehe Abb. 8).

Den Schlüsselkategorien kann man für die Auswertung, ob ein Kommentar hohe, mittlere oder mindere Qualität aufweist, eine Hinweisfunktion zuschreiben. Diese Einschätzung wird dann durch die qualitätsmodellierenden Kategorien nach oben oder unten korrigiert. Starke Schwankungen der Tonalität und der Emotionalität sind wiederum bei Themen zu Umwelt, Bildung oder Energie zu erwarten. Diese können dann verknüpft sein mit Partikularinteressen und respektlosen Passagen. Allerdings sind es gerade diese Themen, die häufig kommentiert werden. Im Beteiligungsportal des Landes Baden-Württemberg erhielten 18 Gesetzentwürfe mindestens zehn Kommentare. Davon waren nur die Kommentare zum Entwurf des Jagd- und Wildtiermanagementgesetzes qualitativ mangelhaft. Zusammenfassend kann man daher im Fall des Beteiligungsportals Baden-Württemberg von Diskursen auf einem qualitativ hochwertigen Niveau sprechen.

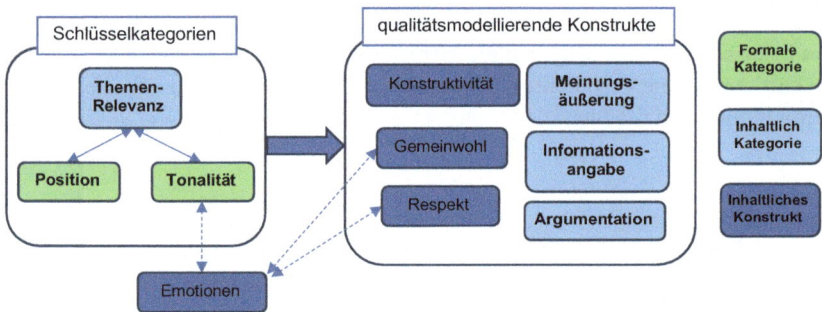

Abb. 8   Das Zusammenspiel von Schlüssel- und qualitätsmodellierenden Kategorien/ Konstrukten

Ausgehend von der Studie von Brettschneider (in diesem Band) entsteht der Eindruck, dass der Mehrwert des Beteiligungsportals für die Ministerien gegeben ist. So liefert das Portal ein Meinungsbild aus der Bevölkerung nicht nur innerhalb der Kommentare, sondern auch anhand der Häufigkeit der Kommentierungen. Hohe Kommentierungszahlen können auf eine starke Sensibilität der Bürgerinnen und

Bürger in Bezug auf das Thema des Gesetzentwurfes hindeuten. Diese Hinweise können zusammen mit den Inhalten der Kommentare sehr hilfreich für das weitere Vorgehen hinsichtlich des entsprechenden Gesetzentwurfs sein. Somit ist der Mehrwert der Kommentierungsfunktion des Beteiligungsportals für die partizipative Gesetzgebung in Baden-Württemberg nach nunmehr fünf Jahren nicht von der Hand zu weisen. Eine Verschlechterung der Qualität oder ein Rückgang der Beteiligung ist über die Zeit hinweg nicht festzustellen. Darüber hinaus wird zumindest innerhalb des Portals wenig Kritik an dem Format geäußert. Dieser Befund sowie im Allgemeinen gute Diskursqualität sprechen dafür, dass das Beteiligungsportal einen sinnvollen Baustein der partizipativen Gesetzgebung in Baden-Württemberg darstellt. Ob die Verfasser der Kommentare durch ihre Partizipation wieder näher an die Politik herangeführt werden können und Vertrauen in diese zurückgewinnen, müsste jedoch in einer Rezeptions- und Wirkungsstudie geklärt werden.

Literaturverzeichnis

Baccaro, Lucio, André Bächtiger, und Marion Deville. 2016. Small Differences that Matter. The Impact of Discussion Modalities on Deliberative Outcomes. *British Journal of Political Science* 46/3: 551–566.

Bächtiger, André, Simon Niemeyer, Michael Neblo, Marco R. Steenbergen, und Jürg Steiner. 2010a. Disentangling Diversity in Deliberative Democracy: Competing Theories, Their Blind Spots and Complementarities. *Journal of Political Philosophy* 18/1: 32–63.

Bächtiger, André, Seraina Pedrini, und Mirijam Ryser. 2010b. Prozessanalyse politischer Entscheidungen: Deliberative Standards, Diskurstypen und Sequenzialisierung. In *Jahrbuch für Handlungs- und Entscheidungstheorie. Band 6: Schwerpunkt Neuere Entwicklungen des Konzepts der Rationalität und ihre Anwendungen,* Hrsg. Joachim Behnke, Thomas Bräuninger, und Susumu Shikano, 193–226. Wiesbaden: VS Verlag für Sozialwissenschaften.

Bächtiger, André, und Seraina Pedrini. 2010. Dissecting deliberative democracy. A review of theoretical concepts and empirical findings. In *Political Discussion in Modern Democracies: A Comparative Perspective,* Hrsg. Michael R. Wolf, Laura Morales, und Ken'ichi Ikeda, 9–25. London: Routledge.

Bächtiger, André, und Dominik Wyss. 2013. Empirische Deliberationsforschung – eine systematische Übersicht. *Zeitschrift für Vergleichende Politikwissenschaft* 7/2: 155–181.

Barabas, Jason. 2004. How Deliberation Affects Policy Opinions. *American Political Science Review* 98/4: 687–701.

Barrett, Gregory, Miriam Wyman und P. Coelho Vera Schattan. 2012. Assessing the policy impacts of deliberative civic engagement. In *Democracy in motion. Evaluating the practice and impact of deliberative civic engagement,* Hrsg. Tina Nabatchi, John Gastil, Matt Leighninger und G. Michael Weiksner, 181–201. Oxford: Oxford University Press.

Beck, Klaus. 2006. *Computervermittelte Kommunikation im Internet*. München: Oldenbourg Wissenschaftsverlag.

Bertelsmann Stiftung und Staatsministerium Baden-Württemberg. 2014. *Partizipation im Wandel. Unsere Demokratie zwischen Wählen, Mitmachen und Entscheiden*. Gütersloh: Bertelsmann Stiftung.

Black, Laura W., Howard T. Welser, Dan Cosley, und Jocelyn M. DeGroot. 2011. Self-Governance Through Group Discussion in Wikipedia. *Small Group Research* 42/5: 595–634.

Bossert, Sabine. 2015. *Deliberative Bürgerbeteiligung in der deutschen Debatte um Priorisierung in der medizinischen Versorgung. Eine explorative Analyse von Potenzialen, Qualitätsanforderungen und Kontextbedingungen am Beispiel der Lübecker Bürgerkonferenz*. Dissertation. Lüneburg: Leuphana Universität.

Brettschneider, Frank. 2016. Erfolgsbedingungen für Kommunikation und Bürgerbeteiligung bei Großprojekten. In *Politik mit Bürgern – Politik für Bürger. Praxis und Perspektiven einer neuen Beteiligungskultur*, Hrsg. Manuela Glaab, 219–238). Wiesbaden: Springer VS.

Brettschneider, Frank, Uwe Remer-Bollow und Claudia Thoms. 2015. *Pilotprojekt: Nachhaltige Kommunalentwicklung. Gemeinsam auf dem Weg in die Zukunft. Abschlussbericht zur Begleitforschung*. Hohenheim: Universität Hohenheim.

Caluwaerts, Didier, und Kris Deschouwer. 2014. Building bridges across political divides. Experiments on deliberative democracy in deeply divided Belgium. *European Political Science Review* 6/3: 427–450.

Chambers, Simone. 2003. Deliberative Democracy Theory. *Annual Review of Political Science* 6: 307–326.

Coleman, Stephen, und Giles Moss. 2012. Under Construction. The Field of Online Deliberation Research. *Journal of Information Technology & Politics* 9/1: 1–15.

Dahlberg, Lincoln. 2007. The Internet, deliberative democracy, and power: Radicalizing the public sphere. *International Journal of Media & Cultural Politics* 3/1: 47–64.

Davies, Todd, und Seeta Peña Gangadharan. Hrsg. 2009. *Online deliberation. Design, research, and practice*. Chicago: The University of Chicago Press.

Davis, Aeron. 2010. New media and fat democracy. The paradox of online participation. *New Media & Society* 12/5: 745–761.

Dryzek, John S. 2000. *Deliberative democracy and beyond. Liberals, critics, contestations*. Oxford: Oxford University Press.

Dryzek, John S. 2001. Legitimacy and Economy in Deliberative Democracy. *Political Theory* 29/5: 651–669.

Elstub, Stephen. 2010. The Third Generation of Deliberative Democracy. *Political Studies Review* 8/3: 291–307.

Erler, Gisela. 2013. Bürgerbeteiligung. Vom Helfen zum Mitentscheiden. In *Kommunale Nachhaltigkeit. Jubiläumsband zum 40-jährigen Bestehen der Hochschule Kehl und des Ortenaukreises*, Hrsg. Jürgen Kegelmann, und Kay-Uwe Martens, 261–268. Baden-Baden: Nomos.

Frieß, Dennis. 2016. Online-Kommunikation im Lichte deliberativer Theorie. Ein forschungsleitendes Modell zur Analyse von Online-Diskussionen. In *Politische Online-Kommunikation: Voraussetzungen und Folgen des strukturellen Wandels der politischen Kommunikation*, Hrsg. Philipp Henn, und Dennis Frieß, 143–169. Berlin: Böhland & Schremmer Verlag.

Frieß, Dennis, Johanna Schade, Caroline Strobel, und Lena Bayer-Eynck. 2012. *Funktion erfüllt? Onlinegestützte Bürgerhaushalte aus Sicht der Bürger*. Düsseldorf: Heinrich Heine Universität Düsseldorf.

Fuchs, Dieter. 2014. Empirische Deliberationsforschung – eine kritische Diskussion. In *Deliberative Demokratie in der Diskussion. Herausforderungen, Bewährungsproben, Kritik*, Hrsg. Claudia Landwehr, und Rainer Schmalz-Bruns, 169–201. Baden-Baden: Nomos.

Fung, Aechon, und Erik Olin Wright. 2003. *Deepening democracy: Institutional innovations in empowered participatory governance*. London, New York: Verso.

Gastil, John, und Laura W. Black. 2008. Public Deliberation as the Organizing Principle of Political Communication Research. *Journal of Public Deliberation* 4/1: Article 3.

Gastil, John., E. Pierre Deess, und Phil Weiser. 2002. Civic Awakening in the Jury Room. A Test of the Connection between Jury Deliberation and Political Participation. *The Journal of Politics* 64/2: 585–595.

Gerber, Marlène, André Bächtiger, Susumo Shikano, Simon Reber, und Samuel Rohr. 2016. Deliberative Abilities and Influence in a Transnational Deliberative Poll (EuroPolis). *British Journal of Political Science 48/4*: 1093–1118.

Gerhards, Jürgen, und Mike S. Schäfer. 2010. Is the internet a better public sphere? Comparing old and new media in the US and Germany. *New Media & Society* 12/1: 1–18.

Goldschmidt, Rüdiger, Oliver Scheel, und Ortwin Renn. 2012. *Zur Wirkung und Effektivität von Dialog- und Beteiligungsformaten*. Stuttgart: Universität Stuttgart.

Graham, Todd. 2008. Needles in a haystack: A new approach for identifying and assessing political talk in nonpolitical discussion forums. *Javnost – The Public* 15/2: 17–36.

Graham, Todd, und Tamara Witschge. 2003. In Search of Online Deliberation: Towards a New Method for Examining the Quality of Online Discussions. *Communications 28/2*: 173–204.

Grönlund, Kimmo, Maija Setälä, und Kaisa Herne. 2010. Deliberation and civic virtue. Lessons from a citizen deliberation experiment. *European Political Science Review* 2/1: 95–117.

Grunwald, Armin, Gerhard Banse, Christopher Coenen, und Leonhard Hennen. 2006. *Netzöffentlichkeit und digitale Demokratie. Tendenzen politischer Kommunikation im Internet*. Berlin: Edition Sigma.

Habermas, Jürgen. 1981. *Theorie des kommunikativen Handelns*. Frankfurt am Main: Suhrkamp.

Habermas, Jürgen. 1988. *Moralbewußtsein und kommunikatives Handeln*. Frankfurt am Main: Suhrkamp.

Habermas, Jürgen. 1992. *Faktizität und Geltung. Beiträge zur Diskurstheorie des Rechts und des demokratischen Rechtsstaats*. Frankfurt am Main: Suhrkamp.

Himelboim, Itai, Eric Gleave, und Marc Smith. 2009. Discussion catalysts in online political discussions: Content importers and conversation starters. *Journal of Computer-Mediated Communication* 14/4: 771–789.

Himmelroos, Staffan, und Henrik Serup Christensen. 2014. Deliberation and Opinion Change: Evidence from a Deliberative Mini-public in Finland. *Scandinavian Political Studies* 37/1: 41–60.

Holtkamp, Lars, Jörg Bogumil, und Leo Kißler. 2006. *Kooperative Demokratie. Das politische Potenzial von Bürgerengagement*. Frankfurt am Main: Campus Verlag.

Höppner, Corina, Jacqueline Frick, und Matthias Buchecker. 2007. Assessing psycho-social effects of participatory landscape planning. *Landscape and Urban Planning 83/2–3*: 196–207.

Huffaker, David. 2010. Dimensions of Leadership and Social Influence in Online Communities. *Human Communication Research* 36/4: 593–617.

Janssen, Davy, und Raphaël Kies. 2005. Online Forums and Deliberative Democracy. *Acta Politica* 40/3: 317–335.

Kaase, Max. 1995. Partizipation. In *Wörterbuch Staat und Politik*, Hrsg. Dieter Nohlen, 521–527. Bonn: Bundeszentrale für Politische Bildung.

Kersting, Norbert. 2014. Online Beteiligung – Elektronische Partizipation – Qualitätskriterien aus Sicht der Politik. In *Internet und Partizipation. Bottom-up oder Top-down? Politische Beteiligungsmöglichkeiten im Internet*, Hrsg. Kathrin Voss, 53–87. Wiesbaden: Springer VS.

Kersting, Norbert. 2016. Online- und Offlinebeteiligung als lokale demokratische Innovation. Die Sicht der Ratsmitglieder. In *Politik mit Bürgern – Politik für Bürger. Praxis und Perspektiven einer neuen Beteiligungskultur*, Hrsg. Manuela Glaab, 91–110. Wiesbaden: Springer VS.

Kielholz, Anette. 2008. *Online-Kommunikation. Die Psychologie der neuen Medien für die Berufspraxis*. Berlin, Heidelberg: Springer.

Klages, Helmut, und Angelika Vetter. 2013. *Bürgerbeteiligung auf kommunaler Ebene. Perspektiven für eine systematische und verstetigte Gestaltung*. Berlin: Edition Sigma.

Kneuer, Marianne. 2013. *Mehr Partizipation durch das Internet?* Mainz: Landeszentrale für politische Bildung Rheinland-Pfalz.

König, Tim. 2012. Habermas' Theorie der deliberativen Politik. In *In guter Gesellschaft? Einführung in die politische Soziologie von Jürgen Habermas und Niklas Luhmann*, Hrsg. Tim König, 5–25. Wiesbaden: Springer VS.

Krippendorff, Klaus. 2003. *Content analysis. An introduction to its methodology*. New York: Sage.

Kubicek, Herbert, Barbara Lippa, und Hilmar Westholm. 2009. *Medienmix in der Bürgerbeteiligung. Die Integration von Online-Elementen in Beteiligungsverfahren auf lokaler Ebene*. Berlin: Edition Sigma.

Landwehr, Claudia. 2012. Demokratische Legitimation durch rationale Kommunikation. Theorien deliberativer Demokratie. In *Zeitgenössische Demokratietheorie. Band 1: Normative Demokratietheorien*, Hrsg. Oilver W. Lembcke, Claudia Ritzi, und Gary S & Schaal, 355–386. Wiesbaden: Springer VS.

Mannarini, Terri, und Cosimo Talò. 2013. Evaluating public participation. Instruments and implications for citizen involvement. *Community Development* 44/2: 239–256.

Mansbridge, Jane, James Bohman, Simone Chambers, David Estlund, Andreas Føllesdal, Archon Fung, Cristina Lafont, Bernard Manin und José Luis Martí. 2010. The Place of Self-Interest and the Role of Power in Deliberative Democracy. *Journal of Political Philosophy* 18/1: 64–100.

Masser, Kai, Franziska Fischer, und Tobias Ritter. 2015. *Evaluation des Kommentieren-Bereichs des Beteiligungsportals des Landes Baden-Württemberg. Speyerer Forschungsberichte 284.* Speyer: Deutsches Forschungsinstitut für öffentliche Verwaltung.

Meister, Hans-Peter, und Felix Oldenburg. 2008. *Beteiligung – ein Programm für Politik, Wirtschaft und Gesellschaft*. Heidelberg: Physica-Verlag.

Metag, Julia. 2015. Die Stimme des Volkes. Kommunikations- und Meinungsbildungsprozesse bei lokal- und bundespolitischen Entscheidungen. *Medien & Kommunikationswissenschaft* 63/1: 18–43.

Min, Seong-Jae. 2007. Online vs. Face-to-Face Deliberation: Effects on Civic Engagement. *Journal of Computer-Mediated Communication* 12/4: 1369–1387.

Moon, J. Donald. 2003. Rawls and Habermas on Public Reason: Human Rights and Global Justice. *Annual Review of Political Science* 6/1: 257–274.

Mutz, Diana C. 2008. Is Deliberative Democracy a Falsifiable Theory? *Annual Review of Political Science* 11/1: 521–538.

Nanz, Patrizia, und Miriam Fritsche. 2012. *Handbuch Bürgerbeteiligung. Verfahren und Akteure, Chancen und Grenzen*. Bonn: Bundeszentrale für politische Bildung.

Neunecker, Martina. 2016. Wie wirkt sich Bürgerbeteiligung auf die Entscheidungen von Stadt- und Gemeinderäten aus? Vergleichende Befunde am Beispiel des „Bürgerhaushaltes" in Deutschland. In *Politik mit Bürgern – Politik für Bürger. Praxis und Perspektiven einer neuen Beteiligungskultur*, Hrsg. Manuela Glaab, 199–217. Wiesbaden: Springer VS.

Niemeyer, Simon. 2011. The Emancipatory Effect of Deliberation: Empirical Lessons from Mini-Publics. *Politics & Society* 39/1: 103–140.

Ottmann, Henning. 2015. Was man von der deliberativen Demokratie erwarten kann. In *Deliberative Demokratie*, Hrsg. Henning Ottmann, und Pavo Barisic, 221–235. Baden-Baden: Nomos.

Pedrini, Seraina. 2014. Deliberative Capacity in the Political and Civic Sphere. *Swiss Political Science Review* 20/2: 263–286.

Perlot, Flooh. 2008. *Deliberative Demokratie und Internetforen – Nur eine virtuelle Diskussion?* Baden-Baden: Nomos.

Perry, Sarah, Jan W. van Deth, Rüdiger Schmitt-Beck, und Thorsten Faas. 2015. Bürger und Demokratie in Baden-Württemberg. In *Demokratie-Monitoring Baden-Württemberg 2013/2014. Studien zu Demokratie und Partizipation*, Hrsg. Baden-Württemberg Stiftung, 37–150. Wiesbaden: Springer VS.

Rawls, John. 1999. *A Theory of Justice*. Cambridge: Harvard University Press.

Ritzi, Claudia, und Gary S. Schaal. 2011. Wie Bürgerbeteiligung besser gelingt. Empirische Studien zum Potenzial deliberativer Formen der Bürgerbeteiligung. *Forum Wohnen und Stadtentwicklung* 3/2: 94–98.

Sanders, David. 2012. The Effects of Deliberative Polling in an EU-wide Experiment: Five Mechanisms in Search of an Explanation. *British Journal of Political Science* 42/3: 617–640.

Sanders, Lynn M. 1997. Against Deliberation. *Political Theory* 25/3: 347–376.

Saretzki, Thomas. 2014. Deliberative Politik und demokratische Legitimität: Perspektiven der Kritik zwischen empirischer Deliberationsforschung und reflexiver Demokratie. In *Deliberative Kritik – Kritik der Deliberation. Festschrift für Rainer Schmalz-Bruns*, Hrsg. Oliver Flügel-Martinsen, Daniel Gaus, Tanja Hitzel-Cassagnes, und Franziska Martinsen, 24–48. Wiesbaden: Springer VS.

Schmidt, Manfred G. 2008. *Demokratietheorien. Eine Einführung*. Wiesbaden: VS Verlag für Sozialwissenschaften.

Schulz von Thun, Friedemann. 2010. *Miteinander reden: 1. Störungen und Klärungen. Allgemeine Psychologie der Kommunikation*. Reinbek bei Hamburg: Rowohlt-Taschenbuch-Verlag.

Siu, Alice. 2009. *Look Who's Talking. Examining Social Influence, Opinion Change, and Argument Quality in Deliberation*. Doktorarbeit. Stanford: Stanford University.

Spieker, Arne, und Marko Bachl. 2013. Duell statt Diskurs? Wissens- und Einstellungseffekte der „Schlichtung" bei den Gegnern von „Stuttgart 21". In *Stuttgart 21. Ein Großprojekt zwischen Protest und Akzeptanz*, Hrsg. Frank Brettschneider, und Wolfgang Schuster, 243–257. Wiesbaden: Springer VS.

Spörndli, Markus. 2003. *Discourse quality and political decisions: An empirical analysis of debates in the German conference committee*. WZB Discussion Paper (SP IV 2003–101). Berlin: Wissenschaftszentrum Berlin.

Stadt Heidelberg. 2012. *Leitlinien für mitgestaltende Bürgerbeteiligung in der Stadt Heidelberg*. Heidelberg: Stadt Heidelberg.

Steenbergen, Marco R., André Bächtiger, Markus Spörndli, und Jürg Steiner. 2003. Measuring Political Deliberation: A Discourse Quality Index. *Comparative European Politics* 1/1: 21–48.

Steiner, Jürg, André Bächtiger, Markus Spörndli, und Marco R. Steenbergen. 2004. *Deliberative Politics in Action. Analyzing Parliamentary Discourse.* Cambridge: Cambridge University Press.

Storl, Kati. 2009. *Bürgerbeteiligung in kommunalen Zusammenhängen. Ausgewählte Instrumente und deren Wirkung im Land Brandenburg.* Potsdam: Universitätsverlag.

Stromer-Galley, Jennifer. 2007. Measuring Deliberation's Content: A Coding Scheme. *Journal of Public Deliberation* 3/1: Article 12.

Stromer-Galley, Jennifer, und Anna M. Martinson. 2009. Coherence in political computer-mediated communication: analyzing topic relevance and drift in chat. *Discourse & Communication* 3/2: 195–216.

Sunstein, Caas R. 2007. Neither Hayek nor Habermas. *Public Choice* 134/1-2: 87–95.

Thompson, Dennis F. 2008. Deliberative Democratic Theory and Empirical Political Science. *Annual Review of Political Science* 11/1: 497–520.

Towne, W. Ben, und James D. Herbsleb. 2012. Design Considerations for Online Deliberation Systems. *Journal of Information Technology & Politics* 9/1: 97–115.

Trénel, Matthias. 2004. Measuring the Deliberativeness of Online Discussions. Coding Scheme 2.2. http://citeseerx.ist.psu.edu/viewdoc/download?doi=10.1.1.196.7832&rep=rep1&type=pdf. Zugegriffen: 1. September 2018.

Van Mill, David. 1996. The Possibility of Rational Outcomes from Democratic Discourse and Procedures. *The Journal of Politics* 58/3: 734–752.

VDI. 2014. *VDI-Richtlinie 7001 – Kommunikation und Öffentlichkeitsbeteiligung bei Planung und Bau von Infrastrukturprojekten. Standards für die Leistungsphasen der Ingenieure.* Berlin: Beuth Verlag.

Vetter, Angelika. 2014. Kann die Demokratie durch kommunale Bürgerbeteiligung vitalisiert werden? In *Moderne Formen der Bürgerbeteiligung in Kommunen. Konzepte und Praxis,* Hrsg. Jürgen Hartwig, und Dirk Willem Kroneberg, 29–52. Berlin: LIT.

Vetter, Angelika, Saskia Geyer, und Ulrich Eith. 2015. Die wahrgenommenen Wirkungen von Bürgerbeteiligung. In *Demokratie-Monitoring Baden-Württemberg 2013/2014. Studien zu Demokratie und Partizipation,* Hrsg. Baden-Württemberg Stiftung, 223–342. Wiesbaden: Springer VS.

Vowe, Gerhard. 2014. Digital Citizens und Schweigende Mehrheit: Wie verändert sich die politische Beteiligung der Bürger durch das Internet? Ergebnisse einer kommunikationswissenschaftlichen Langzeitstudie. In *Internet und Partizipation. Bottom-up oder Top-down? Politische Beteiligungsmöglichkeiten im Internet,* Hrsg. Kathrin Voss, 25–52. Wiesbaden: Springer VS.

Wright, Scott, und John Street. 2007. Democracy, deliberation and design: the case of online discussion forums. *New Media & Society* 9/5: 849–869.

Zhang, Weiyu, Xiaoxia Cao, und Minh Ngoc Tran. 2013. The structural features and the deliberative quality of online discussions. *Telematics and Informatics, 30* (2), 74–86.

The manufacturer's authorised representative in the EU is Springer
Nature Customer Service Centre GmbH, Europaplatz 3, 69115 Heidelberg,
Germany. If you have any concerns regarding our products, please
contact ProductSafety@springernature.com

Printed and bound by CPI Group (UK) Ltd, Croydon, CR0 4YY
23/04/2026
02095646-0001